Finanzbuchhaltung 1

Franz Carlen
Franz Gianini
Anton Riniker

Finanzbuchhaltung 1

Praxis der Finanzbuchhaltung

VERLAG:SKV

Franz Carlen	– Lic. oec. und dipl. Handelslehrer – Dozent in der Erwachsenenbildung mit Schwerpunkt Finanzbuchhaltung – Prüfungsexperte und Verfasser von Prüfungsaufgaben im Bereich Finanz- und Rechnungswesen bei verschiedenen eidgenössischen Fachprüfungen
Franz Gianini	– Lic. oec. und dipl. Handelslehrer – Professor an der Zürcher Hochschule für Angewandte Wissenschaften (ZHAW), School of Management and Law – Dozent und Referent in der Weiterbildung mit Schwerpunkt Finanz- und Rechnungswesen, Finanzanalyse, Unternehmungsbewertung, Konzernrechnung, Rechnungslegung und externe Finanzberichterstattung – Mitglied der Klausurkommission für Steuerexperten – Prüfungsexperte und Verfasser von Prüfungsaufgaben im Bereich Finanz- und Rechnungswesen bei verschiedenen eidgenössischen Fachprüfungen
Anton Riniker	– Lic. oec. und dipl. Handelslehrer – Dozent in der Erwachsenenbildung mit Schwerpunkt Finanz- und Rechnungswesen – Prüfungsexperte und Verfasser von Prüfungsaufgaben im Bereich Finanz- und Rechnungswesen bei verschiedenen eidgenössischen Fachprüfungen

Die drei Autoren sind erfahrene Dozenten und Referenten in der Weiterbildung mit Schwerpunkt Finanz- und Rechnungswesen an der Zürcher Hochschule für angewandte Wissenschaften, Winterthur, und an der KV Zürich Business School.

11. Auflage 2009   ISBN 978-3-286-31381-1

© Verlag SKV, Zürich
www.verlagskv.ch

Alle Rechte vorbehalten.
Ohne Genehmigung des Verlages ist es nicht gestattet, das Buch oder Teile daraus in irgendeiner Form zu reproduzieren.

Gestaltung: Peter Heim
Umschlag: Brandl & Schärer AG

Vorwort

Dieses Lehrbuch ist **Band 1** eines vierteiligen Werks. Es behandelt die Buchführung während des Geschäftsjahres und beim Abschluss. Ein besonderes Augenmerk wird auf die Aktualität und den Praxisbezug gerichtet. Das Lehrmittel setzt Kenntnisse der doppelten Buchhaltung voraus.

Gegenüber der 10. Auflage sind Korrekturen und Änderungen vorgenommen worden (siehe Seite 7).

Das Buch eignet sich sowohl für den Einsatz im Unterricht sowie für das Selbststudium. Das Obligationenrecht sowie die Auszüge der Kontenrahmen Käfer und KMU am Schluss des Aufgabenteils sind dabei unentbehrliche ergänzende Hilfsmittel. Das Buch dient nicht nur Studierenden, sondern auch Praktikern, die das Finanz- und Rechnungswesen als notwendiges Instrument der Planung, der Kontrolle und der Führung sehen.

- Band 2 behandelt Sonderfälle der Finanzbuchhaltung (Filialbuchhaltung, Partizipations- und Konsortialgeschäfte, Kommissionsgeschäfte, Factoring, Leasing, Derivative Finanzinstrumente sowie Personalvorsorgeeinrichtungen).
- Band 3 erörtert die buchhalterische Erfassung von Vorgängen, die langfristige Auswirkungen haben (Gründung, Umwandlung, Obligationenanleihen, Fusion, Sanierung und Kapitalherabsetzung, Liquidation sowie Unternehmungsteilung).
- Band 4 beinhaltet ergänzende Bereiche des Rechnungswesens (Geldflussrechnung, Planungsrechnung, Konzernrechnung und die Analyse des Jahresabschlusses).

Alle vier Bände bestehen aus einem Theorie- und einem Aufgabenteil.

- Der **1. Teil** enthält jeweils eine kurz gefasste, einfach und übersichtlich dargestellte Theorie mit leicht verständlichen Beispielen. Wo immer möglich, ergänzen Grafiken und Übersichten die Theorie.
- Der **2. Teil** enthält Aufgaben, die dazu dienen, den Stoff zu üben und zu vertiefen. Sie sollen erst gelöst werden, wenn das entsprechende Kapitel im Theorieteil durchgearbeitet worden ist. Ausführliche Lösungen mit dem genauen Lösungsweg erleichtern dabei die Kontrolle. Die Lösungen sind auch im Verlag SKV erschienen.

Das Buch bietet

- eine Vorbereitung im Fach Finanz- und Rechnungswesen (Accounting) auf
    - verschiedene höhere Fachprüfungen (Fachausweis im Finanz- und Rechnungswesen, Fachausweis Treuhänder, Experten in Rechnungslegung und Controlling, Steuerexperten, Treuhandexperten, Wirtschaftsprüfer, Finanzanalysten)
    - verschiedene Kaderausbildungslehrgänge (Höhere Fachschule Wirtschaft, Kaufmännische Führungsschule, Wirtschaftsinformatiker)
    - die Modulprüfungen in Bachelor- und Masterstudiengänge an Fachhochschulen und Universitäten
    - das Handelslehrerdiplom (Diplom für das höhere Lehramt).
- dem Praktiker und dem Finanzanalysten die Möglichkeit, sich einen Überblick über die oben erwähnten Gebiete zu verschaffen.

Wir hoffen, Sie bei der Arbeit und beim Erreichen Ihrer beruflichen Ziele mit unserem Lehrmittel unterstützen zu können. Gerne nehmen wir Ihre aufbauende Kritik entgegen.

Ihre Autoren   Franz Carlen, Franz Gianini, Anton Riniker

Zur 11. Auflage

Gegenüber der letzten Auflage wurden in den folgenden Kapiteln die Theorie und die Aufgaben aktualisiert, geändert, gestrichen oder neu verfasst:

Kapitel 1   Rechnungswesen der Unternehmung
- Abschnitt 17 Swiss GAAP FER; Fachempfehlungen zur Rechnungslegung
  Dieser Abschnitt zeigt neu, was zum Rahmenkonzept, zu den Kern-FER und zu den weiteren Standards gehört.
  Erklärt wird, welche Organisationen (geordnet nach den Swiss GAAP FER-Grössenkriterien) die Kern-FER und evtl. auch die weiteren Standards anwenden müssen.
  Neu wird das Rahmenkonzept von Swiss GAAP FER ausführlich dargestellt.

Kapitel 3   Zeitliche Abgrenzung
- Abschnitt 32 Transitorische Konten (Rechnungsabgrenzungskonten)
  Beispiel 2 Zwei Arten der Kontenführung
  Dieses Beispiel wurde auf Vorauszahlungen von Mietzinsen geändert.
- Abschnitt 33 Rückstellungen
  Neu wird auch die Verwendung (nebst Bildung und Auflösung) von Rückstellungen erläutert.
  Die beiden Beispiele wurden angepasst und deren Reihenfolge gedreht.

Kapitel 6   Abschreibungen
- Abschnitt 64 Anlagespiegel
  Dieser neue Abschnitt erörtert den Anlagespiegel.
- Aufgabe 6.11 Diese neue Aufgabe behandelt den Anlagespiegel.

Kapitel 7   Bewertung
- Abschnitt 73 Bewertungsvorschriften
  Die Bewertung der Vorräte gemäss OR 666 wurde neu gestaltet.

Kapitel 9   Übersicht über verschiedene Rechtsformen
- Abschnitt 92 Eigenkapitalkonten und Erfolgsverwendung
  Dieser Abschnitt wurde um den Verein und weitere Konten ergänzt.

Kapitel 12   Aktiengesellschaft
- Abschnitt 121 Geschäftsbericht
  Die weiteren vom Gesetz vorgeschriebenen Angaben, die im Anhang stehen müssen, wurden neu geordnet.
- Abschnitt 128 Ausserbilanzgeschäfte und Ereignisse nach dem Bilanzstichtag
  Dieser neue Abschnitt beschreibt die Ausserbilanzgeschäfte und die Ereignisse nach dem Bilanzstichtag gemäss Obligationenrecht und Swiss GAAP FER 5.
- Aufgabe 12.13 Diese neue Aufgabe beinhaltet Fälle von Ausserbilanzgeschäften.
- Abschnitt 129 Revision
  Dieser neue Abschnitt erörtert bei den Revisionsarten und -tätigkeiten die Aufgaben der Revisionsstelle sowie deren Unabhängigkeit.
  Bei der Revisionspflicht wird gezeigt, welche Gesellschaften welcher Revision unterstehen und welche Revisoren zugelassen sind.

Kapitel 18 Immobilien

– Abschnitt 184 Immobilienrendite
 Dieser Abschnitt wurde neu gestaltet und um die Nettorendite des Gesamtkapitals erweitert.
– Die Aufgaben 18.6–18.8 wurden entsprechend angepasst.

Kapitel 19 Personalaufwand

– Abschnitt 192 Sozialversicherungsbeiträge
 Dieser Abschnitt sowie die dazugehörigen Aufgaben wurden aktualisiert (Stand 2009).
– Im Abschnitt 192 wurde das Beispiel 1 stark erweitert. Es zeigt nun drei Buchungsvarianten für die Lohnabrechnung und die Sozialleistungen.
 Ein weiteres Beispiel 5 wurde angefügt, welches die AHV-Abrechnung eines Selbständigerwerbenden zeigt.
– Aufgabe 19.3 Folgende Buchungstatsachen wurden geändert:
 Geschäftsfall 5 beinhaltet die Lohnabrechnung mit Gehaltsnebenkosten
 Geschäftsfall 11 beinhaltet die AHV-Abrechnung eines Selbständigerwerbenden

An einigen Stellen wurden zudem Präzisierungen und Korrekturen vorgenommen.

Wesentliche Änderungen, die nach der Drucklegung erfolgen, können auf www.verlagskv.ch
➝ DOWNLOADS/Finanzbuchhaltung abgerufen werden.

Inhaltsverzeichnis

			Theorie	Aufgaben
1	**Das Rechnungswesen der Unternehmung**		**13**	**217**
	11	Aufgaben des Rechnungswesens	13	
	12	Teilbereiche des Rechnungswesens	14	
	13	Aufgaben und Funktionen der Finanzbuchhaltung	15	
	14	Buchführungsvorschriften laut OR	16	
	15	Buchführungsgrundsätze laut OR	17	
	16	Rechnungslegungsnormen	20	
	17	Swiss GAAP FER, Fachempfehlungen zur Rechnungslegung	23	
2	**Kontenrahmen und Kontengliederung**		**29**	**220**
	21	Allgemeines zum Kontenrahmen	29	
	22	Kontenrahmen für Gewerbe-, Industrie- und Handelsbetriebe (K. Käfer)	31	
	23	Kontenrahmen KMU	37	
	24	Mindestgliederung im Aktienrecht	43	
	25	Mindestgliederung durch Swiss GAAP FER	45	
3	**Zeitliche Abgrenzung**		**49**	**229**
	31	Wesen	49	
	32	Transitorische Konten (Rechnungsabgrenzungskonten)	50	
	33	Rückstellungen	56	
	34	Abgrenzung der Rückstellungen gegenüber anderen Konten	58	
4	**Geschäftsverkehr mit Kunden und Lieferanten**		**60**	**236**
	41	Bar- und Kreditgeschäft	60	
	42	Zwei Erfassungsmethoden der Kreditgeschäfte	61	
	43	Debitorenverluste und Delkredere	63	
	44	Konten im Verkehr mit Kunden	65	
	45	Anzahlungen (= Vorauszahlungen)	66	
5	**Warenhandel und Fabrikationsbetrieb**		**68**	**244**
	51	Konten im Warenhandel	68	
	52	Konten im Fabrikationsbetrieb	71	
6	**Abschreibungen**		**74**	**248**
	61	Übersicht	74	
	62	Abschreibungsmethoden	75	
	63	Abschreibungsverfahren	77	
	64	Anlagespiegel	83	

			Theorie	Aufgaben
7		**Bewertung**	**85**	**256**
	71	Bewertungsmassstäbe	85	
	72	Bewertungsgrundsätze	86	
	73	Bewertungsvorschriften	87	
8		**Stille Reserven**	**93**	**260**
	81	Wesen	93	
	82	Arten	95	
	83	Obligationenrechtliche Vorschriften	96	
	84	Steuerrechtliche Vorschriften	97	
	85	Stille Reserven auf dem Anlagevermögen	98	
	86	Stille Reserven auf dem Umlaufvermögen	100	
9		**Übersicht über verschiedene Rechtsformen**	**104**	**269**
	91	Rechtliche Gliederung	104	
	92	Eigenkapitalkonten und Erfolgsverwendung	106	
10		**Einzelunternehmung**	**107**	**270**
	101	Konten	107	
	102	Gewinn- und Verlustverbuchung	109	
11		**Personengesellschaften**	**110**	**273**
	111	Konten	110	
	112	Gewinn, Verlust, Lohn, Zins	112	
12		**Aktiengesellschaft (AG)**	**113**	**279**
	121	Geschäftsbericht	113	
	122	Konten	116	
	123	Gliederung der Reserven	118	
	124	Gewinnverwendung	120	
	125	Verlustdeckung	123	
	126	Haftung für die Verbindlichkeiten der Gesellschaft	124	
	127	Arten von Unterbilanzen	125	
	128	Ausserbilanzgeschäfte und Ereignisse nach dem Bilanzstichtag	126	
	129	Revision	129	

			Theorie	Aufgaben
13	**Gesellschaft mit beschränkter Haftung (GmbH)**		**131**	**291**
	131	Geschäftsbericht	131	
	132	Konten	131	
	133	Gliederung der Reserven	132	
	134	Gewinnverwendung	132	
	135	Verlustdeckung	132	
	136	Haftung für die Verbindlichkeiten der Gesellschaft	132	
	137	Arten von Unterbilanzen	132	
14	**Genossenschaft**		**133**	**294**
	141	Konten	133	
	142	Nominalkapital	133	
	143	Gewinnverwendung	134	
	144	Reservenzuweisung und -verwendung	134	
	145	Verlustdeckung und Haftung	136	
15	**Mehrwertsteuer (MWST)**		**137**	**301**
	151	Wesen und Funktionsweise	137	
	152	Steuersubjekt und Steuerobjekt	137	
	153	Steuersätze, ausgenommene und befreite Umsätze	138	
	154	Buchführung, Abrechnung und Überwälzung	140	
16	**Fremde Währungen**		**151**	**312**
	161	Allgemeines	151	
	162	Umrechnungskurse	152	
	163	Kursdifferenzen	153	
	164	Buchungsmethoden	154	
17	**Wertschriften und Beteiligungen**		**159**	**322**
	171	Begriffe	159	
	172	Konten	160	
	173	Buchungsmethoden	162	
	174	Bezugsrechte	168	
	175	Realisierte und nicht realisierte Kurserfolge	169	
	176	Eigene Wertschriften	174	
	177	Wertschriftenrendite	178	

	Theorie	Aufgaben
18 Immobilien	**181**	**336**
181 Begriffe	181	
182 Bewertung von Grundstücken	182	
183 Konten	184	
184 Immobilienrendite	189	
19 Personalaufwand	**192**	**343**
191 Allgemeines	192	
192 Sozialversicherungsbeiträge	193	
20 Überleitung eines Jahresabschlusses gemäss Aktienrecht auf Swiss GAAP FER	**204**	**348**
Inhaltsverzeichnis Aufgaben		**210**
Auszüge aus den Kontenrahmen Käfer und KMU	**353**	
Literatur	**361**	
Stichwortverzeichnis	**363**	

1 Das Rechnungswesen der Unternehmung

1.1 Aufgaben des Rechnungswesens

Das Rechnungswesen dient der Unternehmung als:

Planungs- und Entscheidungsinstrument	Führungskräfte brauchen Zahlengrundlagen, um zu planen und Entscheidungen zu fällen.
Kontrollinstrument	Die laufende Entwicklung des Betriebsgeschehens soll überwacht und kontrolliert werden.
Führungsinstrument	Mit quantitativen Zielvorgaben kann das Verhalten der im Betrieb tätigen Personen massgeblich beeinflusst werden.

Das Rechnungswesen liefert Informationen für folgende Gruppen:

Interne Stellen	– Verwaltungsratsmitglieder – Führungskräfte
Externe Stellen	– Kapitalgeber (Gläubiger und Teilhaber) – Steuerverwaltung, Kunden, Konkurrenz

12 Teilbereiche des Rechnungswesens

Hilfsbereiche	Hauptbereiche	Ergänzende Bereiche
Debitorenbuchhaltung Kreditorenbuchhaltung	**Finanzbuchhaltung** Erfassung des laufenden Geschäftsverkehrs	Geldflussrechnung
Inventar	Bilanz	Konzernrechnung
	Erfolgsrechnung	
	Anhang	Analyse des Jahresabschlusses
		Planungsrechnung (Budgetierung)
	Betriebsbuchhaltung Kostenartenrechnung	Statistiken
Lohnbuchhaltung Material-/Lagerbuchhaltung Anlagenbuchhaltung	Kostenstellenrechnung	
	Kostenträgerrechnung	**Sonderrechnungen** Investitionsrechnung Wirtschaftlichkeitsrechnung Sozialbilanz Unternehmungsbewertung
	Kalkulation	

13 Aufgaben und Funktionen der Finanzbuchhaltung

Darstellung des Vermögens und der Schulden	Die Bilanz gibt Auskunft über das Vermögen (Aktiven), die Schulden (Fremdkapital) und das Eigenkapital (Reinvermögen) an einem bestimmten Stichtag. Das Inventar zeigt das Vermögen und die Schulden im Einzelnen.
Darstellung des Erfolges	Die Erfolgsrechnung gibt Auskunft über den Ertrag, den Aufwand und den sich daraus ergebenden Erfolg für eine bestimmte Periode.
Rechenschaftsablage	Die Zahlen der Buchhaltung dienen der Geschäftsleitung als Rechenschaftsablage gegenüber den Eigentümern.
Kontrolle des Geschäftsganges	Ein Vergleich der aktuellen Buchhaltungszahlen mit dem Budget, den Zahlen der Vorjahre und den Branchendurchschnitten ermöglicht eine Kontrolle der eigenen Tätigkeit.
Informationsquelle für aussen stehende Interessierte	Als Interessierte gelten: – Kapitalgeber – Lieferanten – Anleger – Mitarbeiter
Gläubigerschutz	Durch die Bewertungs- und andere Buchführungsvorschriften werden die Interessen der Gläubiger geschützt.
Rechtshilfe	Eine ordnungsmässig geführte Buchhaltung gilt als Beweismittel bei Rechtsstreitigkeiten.
Grundlage für Steuerveranlagung	Eine ordnungsmässig geführte Buchhaltung dient als Grundlage für die Steuerveranlagung (Massgeblichkeitsprinzip).
Grundlage für weitere Rechnungen	Die Zahlen der Finanzbuchhaltung dienen als Grund- oder Ausgangslage für die – Betriebsbuchhaltung/Kalkulation – Geldflussrechnung – Bilanz- und Erfolgsanalyse – Planungsrechnung – Statistik.

14 Buchführungsvorschriften laut OR

Geltungsbereich

Allgemeine Vorschriften

Sie gelten für alle Unternehmungen, die verpflichtet sind, sich ins Handelsregister einzutragen.

Sie sind im 32. Titel des Obligationenrechts «Die kaufmännische Buchführung» enthalten.

Besondere Vorschriften

Sie gelten zusätzlich für

– Aktiengesellschaften
– GmbH
– Kommanditaktiengesellschaften
– Genossenschaften

Sie regeln vor allem❶

– die Bewertung
– die Verwendung des Reingewinnes
– die Kontrolle der Buchführung durch aussenstehende Revisoren
– den Umfang und die Gliederung der Jahresrechnung.

Ziele

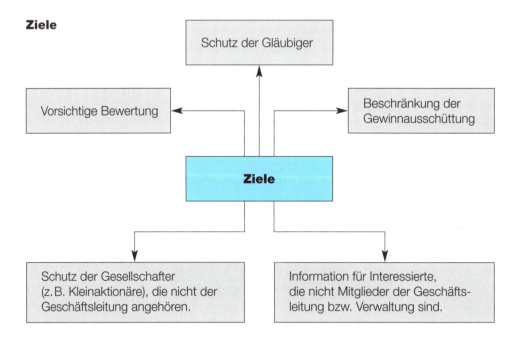

---

❶ Für verschiedene Unternehmungsformen gelten die hier aufgeführten Punkte nur zum Teil.

15 Buchführungsgrundsätze laut OR

Allgemeines

OR 959	OR 662a/1 (Aktienrecht)
Betriebsrechnung (Erfolgsrechnung) und Jahresbilanz sind nach allgemein anerkannten kaufmännischen Grundsätzen vollständig, klar und übersichtlich aufzustellen, damit die Beteiligten einen möglichst sicheren Einblick in die wirtschaftliche Lage des Geschäftes erhalten.	Die Jahresrechnung wird nach den Grundsätzen der ordnungsmässigen Rechnungslegung so aufgestellt, dass die Vermögens- und Ertragslage der Gesellschaft möglichst zuverlässig beurteilt werden kann.

Aus diesen handelsrechtlichen Forderungen ergeben sich die allgemein anerkannten Buchführungsgrundsätze, die auch als Grundsätze der ordnungsmässigen Rechnungslegung bezeichnet werden (siehe Übersicht folgende Seiten).

Übersicht

```
┌─────────────────────────────────────────────┐
│                                             │
└─────────────────────────────────────────────┘

         ┌───────────────────────────────────────────────┐
         │   Im OR ausdrücklich aufgeführte Grundsätze   │
         └───────────────────────────────────────────────┘
```

| 1 | Vollständigkeit und Richtigkeit der Jahresrechnung |

| 2 | Klarheit und Wesentlichkeit |

| 3 | Vorsicht |

Diese Grundsätze sind zwingend immer einzuhalten.

(1) Die Jahresrechnung muss alle wesentlichen Tatsachen enthalten.
Die angegebenen Werte müssen den Tatsachen entsprechen.
Die Bezeichnungen der einzelnen Posten müssen dem Inhalt entsprechen.
Die Jahresrechnung muss auch die Vorjahreszahlen enthalten.❶
Die Ausnahme vom Grundsatz der Richtigkeit bilden die stillen Reserven («Vorsicht vor Wahrheit»).

(2) Die Jahresrechnung muss klar, übersichtlich und verständlich gestaltet sein.
Unterschiedliche Posten dürfen nicht zusammengefasst werden.
Die Bilanz und die Erfolgsrechnung sollen sachgerecht und aussagekräftig gegliedert werden.
Es sind alle Tatbestände zu zeigen, die den Leser der Jahresrechnung in seinen Entscheidungen gegenüber der Unternehmung beeinflussen können.

(3) Bei unsicheren Positionen sind die Chancen sehr zurückhaltend, die Risiken jedoch reichlich zu berücksichtigen.
Für drohende Verluste und ungewisse Verpflichtungen aus schwebenden Geschäften sind angemessene Wertberichtigungen bzw. Rückstellungen zu bilden.

❶ Dies gilt für Gesellschaften, die dem Aktienrecht unterstellt sind.
❷ Siehe Kapitel 7, Abschnitt 71, Bewertungsmassstäbe.
❸ Bei Unternehmungen, die nicht dem Aktienrecht unterstellt sind, kann diese Forderung vom Grundsatz der Klarheit abgeleitet werden.

Grundsätze der ordnungsmässigen Rechnungslegung

(OR 959 und 662a/2)

- 4 Fortführung der Unternehmungstätigkeit
- 5 Stetigkeit in Darstellung und Bewertung (Vergleichbarkeit)
- 6 Verrechnungsverbot (Bruttoprinzip)

Abweichungen sind (OR 662a/3)
- in begründeten Fällen erlaubt
- im Anhang darzulegen. ❶

Weitere Grundsätze

- 7 Periodengerechtigkeit (Verursacherprinzip)
- 8 Dokumentation
- 9 Rechtzeitigkeit (Aktualität)

(4) Die Aktiven und das Fremdkapital sollen normalerweise zu Fortführungswerten ❷ und nur in Ausnahmefällen zu Veräusserungswerten bilanziert werden.

(5) Die Jahresrechnung soll jedes Jahr nach den gleichen Grundsätzen (Darstellung, Inhalt und Bewertung) aufgestellt werden.
Die Ausnahme vom Grundsatz der Stetigkeit bildet das Recht, stille Reserven zu bilden und aufzulösen.

(6) Aktiven und Passiven, Aufwand und Ertrag dürfen nicht verrechnet werden. ❶❸

(7) Aufwand und Ertrag sollen der Periode zugeordnet werden, in der sie verursacht werden. Beim Abschluss sind periodengerechte Abgrenzungen vorzunehmen.
Ausserordentliche und periodenfremde Vorgänge sind auf besonderen Konten zu erfassen.

(8) Für jeden Eintrag in der Buchhaltung muss ein Beleg vorhanden sein.

(9) Die Buchhaltung muss laufend lückenlos nachgeführt werden, damit die Informationen vollständig und rechtzeitig zur Verfügung stehen.

16 Rechnungslegungsnormen

Gesetzesbestimmungen und Rechnungslegungsnormen

Die im Obligationenrecht geltenden Grundsätze ordnungsmässiger Rechnungslegung sind dominiert durch das Vorsichtsprinzip und den Gläubigerschutz und erlauben die Bildung stiller (Willkür-)Reserven. Dies widerspricht international üblichen Grundsätzen des «True and fair view»-Prinzips, die ein den tatsächlichen Verhältnissen entsprechendes Bild der Vermögens-, Finanz- und Ertragslage fordern.

In den vergangenen Jahren sind vor allem für den Konzernabschluss wichtige nationale und internationale Rechnungslegungsnormen (Rechnungslegungsvorschriften und -grundsätze) entwickelt worden, die eine nach dem «True and fair view»-Prinzip zu erstellende Jahresrechnung verlangen. Da die Bedeutung dieser Rechnungslegungsnormen gross ist, wurden die Swiss GAAP FER auch durch Normen ergänzt, die nicht nur den Konzernabschluss, sondern auch den Einzelabschluss betreffen (Swiss GAAP FER 19: Einzelabschluss).

Übersicht über die wichtigsten Rechnungslegungsnormen

National sind die Swiss GAAP FER (**F**ach**e**mpfehlungen zur **R**echnungslegung) entstanden. International haben sich die **I**nternational **F**inancial **R**eporting **S**tandards (IFRS; vormals IAS [International Accounting Standards]) und die **G**enerally **A**ccepted **A**ccounting **P**rinciples der USA (US GAAP) durchgesetzt.

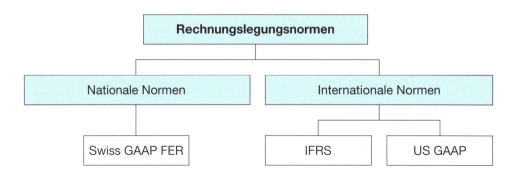

Die nationalen und internationalen Rechnungslegungsnormen weisen folgende Gemeinsamkeiten auf:

– Das «True and fair view»-Prinzip wird eingehalten.
– Der Grundsatz der Wahrheit dominiert, d.h. es gibt keine stillen (Willkür-)Reserven und der Bewertungsansatz ist eher anlegerorientiert.
– Die Aussagekraft, die Transparenz und die Vergleichbarkeit von Jahresabschlüssen werden erhöht.
– Gesetzeslücken und nicht eindeutige Gesetzesbestimmungen werden ergänzt.

Obwohl die Rechnungslegungsnormen gemeinsame Grundsätze aufweisen, gibt es bei der Formulierung der Standards und bei deren Anwendung teilweise grosse Unterschiede.

Merkmale, Kriterien	Rechnungslegungsnormen		
	Swiss GAAP FER	IFRS	US GAAP
Verbreitung	Schweiz	Weltweit	USA und weltweit
Umfang	> 200 Seiten	> 2 500 Seiten	> 20 000 Seiten
Richtlinien	Einfach, knapp und gut verständlich	Schwierig, ausführlich und verständlich	Sehr schwierig, sehr detailliert und komplex
Wahlrechte	Oft mehrere	Teilweise Wahlmöglichkeiten zwischen Benchmark und Alternative	Praktisch keine
Informationsgehalt des Abschlusses	Beschränkt und nicht sehr detailliert	Umfassend und detailliert	Sehr umfassend und sehr detailliert
Einführungs- und wiederkehrende Kosten	Klein	Gross	Sehr gross
Handhabung, Anwendung	Einfach	Schwierig	Sehr schwierig

Gesellschaften, die an der Schweizer Börse zum Handel zugelassen sind, sind verpflichtet, einen Abschluss nach Swiss GAAP FER, IFRS oder US GAAP zu publizieren.
Da viele dieser Gesellschaften eine Konzernstruktur aufweisen, sind sie verpflichtet, zusätzlich zum Einzelabschluss der Holding-/Muttergesellschaft noch einen Konzernabschluss zu erstellen. Dies führt dazu, dass sich der Einzelabschluss am Obligationenrecht und der Konzernabschluss an einer der drei Rechnungslegungsnormen orientieren muss.

Rechnungslegungsvorschriften für börsenkotierte Gesellschaften

Die von der Zulassungsstelle der Schweizer Börse für die Emittenten von Beteiligungs- und Forderungsrechten vorgeschriebenen Rechnungslegungsnormen sind abhängig vom Börsensegment, in dem sie gehandelt werden.

Für Gesellschaften, deren Beteiligungsrechte im Hauptsegment gehandelt werden, sind IFRS oder US GAAP zwingend vorgeschrieben. Die Swiss GAAP FER-Normen genügen hier nicht (vergleiche Tabelle).

In den anderen Segmenten und für Gesellschaften, die ausschliesslich Forderungsrechte kotiert haben, genügen auch die Swiss GAAP FER.

Emittenten von	Swiss GAAP FER	IFRS	US GAAP
Beteiligungsrechten (z. B. Aktien, Partizipationsscheine)			
– Hauptsegment	–	x	x
– Segment Investmentgesellschaften	x	x	x
– Segment Immobiliengesellschaften	x	x	x
– Segment Local Caps	x	x	x
Forderungsrechten (z. B. Anleihensobligationen)	x	x	x

In diesem Buch steht der Einzelabschluss gemäss Obligationenrecht im Vordergrund und nicht die vertiefte Behandlung der Rechnungslegungsnormen.

17 Swiss GAAP FER, Fachempfehlungen zur Rechnungslegung

Allgemeines

Die Fachkommission für Empfehlungen zur Rechnungslegung ist eine Stiftung, die sich mit der Weiterentwicklung von Rechnungslegungsstandards in der Schweiz befasst.

Das Hauptziel ist
– die Vergleichbarkeit der Jahresrechnungen zu fördern.
– den Informationsgehalt sowie das Konzept der Rechnungslegung in der Schweiz dem international üblichen Niveau anzunähern.

Die Swiss GAAP FER konzentrieren sich auf die Rechnungslegung kleiner und mittelgrosser Unternehmungen, die ihre Geschäftsaktivitäten ausschliesslich oder vorwiegend in der Schweiz ausüben. Weitere Anwender sind Nonprofit-Organisationen und Personalvorsorgeeinrichtungen.

Swiss GAAP FER stellt den Anwendern ein Regelwerk zur Verfügung, das eine aussagekräftige Rechnungslegung ermöglicht, die ein den tatsächlichen Verhältnissen entsprechendes Bild der Vermögens-, Finanz- und Ertragslage (True and Fair View) vermittelt.

Dadurch soll auch die Kommunikation mit Investoren, Banken und anderen interessierten Kreisen gefördert werden. Gleichzeitig wird die Vergleichbarkeit der Jahresrechnungen zwischen Unternehmungen sowie über die Zeit erleichtert.

Die Anwendung der Fachempfehlungen durch nicht kotierte Unternehmungen und Konzerne erfolgt freiwillig.

Konzept und Anwender

Das Konzept ist modular aufgebaut und besteht aus vier Bausteinen (Rahmenkonzept, Kern-FER, Weitere Standards und Konzernrechnung). Die folgende Darstellung gibt eine Übersicht über das Konzept und zeigt auf, für welche Anwender welche Standards mindestens angewendet werden müssen.

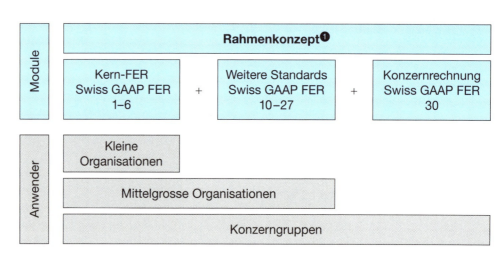

Kleine Organisationen haben die Möglichkeit, das Rahmenkonzept und nur die Kern-FER anzuwenden.

Zum Rahmenkonzept, das die Prinzipien der Rechnungslegung nach Swiss GAAP FER beinhaltet, gehören:
Zweck, Inhalt und Anwendung des Rahmenkonzepts, Zielsetzung der Jahresrechnung, Gliederung des Geschäftsberichts, Grundlagen der Jahresrechnung, Definition von Aktiven, Passiven (Verbindlichkeiten und Eigenkapital), Erträgen, Aufwendungen und Erfolg, Zulässige Bewertungskonzepte, Qualitative Anforderungen und der Jahresbericht.

Zu den Kern-FER gehören:
Grundlagen, Bewertung, Darstellung und Gliederung von Bilanz und Erfolgsrechnung, Geldflussrechnung, Ausserbilanzgeschäfte und Anhang.❶

Die Beschränkung auf die Kern-FER ist nur möglich, falls zwei der nachfolgenden Grössenkriterien in zwei aufeinander folgenden Jahren nicht überschritten werden:
– Bilanzsumme von 10 Mio. Franken
– Jahresumsatz von 20 Mio. Franken
– 50 Vollzeitstellen im Jahresdurchschnitt

Mittelgrosse Organisationen haben nebst dem Rahmenkonzept und der Kern-FER zusätzlich die Weiteren Standards einzuhalten.

Zu den Weiteren Standards gehören:
Immaterielle Werte, Steuern, Zwischenberichterstattung, Leasinggeschäft, Konzernrechnung für Versicherungsunternehmen, Transaktionen mit nahe stehenden Personen, Vorsorgeverpflichtungen, Vorräte, Sachanlagen, Wertbeeinträchtigungen, Rechnungslegung für gemeinnützige, soziale Nonprofit-Organisationen, Langfristige Aufträge, Rückstellungen, Eigenkapital und Transaktionen mit Aktionären, Rechnungslegung von Personalvorsorgeeinrichtungen, Derivative Finanzinstrumente.

Konzerngruppen müssen zusätzlich zum Rahmenkonzept, zu den Kern-FER und zu den Weiteren Standards auch Swiss GAAP FER 30 Konzernrechnung anwenden. Darin sind alle Regeln zusammengefasst, welche die Konsolidierung betreffen.❷

❶ Oft wird das Rahmenkonzept auch zu den Kern-FER gezählt.
❷ Kleine Konzerngruppen, welche die genannten Grössenkriterien in zwei aufeinander folgenden Jahren nicht überschreiten, können sich auf das Rahmenkonzept, die Kern-FER und Swiss GAAP FER 30 beschränken.

Rahmenkonzept von Swiss GAAP FER

Zweck und Inhalt

Das Rahmenkonzept
- legt die Grundsätze der Rechnungslegung fest. Das Ziel dieser Rechnungslegung besteht darin, dass jede Jahresrechnung ein den tatsächlichen Verhältnissen entsprechendes Bild der Vermögens-, Finanz- und Ertragslage (True and fair view) wiedergibt.
- deckt mit den Rechnungslegungsgrundsätzen ab, was nicht durch besondere Swiss GAAP FER-Vorschriften geregelt ist.
- ist die Grundlage für zukünftige Rechnungslegungsnormen.

Anwendung des Rahmenkonzepts

Für alle Organisationen und Konzerngruppen, die Swiss GAAP FER anwenden, ist das Rahmenkonzept verbindlich.
Sie haben je nach Grösse nur die Kern-FER oder das gesamte Regelwerk einzuhalten (siehe vorhergehende Seiten: Konzept und Anwender). Die gewählte Möglichkeit und alle in dieser Stufe verlangten Informationen sind offenzulegen.

Zielsetzung der Jahresrechnung

Die Jahresrechnung stellt Informationen in strukturierter Form zur Verfügung, die
- dem Empfänger als Entscheidungsgrundlage und
- der Rechenschaftsablage durch das verantwortliche Organ

dienen.

Gliederung des Geschäftsberichts

Der Geschäftsbericht umfasst folgende Teile:

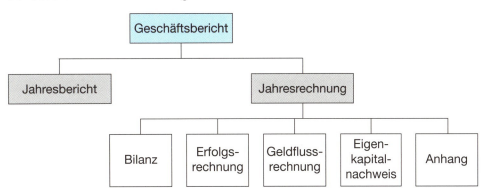

Falls eine Konzernrechnung erstellt werden muss, ist diese gleich zu gliedern wie die Jahresrechnung.

Grundlagen der Jahresrechnung

Die folgenden Grundlagen sind bei der Erstellung der Jahresrechnung zu beachten:

Fortführung (Going concern)	Wird die Organisation weitergeführt (Normalfall), so sind als Bewertungsbasis die Fortführungswerte anzuwenden.
Wirtschaftliche Betrachtungsweise (Substance over form)	Die tatsächlichen (wirtschaftlichen) Gegebenheiten sind wichtiger als die rechtliche Form.
Zeitliche Abgrenzung	Die Auswirkungen von Geschäftsfällen sind zu erfassen, wenn sie auftreten und nicht, wenn die Zahlung erfolgt. Aufwand und Ertrag sind periodengerecht abzugrenzen.
Sachliche Abgrenzung	Alle Aufwendungen, die dazu dienen, einen bestimmten Ertrag zu erzielen, sind entsprechend dem Ertragsanfall in der Erfolgsrechnung zu berücksichtigen. Ein Ertrag soll (im Normalfall) bei der Lieferung eines Sachgutes oder bei der Erbringung einer Dienstleistung erfasst werden.
Vorsichtsprinzip	Die Bewertung hat vorsichtig zu erfolgen. Die weniger optimistische Bewertungsvariante ist anzuwenden. Das Vorsichtsprinzip darf nicht bewusst benutzt werden, um stille Reserven zu bilden.
Bruttoprinzip	Aktiven und Passiven sowie Aufwand und Ertrag sind getrennt auszuweisen. Eine Verrechnung ist nur in begründeten Fällen möglich.

Definition von Aktiven und Passiven (Verbindlichkeiten und Eigenkapital)

Aktiven entstehen aus vergangenen Geschäftsfällen und Ereignissen und sind Vermögenswerte, die voraussichtlich der Organisation einen zukünftigen Nutzen bringen.
Verbindlichkeiten entstehen aus vergangenen Geschäftsfällen und Ereignissen und führen zu einem zukünftigen Mittelabfluss.
Das Eigenkapital ist die Summe aller Aktiven vermindert um die Summe aller Verbindlichkeiten (= Residualgrösse).

Definition von Erträgen, Aufwendungen und Erfolg

Erträge sind Nutzenzugänge in der Berichtsperiode durch Zunahme von Aktiven bzw. Abnahme von Verbindlichkeiten, die das Eigenkapital erhöhen, ohne dass die Eigentümer eine Einlage leisten.
Aufwendungen sind Nutzenabgänge in der Berichtsperiode durch Abnahme von Aktiven bzw. Zunahme von Verbindlichkeiten, die das Eigenkapital vermindern, ohne dass die Eigentümer eine Ausschüttung erhalten.
Der Erfolg (Gewinn/Verlust) resultiert aus der Differenz von Ertrag und Aufwand.

Zulässige Bewertungskonzepte

Aktiven und Verbindlichkeiten sind grundsätzlich einzeln zu bewerten (= Einzelbewertung). Ausnahmsweise können gleichartige Aktiven mit gleicher Qualität (z.B. Forderungen mit gleicher Laufzeit und vergleichbarem Ausfallrisiko oder Artikelgruppen) und gleichartige Verbindlichkeiten gesamthaft bewertet werden (= Gruppenbewertung).

Bewertung von Aktiven
Folgende Wertansätze sind möglich:

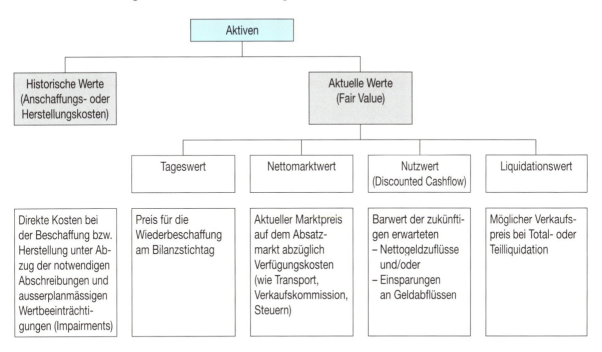

Bewertung von Verbindlichkeiten (Fremdkapital)
Folgende Wertansätze sind möglich:

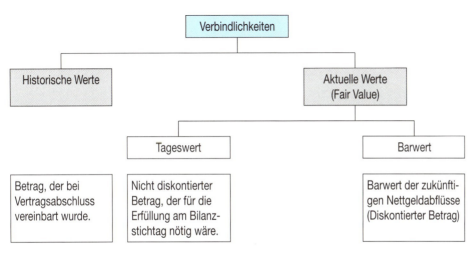

Ereignisse nach dem Bilanzstichtag

Im Anhang sind positive und negative Ereignisse zwischen dem Bilanzstichtag und dem Datum, an dem die Jahresrechnung genehmigt wird, offenzulegen. Ist eine Schätzung der finanziellen Auswirkung möglich, ist diese aufzuführen.

Qualitative Anforderungen

Wesentlichkeit	Wesentlich sind alle Sachverhalte, die das Urteil des Informationsempfängers in Bezug auf die Organisation beeinflussen können.
Stetigkeit	Die Jahresrechnung muss in Bezug auf die Bewertung, Darstellung und Offenlegung nach den gleichen Grundsätzen wie in der Vorperiode erstellt werden. Abweichungen von der Stetigkeit sind im Anhang offenzulegen, zum Beispiel: – Änderungen von Rechnungslegungsgrundsätzen – Fehler in früheren Jahresrechnungen – Änderungen von Schätzungen Bei Änderungen von Rechnungslegungsgrundsätzen sowie bei der Korrektur von Fehlern müssen zu Vergleichszwecken die in der laufenden Jahresrechnung publizierten Vorjahreszahlen angepasst werden (= Restatement).
Vergleichbarkeit	Die Empfänger der Jahresrechnung müssen diese über längere Zeit mit den Jahresrechnungen der Vorperioden vergleichen können. Die Vorjahreszahlen sind aufzuführen.
Verlässlichkeit	Die Informationen dürfen nicht durch verzerrende Einflüsse und Willkür verfälscht sein.
Klarheit	Dem Grundsatz der Klarheit entsprechen: – Übersichtliche und sachgerechte Gliederung – Zusammenfassung nur von gleichartigen Posten – Zutreffende Bezeichnung der Positionen – Inhalt und Darstellung zeigen ein den tatsächlichen Verhältnissen entsprechendes Bild der Organisation. – Querverweise zum Anhang bei Abschlussrechnungspositionen, die im Anhang erläutert werden.

Jahresbericht

Der Jahresbericht ist nicht Gegenstand der Wirtschaftsprüfung und enthält Aussagen über folgende Aspekte:

Umfeld	Geschäftsjahr	Ausblick
Kommentar zum wirtschaftlichen Umfeld des vergangenen Jahres (z.B. Marktentwicklung, Branchentrends) und dessen Zukunftserwartungen	Kommentar zur Jahresrechnung anhand wesentlicher Bilanz- und Erfolgskennzahlen und deren Entwicklung	Kommentar zur zukünftigen Unternehmungsentwicklung sowie zu den Risiken und Chancen der Unternehmung

2 Kontenrahmen und Kontengliederung

21 Allgemeines zum Kontenrahmen

Begriff

> **Kontenrahmen**
> Überbetriebliche, systematische Gliederung der Konten
>
> > **Kontenplan**
> > Unternehmungsabhängige systematische Ordnung der Konten, abgeleitet aus dem Kontenrahmen.

Aufgaben/Zweck

- Erleichtert das Einrichten von Buchhaltungen sowie die Abwicklung der buchhalterischen Arbeiten.
- Ermöglicht eine klare Gliederung der Konten.
- Hilft passende Konten finden.
- Ermöglicht raschen Überblick und schnelles Einarbeiten in eine Buchhaltung.
- Erleichtert das Aufstellen eines betriebsindividuellen Kontenplans.
- Ermöglicht zwischenbetriebliche Vergleiche.

Anforderungen

Ein Kontenrahmen muss folgende Anforderungen erfüllen:

Anpassungsfähigkeit (Elastizität)	Zweifelsfreie Abgrenzung
Branche, Rechtsform, Buchhaltungssystem oder Betriebsgrösse sollten für die Anwendung keine Rolle spielen.	Genaue Umschreibung der Konteninhalte (-klassen, -gruppen). Abgrenzung von ausserordentlichem und betriebsfremdem Erfolg.

Klarheit und Übersichtlichkeit	Auswertung der Resultate
Wahl und Anordnung der Konten sollen auf natürliche Weise die Gliederung der Unternehmung zeigen.	Die Ergebnisse sollen der Beurteilung der wirtschaftlichen Lage der Unternehmung dienen.

Gegenüberstellung der schweizerischen Kontenrahmen

	Kontenrahmen für Gewerbe, Industrie und Handelsbetriebe (Käfer)	Kontenrahmen für kleine und mittlere Unternehmen (KMU)
Klasse 0	Frei oder Kreditoren-Einzelkonten	–
Klasse 1	Aktiven	Aktiven
Klasse 2	Passiven	Passiven
Klasse 3	Material- und Warenaufwand	Betriebsertrag aus Lieferungen und Leistungen
Klasse 4	Übriger Betriebsaufwand	Aufwand für Material, Waren und Drittleistungen (= Dienstleistungen)
Klasse 5	Frei für kontenmässige Erfassung der Betriebsbuchhaltung	Personalaufwand
Klasse 6	Betriebsertrag	Sonstiger Betriebsaufwand
Klasse 7	Betriebsfremder und ausserordentlicher Erfolg❶, Steuern	Betriebliche Nebenerfolge
Klasse 8	Abschluss	Ausserordentlicher und betriebsfremder Erfolg❶, Steuern
Klasse 9	Frei oder Debitoren-Einzelkonten oder Privatbuchhaltung	Abschluss

Eine detaillierte Übersicht über die beiden Kontenrahmen finden Sie im Anhang.

❶ Auch als neutraler Aufwand und Ertrag bezeichnet.

22 Kontenrahmen für Gewerbe-, Industrie- und Handelsbetriebe (K. Käfer)

Aufbau

Grundlage für den Aufbau ist die Vierkontenreihentheorie mit der Einteilung in Aktiv-, Passiv-, Aufwand- und Ertragskonten. Der Kontenrahmen enthält vier Stufen. Je nach Buchhaltungssystem und Unternehmungsgrösse kann eine Stufe gewählt werden.

	Wahl der Stufen nach	
	Art der Buchhaltung	Unternehmungsgrösse
1. Stufe	Minimalbuchhaltung (Kassabuch und jährliches Inventar)	Kleinere Betriebe
2. Stufe	Buchhaltung mit Konten für den Geld- und Kreditverkehr (Debitoren- und Kreditorenkonten [oft Offen-Posten-Buchhaltung])	Kleinere bis mittlere Betriebe
3. Stufe	Gut ausgebaute Buchhaltung	Mittlere bis grössere Betriebe
4. Stufe	Gut ausgebaute Buchhaltung mit grossem Detaillierungsgrad	Grossbetriebe

Kontonummern

Der Kontenrahmen ist nach den Grundsätzen der Dezimalklassifikation gegliedert. Die Kontenpläne und damit die Konten können je nach Stufe mehr oder weniger gegliedert sein. In der Praxis schwankt die Länge der Kontonummern zwischen drei bis acht Ziffern.

Bestimmung der vierstelligen Nummer für das Konto Materialvorräte

Ziffer	steht für
1.	Kontenklasse
2.	Kontengruppen
3.	Kontenuntergruppe
4.	Konto

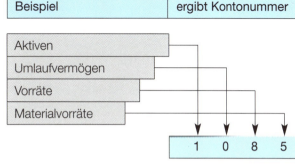

Konten

Übersicht

Kontenarten	Klasse	Bezeichnung
Bestandeskonten	1	Aktiven
	2	Passiven
Erfolgskonten	3	Waren- und Materialaufwand
	4	Übriger Betriebsaufwand
	5 ❶	
	6	Betriebsertrag
	7	Betriebsfremder und ausserordentlicher Aufwand und Ertrag
Abschlusskonten	8	Erfolgsrechnung und Bilanz
Sonderkonten	9	frei, evtl. Debitoreneinzelkonten
	0	frei, evtl. Kreditoreneinzelkonten

Klassen 3 + 4 = Betriebsaufwand
Klasse 6 = Betriebsertrag
Betriebsaufwand + Betriebsertrag = Betriebserfolg
Klasse 7 = Neutraler Erfolg
Betriebserfolg + Neutraler Erfolg = Unternehmungserfolg

Banken und Versicherungen müssen ihre Bilanzen und Erfolgsrechnungen nach besonderen gesetzlichen Vorschriften aufstellen. Diese Vorschriften bewirken eine Vereinheitlichung der Buchführung in diesen Branchen.

---

❶ Klasse 5 bleibt frei, evtl. für interne Verrechnung/Betriebsbuchhaltung.

Bestandeskonten

Die Bestandeskonten sind in folgende Kontengruppen aufgeteilt:

	Aktiven	Bilanz	Passiven	
10	Umlaufvermögen		Fremdkapital	20
11	Anlagevermögen		Eigenkapital	21
15	Aktive Berichtigungsposten		Passive Berichtigungsposten	25
19	Aktive Ergänzungsposten		Passive Ergänzungsposten	29

Erläuterungen zu den Kontengruppen 15 und 25

Die aktiven und passiven Berichtigungsposten (15 und 25) sind Korrekturposten zu bestimmten Bilanzkonten auf der anderen Bilanzseite, so zum Beispiel:

– Wertberichtigung Maschinen ist in der Kontengruppe 25, ist aber ein Minusaktivkonto.
– Nicht einbezahltes Aktienkapital ist in der Kontengruppe 15, ist aber ein Korrekturkonto zum Aktienkapital.

Bei der Bilanzanalyse müssen diese Berichtigungsposten unter den Hauptkonten in einer Vorkolonne aufgeführt und verrechnet werden.
In der Kontengruppe 15 sind auch die aktivierten Aufwendungen (z.B. Gründungs-, Kapitalerhöhungs- und Organisationskosten) aufgeführt. Sinnvoller ist allerdings, ein eigene Kontengruppe (z.B. 13) dafür zu bilden.

Erläuterungen zu den Kontengruppen 19 und 29

Die aktiven und passiven Ergänzungsposten (19 und 29 [Eventualforderungen bzw. -verpflichtungen]) werden heute nicht mehr kontenmässig erfasst.
Eventualverpflichtungen sind gemäss Aktienrecht im Anhang der Jahresrechnung aufzuführen (OR 663b Ziffer 1). Ist anzunehmen, dass aus einer Eventualverpflichtung eine Schuld entsteht, so muss dafür eine Rückstellung gebildet werden.

Erfolgskonten

Die Aufwand- und Ertragskonten sind in folgende Klassen aufgeteilt:

	Aufwand	**Erfolgsrechnung**	Ertrag	
3	Material- und Warenaufwand	Betriebsertrag		6
4	Übriger Betriebsaufwand			
7	Betriebsfremder und ausserordentlicher Aufwand und Ertrag			7

Vom ordentlichen Betriebserfolg (Klassen 3, 4 und 6) wird in der Klasse 7 der betriebsfremde und der ausserordentliche Erfolg abgetrennt. Eine Zuordnung zur Klasse 7 ergibt sich aufgrund folgender Überlegungen❶:

Aufwand/Ertrag			Klasse	
betriebsbezogen❷	ordentlich	periodenbezogen	3, 4 und 6	7
nein				x
ja	nein			x
ja	ja	nein		x
ja	ja	ja	x	

Betriebsfremd	Ausserordentlich	
	aussergewöhnlich❸	periodenfremd❹
Beispiele: – Liegenschaftsaufwand/-ertrag – Aufwand und Ertrag aus Finanzanlagen – Betriebsfremder Arbeitsertrag	– Schäden durch Naturkatastrophen – Jubiläumsaufwand – Subventionsertrag	– Auflösung von Rückstellungen früherer Jahre – Zahlungseingang von definitiven Debitorenverlusten früherer Jahre
	– Gewinne/Verluste aus Veräusserung oder Liquidation von Anlagevermögen❺	

❶ Diese Überlegungen gelten analog für die Kontenklasse 8 des Kontenrahmens KMU.
❷ Betrieb = Haupttätigkeiten der Unternehmung
❸ Oder ausserordentlich im engern Sinn. Das sind Posten mit «einmaligem», bzw. nicht oder selten wiederkehrendem Charakter.
❹ Vor allem Korrekturen von Fehlern und falschen Annahmen in den Vorjahren, sofern der Betrag wesentlich ist.
❺ Falls solche Gewinne und Verluste laufend vorkommen, gehören sie zum ordentlichen Betriebserfolg.

Mehrstufige Erfolgsrechnung

Um die Übersicht zu erhöhen, kann die Erfolgsrechnung in mehrere Stufen unterteilt werden. Die Stufenzahl ist abhängig vom Wirtschaftszweig. Je nach Branche zeigen die Salden der verschiedenen Stufen den Brutto-, Betriebs- oder Unternehmungserfolg. Die Darstellung kann in Konten- oder Berichtsform erfolgen.

Beispiel 1 — **Dreistufige Erfolgsrechnung einer Warenhandelsunternehmung**

Kontenform

Warenaufwand	600	Warenertrag	900	1. Stufe
Bruttogewinn	300			
	900		900	
Personalaufwand	150	Bruttogewinn	300	2. Stufe
Raumaufwand	50	Übriger Betriebsertrag	10	
Zinsaufwand	10			
Abschreibungen	40			
Übriger Betriebsaufwand	80	Betriebsverlust	20	
	330		330	
Betriebsverlust	20	Immobilienertrag	57	3. Stufe
Immobilienaufwand	20	Wertschriftenertrag	10	
Wertschriftenaufwand	15			
Unternehmungsgewinn	12			
	67		67	

Berichtsform

Warenertrag		900	Handelsbereich
– Warenaufwand		– 600	
= Bruttogewinn		300	
+ Übriger Betriebsertrag		10	Betriebsbereich
– Personalaufwand	150		
– Raumaufwand	50		
– Zinsaufwand	10		
– Abschreibungen	40		
– Übriger Betriebsaufwand	80	– 330	
= Betriebsverlust		– 20	
+ Immobilienertrag	57		Neutraler Bereich
– Immobilienaufwand	20		
+ Wertschriftenertrag	10		
– Wertschriftenaufwand	15	+ 32	
= Unternehmungsgewinn		12	

35

Beispiel 2   Zweistufige Erfolgsrechnung einer Fabrikationsunternehmung[1]

Kontenform

Rohmaterialverbrauch	5 350	Verkaufserlös Produkt A	9 470	
Löhne und Gehälter	3 650	Verkaufserlös Produkt B	5 985	
Hilfs- und Betriebs-		Zunahme Halb-		
materialaufwand	1 080	und Fertigfabrikate	300	
Raumaufwand	1 990	Eigenleistungen	120	1. Stufe
Zinsaufwand	350			
Abschreibung	560			
Übriger Betriebsaufwand	2 340			
Betriebsgewinn	555			
	15 875		15 875	
Liegenschaftsaufwand	50	Betriebsgewinn	555	
Ausserordentliche		Liegenschaftsertrag	110	
Abschreibungen	140	Beteiligungsertrag	130	2. Stufe
Direkte Steuern	200			
Unternehmungsgewinn	405			
	795		795	

Berichtsform

	Verkaufserlös Produkt A		9 470
	Verkaufserlös Produkt B		5 985
	Zunahme Halb- und Fertigfabrikate		300
	Eigenleistungen		120
=	Betriebsertrag		15 875
–	Rohmaterialverbrauch	5 350	
–	Löhne und Gehälter	3 650	
–	Hilfs- und Betriebsmaterialaufwand	1 080	
–	Raumaufwand	1 990	
–	Zinsaufwand	350	
–	Abschreibung	560	
–	Übriger Betriebsaufwand	2 340	– 15 320
=	Betriebsgewinn		555
+	Liegenschaftsertrag	110	
–	Liegenschaftsaufwand	50	
+	Beteiligungsertrag	130	
–	Ausserordentliche Abschreibungen	140	
–	Direkte Steuern	200	– 150
=	Unternehmungsgewinn		405

Betriebsbereich (Betriebsertrag durch Unternehmungsgewinn über 555)
Neutraler Bereich (Liegenschaftsertrag durch Unternehmungsgewinn 405)

[1] Vergleiche auch Kapitel 5, Abschnitt 52, Konten im Fabrikationsbetrieb.

23 Kontenrahmen KMU

Aufbau und Kontonummern

Der Kontenrahmen KMU❶ berücksichtigt die
- Forderungen des Aktienrechts
- Erfordernisse der Mehrwertsteuer
- Regelung der Aufzeichnungspflicht bei der direkten Bundessteuer
- Fachempfehlungen zur Rechnungslegung Swiss GAAP FER.

Der Kontenrahmen hat folgende Gliederungsstufen:

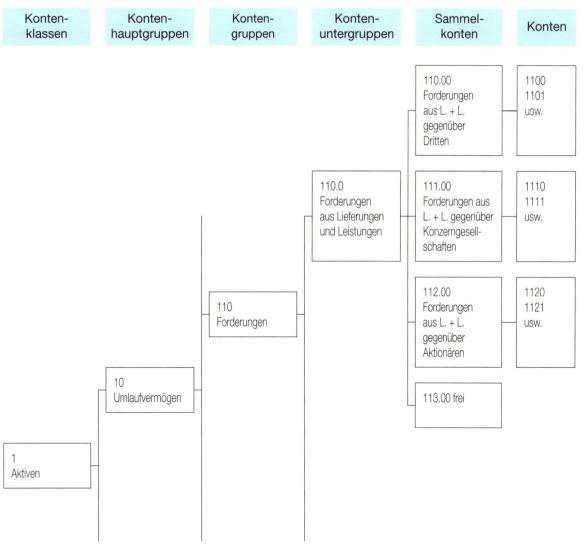

❶ Schweizer Kontenrahmen für **k**leine und **m**ittlere **U**nternehmen in Produktion, Handel und Dienstleistung

Die Verbuchung erfolgt im Konto, das in der Regel eine vierstellige Kontonummer hat.

Die Kontenuntergruppen und die Sammelkonten ergeben sich vor allem aus den Mindestgliederungsvorschriften des Aktienrechts und der Fachempfehlung zur Rechnungslegung Swiss GAAP FER.

Je nach Detaillierungsgrad des Kontenplanes einer Unternehmung kann auf gewisse Gliederungsstufen verzichtet werden. Die Namen der Gruppen und der Sammelkonten werden dann zu Kontenbezeichnungen; z.B. kann die Kontenuntergruppe 110.0 zum Konto 1100 Forderungen aus Lieferungen und Leistungen werden.

Die im Kontenrahmen aufgeführten vierstelligen Kontonummern und Kontobezeichnungen sind Vorschläge, die an die betriebsindividuellen Bedürfnisse angepasst werden können.

Konten

Übersicht

Kontenarten	Klasse	Bezeichnung
Bestandeskonten	1	Aktiven
	2	Passiven
Erfolgskonten	3	Betriebsertrag aus Lieferungen und Leistungen
	4	Waren- und Materialaufwand
	5	Personalaufwand
	6	Sonstiger Betriebsaufwand inkl. Finanzerfolg
	7	Betriebliche Nebenerfolge
	8	Ausserordentlicher und betriebsfremder Aufwand und Ertrag
Abschlusskonten	9	Erfolgsrechnung und Bilanz

- Klasse 3 = Betriebsertrag
- Klassen 4, 5, 6 = Betriebsaufwand
- Betriebsertrag + Betriebsaufwand = Erfolg Kerngeschäft
- Klasse 7 = Betrieblicher Nebenerfolg
- Erfolg Kerngeschäft + Betrieblicher Nebenerfolg = Betriebserfolg
- Klasse 8 = Neutraler Erfolg
- Betriebserfolg + Neutraler Erfolg = Unternehmungserfolg

Bestandeskonten

Die Bestandeskonten sind in folgende Kontenhauptgruppen aufgeteilt:

	Aktiven	Bilanz	Passiven	
10	Umlaufvermögen (Kontengruppen 100–130)		Kurzfristiges Fremdkapital (Kontengruppen 200–230)	20
14	Anlagevermögen (Kontengruppen 140–170)		Langfristiges Fremdkapital (Kontengruppen 240–260)	24
18	Aktivierter Aufwand und aktive Berichtigungsposten (Kontengruppe 180)		Betriebsfremdes Fremdkapital (Kontengruppe 270)	27
19	Betriebsfremdes Vermögen (Kontengruppe 190)		Eigenkapital (Kontengruppen 280–290)	28

Erläuterungen zur Kontengruppe 18

Aktivierbare Aufwendungen können z. B. Gründungs-, Kapitalerhöhungs- und Organisationskosten sein.

Aktive Berichtigungsposten sind Korrekturposten zu bestimmten Passivkonten, so zum Beispiel das nicht einbezahlte Aktienkapital (= Minusposten zum Aktienkapital).
Sie können auch als Minusposten auf der Passivseite aufgeführt werden.

Erfolgskonten

Die Klassen für die Aufwands- und Ertragskonten sind so gegliedert, dass sich daraus eine Erfolgsrechnung in Berichtsform mit mehreren Zwischenergebnissen ergibt. Die Anzahl der Zwischenergebnisse kann an die individuellen Bedürfnisse angepasst werden.

Erfolgsrechnung

3		Betriebsertrag aus Lieferungen und Leistungen
4	–	Aufwand für Material, Waren und Drittleistungen
	=	Bruttoergebnis 1
5	–	Personalaufwand Produktion
	=	Bruttoergebnis 2
5	–	Übriger Personalaufwand
	=	Bruttoergebnis 3
6	–	Sonstiger Betriebsaufwand
	=	Betriebsergebnis 1 (EBITDA❶)
6	–	Abschreibungen
	=	Betriebsergebnis 2 (EBIT❷)
6	+/–	Finanzerfolg (Betrieblicher Finanzaufwand und -ertrag)❸
	=	Betriebsergebnis 3 (vor Nebenerfolgen, ausserordentlichen und betriebsfremden Erfolgen)
7	+/–	Betriebliche Nebenerfolge❸
	=	Betriebsergebnis 4 (vor ausserordentlichen und betriebsfremden Erfolgen)
8	+/–	Ausserordentlicher und betriebsfremder Erfolg❸
	=	Unternehmungserfolg vor Steuern (EBT❹)
8	–	Direkte Steuern❺
	=	Unternehmungsgewinn / -verlust

Anmerkung

Da die Grössen EBITDA und EBIT für die Finanzanalyse von grosser Bedeutung sind, werden die Abschreibungen vor dem Finanzerfolg aufgeführt, d. h. die Positionen 68 Finanzerfolg und 69 Abschreibungen gemäss Kontenrahmen KMU (siehe Seite 358) wurden getauscht.

❶ **E**arnings **b**efore **I**nterest, **T**axes, **D**epreciation and **A**mortization (Ergebnis vor Zinsen [= Finanzerfolg], Steuern und Abschreibungen auf den Sachanlagen und immateriellen Anlagen)
❷ **E**arnings **b**efore **I**nterest and **T**axes (Ergebnis vor Zinsen [= Finanzerfolg] und Steuern)
❸ Gemäss Aktienrecht und Swiss GAAP FER muss der Aufwand und Ertrag, falls er wesentlich ist, gesondert entweder in der Erfolgsrechnung oder im Anhang ausgewiesen werden.
❹ **E**arnings **b**efore **T**axes (Ergebnis vor Steuern)
❺ Nur bei juristischen Personen sinnvoll. Bei natürlichen Personen sind die direkten Steuern Steueraufwand des Einzelunternehmers oder der Teilhaber. Falls sie von der Unternehmung bezahlt werden, sind sie dem Privatkonto zu belasten.

Mehrstufige Erfolgsrechnung

Beispiel 1 **Erfolgsrechnung einer Warenhandelsunternehmung**

Handelsertrag		900
+ Übriger Betriebsertrag		10
– Handelswarenaufwand		– 600
= Bruttoergebnis 1		310
– Personalaufwand		– 150
= Bruttoergebnis 3 ❶		160
– Raumaufwand	50	
– Übriger Betriebsaufwand	80	– 130
= Betriebsergebnis 1 (EBITDA)		30
– Abschreibungen		– 40
= Betriebsergebnis 2 (EBIT)		– 10
– Finanzerfolg (Aufwandüberschuss)		– 10
= Betriebsergebnis 3		– 20
+ Betriebsfremder Immobilienertrag	57	
– Betriebsfremder Immobilienaufwand	20	
+ Betriebsfremder Wertschriftenertrag	10	
– Betriebsfremder Wertschriftenaufwand	15	+ 32
= Unternehmungsgewinn ❷		12

❶ Das Bruttoergebnis 2 gibt es nur bei Produktionsunternehmungen (siehe Beispiel 3).
❷ Gemäss Kontenrahmen KMU ist der Ausweis der direkten Steuern nur bei juristischen Personen sinnvoll.

Beispiel 2 **Erfolgsrechnung einer Dienstleistungsunternehmung**

Dienstleistungsertrag	2 260	
– Ertragsminderung Dienstleistungsertrag	10	2 250
– Aufwand für Dienstleistungen		– 1 200
= Bruttoergebnis 1		1 050
– Personalaufwand		– 590
= Bruttoergebnis 3 ❶		460
– Raumaufwand	195	
– Fahrzeug- und Transportaufwand	50	
– Werbeaufwand	95	
– Übriger Betriebsaufwand	70	– 410
= Betriebsergebnis 1 (EBITDA)		50
– Abschreibungen		– 30
= Betriebsergebnis 2 (EBIT)		20
+ Finanzerfolg (Ertragsüberschuss)		+ 1
= Betriebsergebnis 3		21
+ Ertrag Nebenbetrieb		5
= Unternehmungserfolg vor Steuern (EBT)		26
– Direkte Steuern		– 8
= Unternehmungsgewinn		18

❶ Das Bruttoergebnis 2 gibt es nur bei Produktionsunternehmungen.

Beispiel 3   **Erfolgsrechnung einer Fabrikationsunternehmung**

Produktionsertrag Bereich A		9 470
+ Produktionsertrag Bereich B		6 585
+ Eigenleistungen		120
– Bestandesabnahme angefangene und fertig gestellte Arbeiten aus Produktion		– 300
= Betriebsertrag		15 875
– Rohmaterialaufwand	4 350	
– Übriger Materialaufwand	1 080	
– Energieaufwand für Produktion	1 000	– 6 430
= Bruttoergebnis 1		9 445
– Personalaufwand Produktion		– 1 650
= Bruttoergebnis 2		7 795
– Personalaufwand Verwaltung		– 2 000
= Bruttoergebnis 3		5 795
– Raumaufwand	1 990	
– Übriger Betriebsaufwand	2 340	– 4 330
= Betriebsergebnis 1 (EBITDA)		1 465
– Abschreibungen		– 560
= Betriebsergebnis 2 (EBIT)		905
– Finanzerfolg (Aufwandüberschuss)		– 350
= Betriebsergebnis 3		555
+ Erfolg aus betrieblichen Liegenschaften (Ertragsüberschuss)	40	
+ Gewinn aus Veräusserungen von betrieblichem Anlagevermögen	20	+ 60
= Betriebsergebnis 4		615
+ Betriebsfremder Beteiligungsertrag	130	
– Ausserordentliche Abschreibungen	140	– 10
= Unternehmungserfolg vor Steuern (EBT)		605
– Direkte Steuern		– 200
= Unternehmungsgewinn		405

24 Mindestgliederung im Aktienrecht

Die Bilanz (OR 663a) und die Erfolgsrechnung (OR 663) müssen mindestens wie folgt gegliedert werden:

Bilanz

Umlaufvermögen – Flüssige Mittel – Forderungen aus Lieferungen und Leistungen – Forderungen gegenüber Konzerngesellschaften – Forderungen gegenüber Aktionären mit einer Beteiligung – Andere Forderungen – Aktive Rechnungsabgrenzung – Vorräte – Übriges Umlaufvermögen	**Fremdkapital** – Schulden aus Lieferungen und Leistungen – Andere kurzfristige Verbindlichkeiten – Passive Rechnungsabgrenzung – Verbindlichkeiten gegenüber Konzerngesellschaften – Verbindlichkeiten gegenüber Aktionären mit einer Beteiligung – Langfristige Verbindlichkeiten – Rückstellungen

Anlagevermögen
– Sachanlagen
– Finanzanlagen
  – Beteiligungen
  – Darlehen an Konzerngesellschaften
  – Darlehen an Aktionäre mit einer Beteiligung
  – Andere Finanzanlagen
– Immaterielle Anlagen
	Eigenkapital
	– Aktienkapital
	– Partizipationskapital
	– Gesetzliche Reserven
	  – Allgemeine gesetzliche Reserve
	  – Reserve für eigene Aktien
	  – Aufwertungsreserve
	– Andere Reserven

Aktivierter Aufwand – Gründungs-, Kapitalerhöhungs- und Organisationskosten (OR 664)	
Aktive Berichtigungsposten – Nicht einbezahltes Aktienkapital ❶❸	
Bilanzverlust ❷❸	Bilanzgewinn ❷

❶ Auch bei den Forderungen im Umlaufvermögen möglich
❷ = Jahreserfolg +/– Gewinn- oder Verlustvortrag
❸ Auch als Abzugsposten beim Eigenkapital möglich

Erfolgsrechnung	
Betriebsaufwand – Material- und Warenaufwand – Personalaufwand – Finanzaufwand – Abschreibungen – Übriger Betriebsaufwand	Betriebsertrag – Erlöse aus Lieferungen und Leistungen – Finanzertrag – Übriger Betriebsertrag
Betriebsfremder Aufwand	Betriebsfremder Ertrag
Ausserordentlicher Aufwand	Ausserordentlicher Ertrag – Gewinne aus Veräusserung von Anlagevermögen ❶ – Andere ausserordentliche Erträge
Jahresgewinn	Jahresverlust

Es besteht die Möglichkeit, dass neben dem aktien- bzw. handelsrechtlichen Abschluss zusätzlich ein Swiss GAAP FER-Abschluss nach dem «True and fair view»-Prinzip erstellt wird. ❷

---

❶ Die Gewinne können auch beim betriebsfremden Ertrag oder – sofern regelmässig vorkommend – beim ordentlichen Betriebsertrag ausgewiesen werden.
❷ Eine Überleitung eines Jahresabschlusses gemäss Aktienrecht auf Swiss GAAP FER finden Sie im Kapitel 20.

25 Mindestgliederung durch Swiss GAAP FER

Swiss GAAP FER 3 regelt die Mindestgliederung und Darstellung von Bilanz und Erfolgsrechnung.❶

Bilanz

Umlaufvermögen	Kurzfristiges Fremdkapital
– Flüssige Mittel – Wertschriften – Forderungen aus Lieferungen und Leistungen – Sonstige kurzfristige Forderungen – Vorräte – Rechnungsabgrenzungen	– Kurzfristige Finanzverbindlichkeiten – Verbindlichkeiten aus Lieferungen und Leistungen – Sonstige kurzfristige Verbindlichkeiten – Kurzfristige Rückstellungen – Rechnungsabgrenzungen
	Langfristiges Fremdkapital – Langfristige Finanzverbindlichkeiten – Sonstige langfristige Verbindlichkeiten – Langfristige Rückstellungen
Anlagevermögen – Sachanlagen – Finanzanlagen – Immaterielle Anlagen	**Eigenkapital** – Gesellschaftskapital – Nicht einbezahltes Gesellschaftskapital (Minusposten) – Kapitalreserven❷ – Eigene Aktien (Minusposten) – Gewinnreserven❸ – Kumulierte Verluste (Minusposten)❹

❶ Einzelabschlüsse, die nur nach Swiss-GAAP-FER-Normen gegliedert werden, müssen auch die aktienrechtlichen Vorschriften berücksichtigen.
❷ Reserven, die durch einbezahltes Eigenkapital entstanden sind (= capital surplus; z. B. Agio bei Aktienkapitalerhöhungen).
❸ Zurückbehaltene Gewinne (= earned surplus; z. B. Freie Reserven)
❹ Bilanzverlust bzw. Verlustvortrag

Ergänzende Angaben

Bei den nachstehenden Positionen sind entweder in der Bilanz oder im Anhang die folgenden Zusatzinformationen gesondert auszuweisen:

Positionen	Gesonderte Ausweispflicht in der Bilanz oder im Anhang
Forderungen	Forderungen gegenüber nahe stehenden Organisationen oder Personen
Sachanlagen	– Unbebaute Grundstücke – Grundstücke und Bauten – Anlagen und Einrichtungen – Sachanlagen im Bau – Übrige Sachanlagen
Finanzanlagen	– Wertschriften – Aktive latente Ertragssteuern – Beteiligungen – Finanzanlagen gegenüber nahe stehenden Organisationen oder Personen – Übrige Finanzanlagen
Immaterielle Anlagen	– Erworbene immaterielle Werte – Selbst erarbeitete immaterielle Werte
Verbindlichkeiten	– Verbindlichkeiten gegenüber nahe stehenden Organisationen oder Personen
Rückstellungen	– Steuerrückstellungen (für latente Ertragssteuern) – Rückstellungen aus Vorsorgeverpflichtungen – Restrukturierungsrückstellungen – Sonstige Rückstellungen
Eigenkapital	– Beträge der einzelnen Titelkategorien des Gesellschaftskapitals

Weitere Angaben

Die Veränderungen bzw. die Ursachen der Veränderungen der einzelnen Positionen des Eigenkapitals zwischen Beginn und Ende der Berichtsperiode sind im Eigenkapitalnachweis gesondert auszuweisen.

Wertberichtigungen auf Positionen des Umlaufvermögens und der Finanzanlagen sind in der Bilanz bei den entsprechenden Aktiven oder im Anhang auszuweisen.

Bei der indirekten Abschreibungsmethode sind die kumulierten Wertberichtigungen auf Positionen des Sachanlagevermögens unter den entsprechenden Aktiven oder im Anhang gesondert auszuweisen.

Die Erfolgsrechnung kann auf zwei Arten aufgestellt werden:

Gesamtkostenverfahren	Umsatzkostenverfahren
Gegenüberstellung von Aufwand und Ertrag der **produzierten** Menge (= Produktionserfolgsrechnung)	Gegenüberstellung von Aufwand und Ertrag der **verkauften** Menge (= Absatzerfolgsrechnung)

	Gesamtkostenverfahren		Umsatzkostenverfahren
	Nettoerlöse aus Lieferungen und Leistungen		Nettoerlöse aus Lieferungen und Leistungen
+	Andere betriebliche Erträge (z. B. Eigenleistungen)	−	Anschaffungs- oder Herstellungskosten der verkauften Produkte und Leistungen
+/−	Bestandesänderungen an unfertigen und fertigen Erzeugnissen sowie unverrechneten Lieferungen und Leistungen		
=	Betriebsertrag		
−	Materialaufwand		
−	Personalaufwand		
−	Abschreibungen auf Sachanlagen	−	Verwaltungsaufwand
−	Abschreibungen auf immateriellen Werten	−	Vertriebsaufwand
		+	Andere betriebliche Erträge
−	Andere betriebliche Aufwendungen	−	Andere betriebliche Aufwendungen
=	Betriebliches Ergebnis (EBIT)❶	=	Betriebliches Ergebnis (EBIT)❶
+/−	Finanzergebnis	+/−	Finanzergebnis
=	Ordentliches Ergebnis	=	Ordentliches Ergebnis
+/−	Betriebsfremdes Ergebnis	+/−	Betriebsfremdes Ergebnis
+/−	Ausserordentliches Ergebnis	+/−	Ausserordentliches Ergebnis
=	Erfolg vor Steuern (EBT)❷	=	Erfolg vor Steuern (EBT)❷
−	Steuern	−	Steuern
=	Erfolg (Gewinn / Verlust)	=	Erfolg (Gewinn / Verlust)

Die nachstehenden Positionen sind in der Erfolgsrechnung oder im Anhang je gesondert auszuweisen und im Anhang zu erläutern:
– Finanzaufwand und Finanzertrag
– Betriebsfremde Aufwendungen und Erträge
– Ausserordentliche Aufwendungen und Erträge

Die nachfolgenden Positionen sind bei der Wahl des Umsatzkostenverfahrens im Anhang je gesondert auszuweisen:
– Personalaufwand
– Abschreibungen auf Sachanlagen
– Abschreibungen auf immateriellen Anlagen

❶ **E**arnings **b**efore **I**nterest and **T**axes (Ergebnis vor Zinsen und Steuern)
❷ **E**arnings **b**efore **T**axes (Ergebnis vor Steuern)

3 Zeitliche Abgrenzung

31 Wesen

	Zeitliche Abgrenzung
Ziel	Beim Jahresabschluss soll der Erfolg des abgelaufenen Jahres ermittelt werden. Deshalb müssen genau diejenigen Aufwände und Erträge berücksichtigt werden, die in diese Periode gehören (Verursacher-, Vergleichbarkeitsprinzip).
Problem	Es kommt in der Praxis allerdings vor, dass die Ausgaben oder Einnahmen (Geldabfluss oder -zufluss) nicht in die gleiche Abrechnungsperiode fallen, wie die dazugehörigen Aufwände oder Erträge.
Aufgabe	Die zeitliche Abgrenzung soll die Differenzen zwischen Leistung und Gegenleistung, d.h. zwischen Aufwand und Ausgaben bzw. Ertrag und Einnahmen erfassen und der richtigen Periode zuordnen.
Folge	Die korrekte anteilmässige Erfassung von Aufwand und Ertrag führt dazu, dass der Erfolg in der Erfolgsrechnung grösser oder kleiner wird. In der Bilanz muss der Erfolg genau gleich beeinflusst werden (Doppik der Buchhaltung). Deshalb ist beim Jahresabschluss ein Abgrenzungsposten (Transitorischer Posten, Rückstellungen) einzusetzen.

32 Transitorische Konten (Rechnungsabgrenzungskonten)

Vier Fälle von zeitlichen Abgrenzungen

Vorgang	Erläuterung	Buchungen beim Jahresabschluss	Wirkung auf den Erfolg der abzuschliessenden Rechnungsperiode
Aufwandsvortrag	Ein in der laufenden Rechnungsperiode verbuchter Aufwand ist ganz oder teilweise der nächsten Periode zu belasten.	Transitorische Aktiven → Aufwand	positiv
Ertragsvortrag	Ein in der laufenden Rechnungsperiode verbuchter Ertrag ist ganz oder teilweise der nächsten Periode gutzuschreiben.	Transitorische Passiven ← Ertrag	negativ
Aufwandsnachtrag	Ein Aufwand kann erst in der nächsten Rechnungsperiode endgültig verbucht werden, ist aber der laufenden Periode zu belasten.	Transitorische Passiven ← Aufwand	negativ
Ertragsnachtrag	Ein Ertrag kann erst in der nächsten Rechnungsperiode endgültig verbucht werden, ist aber der laufenden Periode gutzuschreiben.	Transitorische Aktiven → Ertrag	positiv

Andere Bezeichnungen:

Transitorische Aktiven = Aktive Rechnungsabgrenzung

Transitorische Passiven = Passive Rechnungsabgrenzung

Beispiel — **Vier Fälle von zeitlichen Abgrenzungen**

Ausgangslage

Bei der Immob AG zeigen Erfolgsrechnung und Schlussbilanz vor den Abgrenzungsbuchungen Folgendes (Kurzzahlen):

Erfolgsrechnung für 20_2

Personalaufwand	170	Mietertrag	310
Unterhaltsaufwand	30	Zinsertrag	10
Hypothekarzinsaufwand	40		
Abschreibungen	20		
Übriger Betriebsaufwand	50		
Reingewinn	10		
	320		320

Schlussbilanz I vom 31. 12. 20_2

Umlaufvermögen		**Fremdkapital**	
Liquide Mittel	5	Kreditoren	45
Debitoren	25	Hypotheken	1 000
Anlagevermögen		**Eigenkapital**	
Mobilien	25	Aktienkapital	600
Immobilien	1 500	Allgemeine gesetzliche Reserve	100
Darlehen	200	Reingewinn	10
	1 755		1 755

Buchungstatsachen

1. Aufwandsvortrag: Im Dezember wurde Unterhaltsaufwand von 7 bezahlt. Davon sind 2 dem Januar 20_3 zu belasten.
2. Ertragsvortrag: Im Voraus erhaltene Januarmieten von 15
3. Aufwandsnachtrag: Aufgelaufene Hypothekarzinsen (Zinssatz: 6%; Zinstermin: 31. Mai)
4. Ertragsnachtrag: Aufgelaufener Darlehenszins (Zinssatz: 7%; Zinstermin: 30. Juni)

Abgrenzungsbuchungen

1	Transitorische Aktiven	/ Unterhaltsaufwand	2
2	Mietertrag	/ Transitorische Passiven	15
3	Hypothekarzinsaufwand	/ Transitorische Passiven	35
4	Transitorische Aktiven	/ Zinsertrag	7

Zeitlich abgegrenzte Abschlussrechnungen

Erfolgsrechnung für 20_2

Personalaufwand	170	Mietertrag	295
Unterhaltsaufwand	28	Zinsertrag	17
Hypothekarzinsaufwand	75		
Abschreibungen	20		
Übriger Betriebsaufwand	50	Reinverlust	31
	343		343

Schlussbilanz I vom 31. 12. 20_2

Umlaufvermögen		**Fremdkapital**	
Liquide Mittel	5	Kreditoren	45
Debitoren	25	Transitorische Passiven	50
Transitorische Aktiven	9	Hypotheken	1 000
Anlagevermögen		**Eigenkapital**	
Mobilien	25	Aktienkapital	600
Immobilien	1 500	Allgemeine gesetzliche Reserve	100
Darlehen	200		
Reinverlust	31		
	1 795		1 795

Zwei Gruppen von Transitorien

Folgende zwei Gruppen werden unterschieden:

	Transitorien im engeren Sinn❶	Antizipative Transitorien❶
Erläuterung/Inhalt	Enthalten Leistungen, die noch beansprucht werden können oder zu erbringen sind (z. B. Benützung oder Zur-Verfügung-Stellen eines Lagerraumes). [Der Geldfluss ist bereits erfasst.]	Beinhalten den zukünftigen Geldzu- oder -abfluss, der vorweggenommen (= antizipiert) wird. [Die Leistung ist bereits erbracht.]
Wirkung für Unternehmung	Leistungsguthaben/-schulden	Geldguthaben/-schulden
Vorgang	Aufwandsvortrag Ertragsvortrag	Aufwandsnachtrag Ertragsnachtrag

Zwei Arten der Kontenführung

Die Transitorischen Konten können auf zwei Arten geführt werden:

	Transitkonto	Ruhendes Konto❷
Zeitpunkt/-dauer	Besteht nur gerade beim Abschluss und bei der Eröffnung.	Bleibt während des ganzen Jahres unverändert.
Buchhalterische Behandlung – beim Jahresabschluss – nach Wiedereröffnung	Bildung (mit dem ganzen Betrag) Vollständige Auflösung (Konto wird ausgeglichen.)	Anpassung (mit dem Differenzbetrag) Keine Auflösung (Konto bleibt bestehen.)
Anzahl Konten/ Kontenbezeichnung	Oft nur ein Konto Transitorische Aktiven oder Transitorische Passiven.	Meistens werden unterschiedliche Aktiv- und Passivkonten geführt, die nach ihrem Inhalt benannt werden.
Anwendung	Für Rechnungsabgrenzungen, die unregelmässig anfallen.	Für Rechnungsabgrenzungen, die bei jedem Jahresabschluss vorkommen. (z. B. jährlich regelmässig auflaufende Hypothekarzinsen)

❶ Diese Unterscheidung hat eine Bedeutung in der Geldflussrechnung und Bilanzanalyse.
❷ Typische ruhende Konten sind: Warenbestand, Delkredere, Debitoren und Kreditoren bei Offenposten-Buchhaltung.

Beispiel **Zwei Arten der Kontenführung**

Ausgangslage

Die Menzli Sport AG, Ilanz, hat auf den 1.8.20_0 eine Filiale in Vella eröffnet und dazu ein neues Ladenlokal gemietet. Die Filialmiete muss halbjährlich am 31.1. und 31.7. im Voraus beglichen werden.

Bezahlte Halbjahresmieten: 20_0: einmal 72; 20_1: zweimal 84; 20_2: zweimal 78

Buchungstatsachen	Transitkonto				Ruhendes Konto		
	Mietaufwand		Transitorische Aktiven		Mietaufwand		Vorausbezahlte Miete
20_0							
Mietzinszahlung Aug.–Jan.	72				72		
Abgrenzung		12	12			12	12
Saldo		60				60	
Schlussbestand				12			12
	72	72	12	12	72	72	12	12
20_1							
Eröffnung			12				12
Rückbuchung	12			12			
Mietzinszahlung Feb.–Juli	84				84		
Mietzinszahlung Aug.–Jan.	84				84		
Abgrenzung		14	14			2	2
Saldo		166				166	
Schlussbestand				14			14
	180	180	26	26	168	168	14	14
20_2							
Eröffnung			14				14
Rückbuchung	14			14			
Mietzinszahlung Feb.–Juli	78				78		
Mietzinszahlung Aug.–Jan.	78				78		
Abgrenzung		13	13			1		1
Saldo		157				157	
Schlussbestand				13			13
	170	170	27	27	157	157	14	14
20_3							
Eröffnung			13				13
Rückbuchung	13			13			

54

Unterschiedliche Gründe für transitorische Abgrenzungen
Aussagen von transitorischen Posten

Beispiele	Buchung		Betrag	Gründe	Aussage(n)
Ausstehender Marchzins	Transitorische Aktiven	Zinsertrag	1 000.–	(Mehr-)Ertrag	– noch nicht fällige Forderungen – Geldguthaben
Heizölrechnung	Heizölaufwand	Kreditoren	18 000.–		
Vorrat	Transitorische Aktiven ❶	Heizölaufwand	6 000.–	Minderaufwand	– Heizölvorrat Ende Jahr
Mietzinszahlungen Nov.–Jan.	Mietaufwand	Bank	9 000.–		
Abgrenzung Vorauszahlung Jan.	Transitorische Aktiven	Mietaufwand	3 000.–	Minderaufwand	– Aktiver Korrekturposten zum Bankkonto infolge zu grosser Abnahme des Bankbestandes – Leistungsguthaben
Ausstehende Umsatzrabatte auf Wareneinkäufen	Transitorische Aktiven	Wareneinkauf	2 500.–	Minderaufwand	– Geldguthaben, falls der Rabatt ausbezahlt wird. – Korrektur zu den Lieferantenschulden, falls er mit den Schulden verrechnet wird.
Ausstehende Reparaturrechnung	Reparaturaufwand	Transitorische Passiven	1 700.–	(Mehr-)Aufwand	– Geldschuld
Noch nicht abgerechnete Umsatzrabatte auf Warenverkäufen	Warenverkauf	Transitorische Passiven	4 500.–	Minderertrag	– Geldschuld, falls der Rabatt ausbezahlt wird. – Korrektur zu den Kundenguthaben, falls er mit den Forderungen verrechnet wird.
Mieteinnahmen Nov.–Jan. vom Untermieter	Bank	Mietertrag	1 800.–		
Abgrenzung Vorauszahlung Jan.	Mietertrag	Transitorische Passiven	600.–	Minderertrag	– Passiver Korrekturposten zum Bankkonto – Leistungsschuld

Transitorische Aktiven sind in der Regel kurzfristige Forderungen, deshalb sind sie in der Bilanz bei den Forderungen im Umlaufvermögen aufzuführen.
Transitorische Passiven sind immer kurzfristige Schulden, deshalb werden sie als kurzfristiges Fremdkapital bilanziert.

Von besonderer Bedeutung ist die zeitliche Abgrenzung bei der kurzfristigen Erfolgsrechnung.

❶ Statt auf Transitorische Aktiven evtl. auf ein besonderes Vorratskonto buchen.

33 Rückstellungen

	Rückstellungen
Merkmale	Sind Verpflichtungen (= künftige Geld-, Güter- oder Leistungsabgänge ohne Gegenleistungen), bei denen eine oder mehrere Ungewissheiten bestehen. Unsicher ist – die Höhe (des Abganges) – die Fälligkeit (= Zeitpunkt des Abganges) – der Tatbestand (= Wahrscheinlichkeit des Eintrittes) – der Empfänger (der Leistung). Die Ursache der zukünftigen Verpflichtung liegt in der abzuschliessenden Periode.
Zweck	Ergeben eine periodenkonforme Erfassung des Aufwandes. Der künftige Abgang ist der Periode als Aufwand zu belasten, die ihn verursacht hat (Verursacherprinzip).
Auswirkung	Verhindern einen zu grossen Erfolg und damit eine zu hohe Gewinnausschüttung.
Abgrenzung	Sind ähnlich wie der Aufwandsnachtrag ein antizipatives Passivum; haben aber im Gegensatz zum transitorischen Posten mehrere Unsicherheiten und können langfristig sein.
Besonderheit	Eignen sich wegen des ungewissen Charakters sehr gut für stille Reserven.
Bildung	Werden zulasten des gleichen Erfolgskontos❶ gebildet, über das auch gebucht würde, wenn es eine endgültige Abrechnung wäre.
Verwendung	Werden gebraucht, wenn die Verpflichtung endgültig eintritt und beglichen werden muss. Die Verwendung ergibt eine erfolgsunwirksame Buchung.❶
Auflösung	Werden aufgelöst, wenn die Verpflichtung nicht oder nur teilweise eintritt. Die Auflösung ergibt in der Regel einen ausserordentlichen (periodenfremden) Ertrag.❶

❶ Vergleiche Buchungen Beispiel 1.

Beispiel 1 Prozessrückstellung

Ausgangslage

20_1 wurde in einem Prozess gegen die Carlux AG eine Schadenersatzforderung wegen Produktehaftpflicht von Fr. 50 000.– angestrebt. Die komplizierte Rechtslage führte zu einem längeren Verfahren, welches erst 20_3 abgeschlossen wurde. Das Gericht verpflichtet die Carlux AG, Fr. 41 000.– zu zahlen.

Buchungstatsachen bei der Carlux AG

1	Bildung einer Prozessrückstellung (20_1)	Fr. 50 000.–
2	Verwendung der Prozessrückstellung und Bankzahlung des Schadenersatzes (20_3)	Fr. 41 000.–
3	Auflösung der restlichen Prozessrückstellung (20_3)	Fr. 9 000.–

Buchungen

1	Prozessaufwand oder Übriger Betriebsaufwand	/ Rückstellungen	50 000.–
2	Rückstellungen	/ Bank	41 000.–
3	Rückstellungen	/ Ausserordentlicher Ertrag	9 000.–

Beispiel 2 Rückstellungen für Liegenschaftsreparaturen

Ausgangslage

In der B. Adams AG erwartet man, dass in fünf Jahren an der Liegenschaft werterhaltende Reparaturen von etwa Fr. 100 000.– anfallen werden.
Die Abrechnung im 6. Jahr ergibt einen Gesamtreparaturbetrag von Fr. 115 000.–.

Buchungstatsachen

1	Bildung von Reparaturrückstellungen (20_1)	Fr. 20 000.–
2	Bildung von Reparaturrückstellungen (20_2)	Fr. 20 000.–
3–5	dito	
6	Rechnung für die ausgeführten Reparaturen (20_6)	Fr. 115 000.–
7	Banküberweisung (20_6)	Fr. 115 000.–

Buchungen

1	Liegenschaftsaufwand	/ Rückstellungen	20 000.–
2	Liegenschaftsaufwand	/ Rückstellungen	20 000.–
3–5	dito		
6	Liegenschaftsaufwand	/ Rückstellungen	15 000.–
	Rückstellungen	/ Kreditoren	115 000.–
7	Kreditoren	/ Bank	115 000.–

34 Abgrenzung der Rückstellungen gegenüber anderen Konten

Konten	Wertberichtigungen	Kreditoren
Kontenart	Minusaktiv	Fremdkapital (kurzfristig)
Zeitpunkt der Buchung	Vor dem Abschluss Gegenbuchung in einem Erfolgskonto	Jederzeit während der Abrechnungsperiode
Merkmale / Inhalt	Wertkorrektur (Berichtigung) von Aktivposten	In Rechnung gestellte tatsächliche Verpflichtungen
Zweck	Berücksichtigung von Wertverminderungen	Zeigen die feststehenden später zahlbaren Schulden
Beispiele	Wertberichtigung Anlagevermögen Wertberichtigung Debitoren (Delkredere)	Offene Lieferantenrechnungen Rechnungen für Transportkosten

Transitorische Passiven (Passive Rechnungsabgrenzung)	Rückstellungen	Reserven (Rücklagen)
Fremdkapital (kurzfristig)	Fremdkapital (kurz- oder langfristig)	Eigenkapital
Vor dem Abschluss Gegenbuchung in einem Erfolgskonto	Vor dem Abschluss Gegenbuchung in einem Erfolgskonto	Meistens nach dem Abschluss bei Gewinnverteilung

Bestehende, noch nicht abgerechnete Verpflichtungen	Verpflichtungen (= zukünftige Geld-, Güter- und Leistungsabgänge) mit einer oder mehreren Ungewissheiten über – Höhe
	     – Zeitpunkt
	     – Empfänger
	     – Tatbestand.
	Ursache liegt in der abgelaufenen Rechnungsperiode.
		Zurückbehaltene Gewinne (Ausnahme: Reserven aus Agio bei Kapitalerhöhungen)

Zeitliche Abgrenzung von feststehenden Aufwänden und Erträgen	Erfassung eines noch «ungewissen» Aufwandes zulasten der abzuschliessenden Rechnungsperiode	Abdeckung zukünftiger Verluste Selbstfinanzierung
Aufgelaufener Kapitalzins Ausstehende Reparaturrechnung Im Voraus erhaltene Mieteinnahmen	Garantieleistungen Prozesskosten bei unsicherem Ausgang Schadenersatzverpflichtung Drohende Verluste aus schwebenden Geschäften❶	Offene Reserven – allgemeine gesetzliche – statutarische – freie Stille Reserven – auf Aktiven oder Fremdkapital

❶ Z.B. aus Eventualverpflichtungen (Bürgschaften, Garantieverpflichtungen) und Derivaten. Siehe Carlen/Gianini/Riniker: Finanzbuchhaltung 2, Sonderfälle der Finanzbuchhaltung, Kapitel 6, Derivative Finanzinstrumente.

4 Geschäftsverkehr mit Kunden und Lieferanten

41 Bar- und Kreditgeschäft

Der Verkauf von Gütern und Dienstleistungen erfolgt gegen bar oder auf Kredit (gegen Rechnung). Nach dem Zeitpunkt der Vertragserfüllung lassen sich vor allem zwei Vertragsarten unterscheiden:

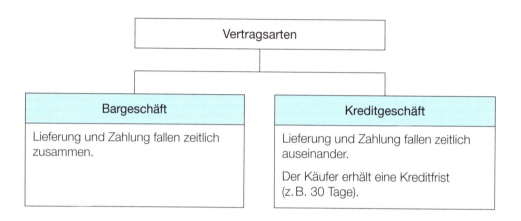

42 Zwei Erfassungsmethoden der Kreditgeschäfte

Der Kreditverkehr mit den Kunden und Lieferanten kann nach zwei Methoden erfolgen.

		Ordentliche Erfassung	Offenposten-Buchhaltung
	Technik	Für jeden Kunden bzw. Lieferanten wird ein individuelles Konto geführt.	Für die Kunden bzw. Lieferanten werden je zwei «Ordner»❶ geführt. Im ersten Ordner werden alle offenen (unbezahlten) Rechnungen abgelegt. Im zweiten befinden sich alle bezahlten Rechnungen.
		Die Debitoren- und Kreditorenkonten verändern sich laufend.	Das Debitoren- bzw. Kreditorensammelkonto wird ruhend geführt.
Zeitpunkt	Kreditverkauf/ Kreditkauf	Die Ausgangs- und Eingangsrechnungen werden laufend auf den Debitoren- und Kreditorenkonten erfasst.	Die Ausgangs- und Eingangsrechnungen werden nicht verbucht, sondern nur im jeweiligen Ordner für offene Rechnungen abgelegt.
	Zahlung	Durch die Zahlungen werden die Debitoren- und Kreditorenkonten ausgeglichen.	Bei der Zahlung werden die Rechnungen als bezahlt gekennzeichnet und im Ordner für bezahlte Rechnungen abgelegt. Der Ver- bzw. Einkauf wird wie ein Bargeschäft verbucht.
	Jahresabschluss	Beim Abschluss ist eine Anpassung der Debitoren- und Kreditorenkonten nicht nötig, da diese bereits die richtigen Bestände ausweisen.	Beim Abschluss wird der Bestand an offenen Kunden- und Lieferantenrechnungen❷ mit dem Anfangsbestand im Debitoren- und Kreditorensammelkonto verglichen. Eine Differenz bei den Kundenguthaben bzw. Lieferantenschulden wird als Bestandeszu- oder -abnahme erfasst (= Korrekturbuchung).

Hinweis:
Wenn in den Aufgaben nicht ausdrücklich die Offenposten-Buchhaltungs-Methode verlangt wird, ist die ordentliche Methode anzuwenden.

❶ Die «Ordner» können auch elektronisch geführt werden.
❷ Gemäss Debitoren- und Kreditoren-Inventar (= Addition der offenen Rechnungen) oder gemäss OP-Liste (OP = Offene Posten = Unbezahlte Rechnungen)

Beispiel Vergleich der zwei Erfassungsmethoden

Ausgangslage

Folgendes ist über den Kreditverkehr der Gummeli & Co. für das Jahr 20_4 bekannt (Kurzzahlen):

	Kreditoren❶	Debitoren❷
Anfangsbestand	60	80
Kreditkäufe/Kreditverkäufe	360	600
Skonti/Rabatte/Retouren	12	30
Zahlungen	340	560
Schlussbestand	68	90

Buchungen

	Ordentliche Erfassung			Offenposten-Buchhaltung		
Eröffnung	Eröffnungsbilanz	/Kreditoren	60	Eröffnungsbilanz	/Kreditoren	60
	Debitoren	/Eröffnungsbilanz	80	Debitoren	/Eröffnungsbilanz	80
Kreditkäufe/ Kreditverkäufe	Wareneinkauf	/Kreditoren	360	Keine Buchung		
	Debitoren	/Warenverkauf	600	Keine Buchung		
Skonti/Rabatte/ Retouren	Kreditoren	/Wareneinkauf	12	Keine Buchung		
	Warenverkauf	/Debitoren	30	Keine Buchung		
Zahlungen	Kreditoren	/Liquide Mittel	340	Wareneinkauf	/Liquide Mittel	340
	Liquide Mittel	/Debitoren	560	Liquide Mittel	/Warenverkauf	560
Korrektur Kreditoren- Debitorenkonto	Keine Buchung			Wareneinkauf	/Kreditoren	8
	Keine Buchung			Debitoren	/Warenverkauf	10
Abschluss	Kreditoren	/Schlussbilanz	68	Kreditoren	/Schlussbilanz	68
	Schlussbilanz	/Debitoren	90	Schlussbilanz	/Debitoren	90

Andere mögliche Kontenbezeichnungen:
❶ Lieferantenschulden oder Verbindlichkeiten aus Lieferungen und Leistungen
❷ Kundenguthaben oder Forderungen aus Lieferungen und Leistungen

43 Debitorenverluste und Delkredere[1]

Leider werden nicht alle Rechnungen bezahlt. Es gibt immer wieder Kunden, die Zahlungsschwierigkeiten haben, einen Nachlass verlangen oder in Konkurs geraten. Zwei Arten von Debitorenverlusten werden unterschieden:

	Endgültige Verluste	Mutmassliche Verluste
Umschreibung	Es handelt sich um Ausfälle von Forderungen, die während der Rechnungsperiode tatsächlich eintreten. Endgültige Verluste werden direkt abgeschrieben. Sie werden aus den Debitoren ausgebucht und zu Aufwand (= Debitorenverlust) dieser Rechnungsperiode.	Beim Rechnungsabschluss sind meistens noch Rechnungen offen. Die Erfahrung lehrt, dass in Zukunft nicht alle Forderungen bezahlt werden. Wie viel nicht eingehen wird, wer nicht zahlen wird, warum der Kunde nicht zahlen kann, ist ungewiss. Da es sich nur um vermutete Verluste handelt, darf nicht direkt abgeschrieben werden. Es wird nur eine indirekte Abschreibung, d.h. eine pauschale Wertberichtigung, auf dem Konto Delkredere vorgenommen. Das Delkredere ist ein ruhendes Konto, das in der Bilanz als Minusaktivkonto aufzuführen ist. Die Höhe des Delkrederes ist abhängig von der Branche, der Konjunkturlage, der Bonität der Schuldner und der Höhe des Debitorenbestandes.
Andere Bezeichnung	Tatsächlich eingetretene Verluste	Voraussichtliche Verluste
Grund	Konkurs, Nachlass, erfolglose Betreibung	Bewertung beim Abschluss (Vorsichtsprinzip)
Buchungszeitpunkt	Während des ganzen Jahres	Nur beim Abschluss
Buchung	Debitorenverluste/Debitoren	Erhöhung Delkredere: Debitorenverluste/Delkredere Senkung Delkredere: Delkredere/Debitorenverluste

[1] Andere Bezeichnung: Wertberichtigung Debitoren

Beispiel   **Endgültige und mutmassliche Verluste**

Zusammengefasster Debitorenverkehr der Mino & Co. für zwei aufeinander folgende Jahre:

20_2	Buchungstatsachen	Buchung		Betrag	Debitoren		Delkredere		Debitoren-verlust	
1	Eröffnung				40			2		
2	Rechnungen an Kunden 280	Debitoren	Warenverkauf	280	280					
3	Kundenzahlungen 214	Bank	Debitoren	214		214				
4	Kunde X ist in Konkurs geraten. Der definitive Verlust beträgt 6.	Debitorenverlust	Debitoren	6		6			6	
5	Abschluss: Der mutmassliche Verlust auf den Kundenguthaben beträgt 5%. ❶									
	Zunahme Delkredere	Debitorenverlust	Delkredere	3				3	3	
	Salden					100	5			9
					320	320	5	5	9	9

20_3	Buchungstatsachen	Buchung		Betrag	Debitoren		Delkredere		Debitoren-verlust	
1	Eröffnung				100			5		
2	Rechnungen an Kunden 370	Debitoren	Warenverkauf	370	370					
3	Kundenzahlungen 250	Bank	Debitoren	250		250				
4	Kunde Z haben wir für 70 Waren auf Kredit verkauft. Wir gewähren ihm einen Forderungsnachlass von 30, den Rest überweist er.	Debitorenverlust Bank	Debitoren Debitoren	30 40		30 40			30	
5	Abschluss: Wir bewerten die Debitoren neu mit 98%. ❷									
	Abnahme Delkredere	Delkredere	Debitorenverlust	2			2			2
	Salden					150	3			28
					470	470	5	5	30	30

❶ 5% von 100 (Kundenforderungen Ende Jahr) = 5. Das Delkredere muss einen Endbestand von 5 haben. Deshalb wird nur noch die Differenz von 3 gebucht.

❷ 98% von 150 (Kundenforderungen) = 147. Das Delkredere muss einen Endbestand von 3 haben. Deshalb wird nur die Differenz von 2 gebucht.

44 Konten im Verkehr mit Kunden

Bezeichnung	Konteninhalt		Kontenklasse
	Variante I (Minimalvariante)	Variante II (Maximalvariante)	
Debitoren	Alle Kundenguthaben	Nur solvente (sichere) Kundenguthaben	Aktivkonten
Dubiose Debitoren❶	–❷	Dubiose (unsichere) Kundenguthaben	
Delkredere	Wertberichtigung der Kundenguthaben wegen voraussichtlicher Verluste		Minusaktivkonto
Debitoren-verluste	Endgültige Verluste und Veränderung Delkredere	Nur endgültige Verluste	ordentliche: Betriebsertrag (Ertragsminderung) oder Übriger Betriebsaufwand / ausserordentliche: Ausserordentlicher Aufwand
Veränderung Delkredere❶	–❷	Zu- oder Abnahme Delkredere	Ertragsminderung oder Übriger Betriebsaufwand

❶ Diese Konten dienen vor allem dem internen Gebrauch. Für die externe Jahresrechnung können die Salden auf die Konten Debitoren bzw. Debitorenverluste übertragen werden.
❷ Wird nicht geführt.

45 Anzahlungen (= Vorauszahlungen)

Anzahlungen kommen oft bei Aufträgen mit einer längeren Fertigungs- und/oder Lieferzeit (z.B. bei Grossaufträgen) vor. Der Lieferant (Hersteller) kann mit einer Anzahlung des Kunden teilweise die Fabrikationskosten finanzieren und zudem das Risiko einer Auftragsannullierung vermeiden.
Auch bei Kunden mit schlechter Bonität kann eine Anzahlung als Sicherheit verlangt werden.

Bei den Vorauszahlungen sind zwei Konten zu unterscheiden:

	Anzahlungen an Lieferanten	Anzahlungen von Kunden
Kontenart	Aktivkonto Forderungen[1]	Passivkonto (Fremdkapital) Kurzfristige Verbindlichkeiten
Ablauf und Folge	Der Käufer leistet eine Anzahlung an den Verkäufer. Diese Anzahlung ergibt für den Käufer einen Anspruch auf eine Lieferung (z.B. einer Maschine).	Der Verkäufer erhält eine Anzahlung vom Käufer. Diese Anzahlung ergibt für den Verkäufer eine Verpflichtung, eine Sache zu liefern oder eine Dienstleistung zu erbringen.
Inhalt	Leistungsguthaben (= Sachforderung)	Leistungsschuld (= Sachschuld)
Mehrwertsteuer	Vorauszahlungen sind mehrwertsteuerpflichtig.[2]	

[1] Handelt es sich um
– Anzahlungen für Material oder Waren, dann ist das Konto in der Kontengruppe Vorräte aufzuführen.
– Anzahlungen für Anlagen, dann ist das Konto in der entsprechenden Kontengruppe des Anlagevermögens aufzuführen.
[2] Siehe Wegleitung zur MWST, Randziffer 391 bis 393.

Beispiel   **Anzahlungen aus der Sicht des Käufers und des Verkäufers**

Ausgangslage

Am 15. Februar bestellt Kunde K (Käufer) bei Lieferant V (Verkäufer) die Maschine XP8 für 150 (Kurzzahl). Der Zahlungsverkehr wickelt sich durch die Bank ab.

Folgende Zahlungs- und Lieferbedingungen wurden vereinbart:
- Anzahlung von ⅓ des Kaufpreises bei Bestellung
- Lieferung der Maschine am 30. 8. und Zahlung von einem weiteren Drittel des Kaufpreises
- Restzahlung zwei Monate nach Lieferung

Buchungstatsachen

1. Der Verkäufer sendet die Rechnung über die vereinbarte Anzahlung von 50, welche der Käufer sogleich begleicht.
2. Lieferung der Maschine:
   - Rechnungsbetrag 100 (150 [Kaufpreis] – 50 [geleistete Anzahlung])
   - Umbuchung der Anzahlung
   - Zahlung des zweiten Drittels
3. Zahlung des Restbetrages

Buchungen

	Käufer			Verkäufer		
1	Anzahlungen an Lieferanten	/ Verbindlichkeiten aus L+L ❶	50	Forderungen aus L+L	/ Anzahlungen von Kunden	50
	Verbindlichkeiten aus L+L	/ Bank	50	Bank	/ Forderungen aus L+L	50
2	Maschinen	/ Verbindlichkeiten aus L+L	100	Forderungen aus L+L	/ Verkaufserlös	100
	Maschinen	/ Anzahlungen an Lieferanten	50	Anzahlungen von Kunden	/ Verkaufserlös	50
	Verbindlichkeiten aus L+L	/ Bank	50	Bank	/ Forderungen aus L+L	50
3	Verbindlichkeiten aus L+L	/ Bank	50	Bank	/ Forderungen aus L+L	50

❶ L+L = Lieferungen und Leistungen

5 Warenhandel und Fabrikationsbetrieb

51 Konten im Warenhandel

Die Warenkonten können je nach den Anforderungen, die an das Rechnungswesen gestellt werden, nach verschiedenen Methoden geführt werden. Mit dem folgenden Beispiel werden die drei häufigsten Methoden dargestellt.

Beispiel **Methoden der Warenkontenführung**

Ausgangslage

Über den Warenverkehr der Canadag ist Folgendes bekannt (Kurzzahlen, Sammelposten):

Anfangsbestand	20
Rechnungen von Lieferanten	180
Bezugsspesen	15
Rechnungen an Kunden – zu Verkaufspreisen	315
– zu Einstandspreisen	189
Nachträgliche Rabatte und Skonti von Lieferanten	8
Rücknahmen von Kunden – zu Verkaufspreisen	21
– zu Einstandspreisen	13
Rabatte und Skonti an Kunden	9
Schlussbestand gemäss Inventar zu Einstandspreisen	30
Inventarmanko	1

Einkontenmethode

Waren

Anfangsbestand	20	315	Rechnungen an Kunden
Rechnungen von Lieferanten	180	8	Rabatte und Skonti
Bezugsspesen	15		von Lieferanten
Rücknahmen von Kunden	21	30	Schlussbestand
Rabatte und Skonti an Kunden	9		
Bruttogewinn (Saldo)	108		
	353	353	

Kontenführung	Das Konto wird gemischt geführt. Neben dem Anfangs- und Schlussbestand (bewertet zu Einstandspreisen) wird auch der laufende Warenverkehr (Wareneinkauf zu Einstands- und Warenverkauf zu Verkaufspreisen) in einem Konto erfasst.
Vorteil	Es muss nur ein Konto geführt werden.
Nachteile	Das Vermischen der Zahlen macht eine Auswertung praktisch unmöglich. Die Einkontenmethode verstösst gegen das Bruttoprinzip.
Eignung	Sie kommt höchstens bei einfachsten Verhältnissen in Frage. Beim Partizipationsgeschäft wird diese Methode häufig angewandt. Dort interessiert vor allem der Bruttoerfolg.

Dreikontenmethode ohne laufende Inventur (Ist ohne gegenteilige Angabe in den Aufgaben anzuwenden.)

	Warenbestand		Wareneinkauf		Warenverkauf	
Anfangsbestand	20					
Lieferantenrechnungen			180			
Bezugspesen			15			
Kundenrechnungen						315
Rabatte und Skonti von Lieferanten				8		
Rabatte und Skonti an Kunden					9	
Rücknahme von Kunden					21	
Bestandeszunahme	10			10		
Schlussbestand		30				
Warenaufwand				177		
Warenertrag					285	
	30	30	195	195	315	315

Kontenführung	Das Warenbestandskonto ist zu Einstandspreisen bewertet. Es wird als ruhendes Konto geführt und jeweils beim Jahresabschluss angepasst. Der laufende Warenverkehr wird auf dem Konto Wareneinkauf zu Einstandspreisen und auf dem Konto Warenverkauf zu Verkaufspreisen erfasst.
Vorteile	Es erfolgt eine klare Trennung zwischen Bestandes- und Erfolgskonten. Die beiden Erfolgskonten, die unterschiedlich bewertet sind, werden getrennt geführt. Diese Methode ermöglicht eine einfache Buchungsweise und eine gute Auswertung der Konten.
Nachteile	Während des Jahres entspricht das Warenbestandeskonto nicht dem aktuellen Wert des Lagers. Für die kurzfristige Erfolgsrechnung ist der laufende Einstandswert im Konto Wareneinkauf und der Verkaufserlös nicht vergleichbar. Grund: Der Einstandswert bezieht sich auf die eingekaufte und der Verkaufserlös auf die verkaufte Menge. (Erst nach dem Verbuchen der Bestandeskorrektur bezieht sich Aufwand und Ertrag auf die gleiche [verkaufte] Menge.) Das Inventarmanko ist in der Buchhaltung nicht sichtbar, weil es automatisch mit der Buchung der Bestandesänderung erfasst wird.
Eignung	Sie ist überall dort geeignet, wo es nicht wesentlich ist, dass die Konten Warenbestand und -einkauf laufend den aktuellen Lagerwert bzw. Warenaufwand zeigen.
Begriffe	Warenertrag = Nettoerlös der verkauften Waren − Warenaufwand = Einstandswert der verkauften Waren❶ = Bruttogewinn Warenaufwand = Einstandswert der verkauften Waren❷ − Wareneinkauf − Einstandswert der eingekauften Waren❸ = Bestandesänderung

❶ Besteht ein Inventarmanko, sollte korrekt von verbrauchter Ware gesprochen werden.
Einstandswert der verbrauchten Waren = Einstandswert der verkauften Waren + Inventarmanko.
❷ = Saldo Konto Wareneinkauf nach Bestandesänderung
❸ = Saldo Konto Wareneinkauf vor Bestandesänderung

Dreikontenmethode mit laufender Inventur

	Warenbestand		Warenaufwand		Warenertrag	
Anfangsbestand	20					
Lieferantenrechnungen	180					
Bezugspesen	15 ❶					
Kundenrechnungen						
– zu Verkaufspreisen						315
– zu Einstandspreisen		189	189			
Rabatte und Skonti von Lieferanten		8 ❶				
Rabatte und Skonti an Kunden					9	
Rücknahmen von Kunden						
– zu Verkaufspreisen					21	
– zu Einstandspreisen	13			13		
Inventarmanko		1	1			
Schlussbestand		30				
Warenaufwand				177		
Warenertrag					285	
	228	228	190	190	315	315

❶ Falls Bezugspesen sowie Lieferantenrabatte und -skonti auf das Konto Warenbestand gebucht werden, müssen die Einstandspreise der entsprechenden Artikel angepasst werden. Wenn dies nicht möglich (z. B. Ware nicht mehr am Lager) oder sehr schwierig ist, werden sie auf dem Konto Warenaufwand oder einem speziellen Aufwands(-minderungs)konto erfasst.

Kontenführung	Veränderungen des Lagers werden laufend auf dem Warenbestandeskonto (bewertet zu Einstandspreisen) erfasst: Einkäufe erhöhen den Warenbestand, Verkäufe (bewertet zu Einstandspreisen) vermindern den Warenbestand und werden zu Warenaufwand. Gleichzeitig werden die Verkäufe (bewertet zu Verkaufspreisen) als Ertrag auf dem Warenertragskonto erfasst.
Vorteile	Das Konto Warenbestand gibt immer über den aktuellen Wert des Warenlagers Auskunft. Der Warenaufwand und Warenertrag sind miteinander vergleichbar, da sich beide auf die verkaufte Menge beziehen. Der physische Ablauf des Warenverkehrs wird auch buchhalterisch korrekt erfasst, das Inventarmanko wird in der Buchhaltung sichtbar.
Nachteile	Komplizierte Verbuchung des Verkaufes, da nebst dem Verkaufspreis auch der entsprechende Einstandspreis bekannt sein und erfasst werden muss. Schwierigkeiten beim Erfassen von nachträglichen Bezugspesen, Rabatte und Skonti bei den eingekauften Waren.
Eignung	Für Unternehmungen, bei denen die Einstandspreise der verkauften Waren bekannt sind. Für kurzfristige (z. B. monatliche) Erfolgsrechnungen.

Konteninhalt	Konto	Laufender Saldo	Schlusssaldo (nach Inventardifferenz)
	Warenbestand	Soll-Warenbestand	Ist-Warenbestand
	Warenaufwand	Einstandswert der verkauften Ware	Einstandswert der verbrauchten Ware
	Warenertrag	Nettoerlös der verkauften Ware	
Inventardifferenz	Sie kann entstehen durch Lagerverluste, Diebstähle, Inventurfehler, Fehler bei der Erfassung der Ausgänge, Bewertungsunterschiede beim Inventar.		

52 Konten im Fabrikationsbetrieb

Übersicht

Bei einem Warenhandelsbetrieb genügt üblicherweise ein Warenbestandeskonto, um das Lager und seine Veränderung zu erfassen. Das Gegenkonto für die Bestandeskorrektur ist das Konto Wareneinkauf.

Beim Fabrikationsbetrieb ergeben sich, bedingt durch den Produktionsablauf, drei verschiedenartige Lager und damit drei verschiedene Bestandeskonten mit unterschiedlicher Bewertung. Die Gegenkonten für die Bestandeskorrektur sind ebenfalls unterschiedlich.
Folgende Grafik zeigt die drei möglichen Lager eines Produktionsbetriebes und deren Bewertung gemäss OR 666:

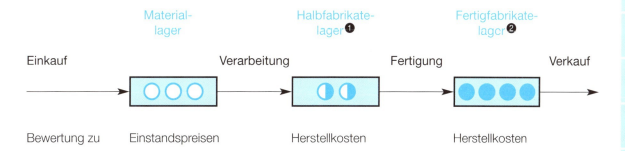

❶ oder Angefangene Arbeiten
❷ oder Fertige Arbeiten

Materialkonten

Die Materialkonten können wie die Warenkonten ohne oder mit laufender Inventur geführt werden.

Beispiel 1   Kontenführung ohne laufende Inventur

Materialeinkauf = Einstandswert des eingekauften Materials (730 + 20 – 30) = 720
Materialaufwand = Einstandswert des verbrauchten Materials (720 – 40)   = 680

Beispiel 2   Kontenführung mit laufender Inventur

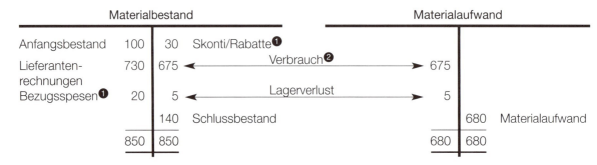

Materialeinkauf = Einstandswert des eingekauften Materials (730 + 20 – 30) = 720
Materialaufwand = Einstandswert des verbrauchten Materials (675 + 5)   = 680

❶ Falls Bezugsspesen sowie Lieferantenrabatte und -skonti auf das Konto Materialbestand gebucht werden, müssen die Einstandspreise der entsprechenden Artikel angepasst werden. Wenn dies nicht möglich (z.B. Material nicht mehr an Lager) oder sehr schwierig ist, werden sie auf dem Konto Materialaufwand oder auf einem speziellen Aufwands(-minderungs)konto erfasst.

❷ für die Produktion gemäss Materialbezugsscheinen

Konten für Halb- und Fertigfabrikate

Die Konten Halb- und Fertigfabrikate können getrennt oder gemeinsam geführt werden. Die Bestandeskonten Halb- und Fertigfabrikate werden als ruhende Konten geführt und jeweils am Jahresende angepasst. Eine Bestandeskorrektur verändert auch die Erfolgsrechnung. Die entsprechenden Erfolgskonten heissen: Bestandesänderung Halbfabrikate und Bestandesänderung Fertigfabrikate. Diese Konten werden nur beim Abschluss verwendet.

Beispiel 1 — Getrennte Kontenführung

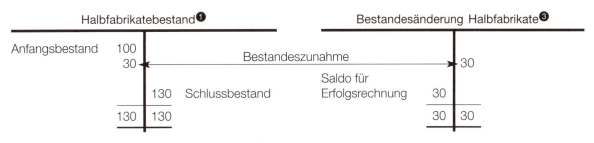

Beispiel 2 — Gemeinsame Kontenführung

❶ oder Angefangene Arbeiten
❷ oder Fertige Arbeiten
❸ Vergleiche die Einordnung des Kontos in der Erfolgsrechnung am Beispiel 2, Seite 36, und am Beispiel 3, Seite 42.

6 Abschreibungen

61 Übersicht

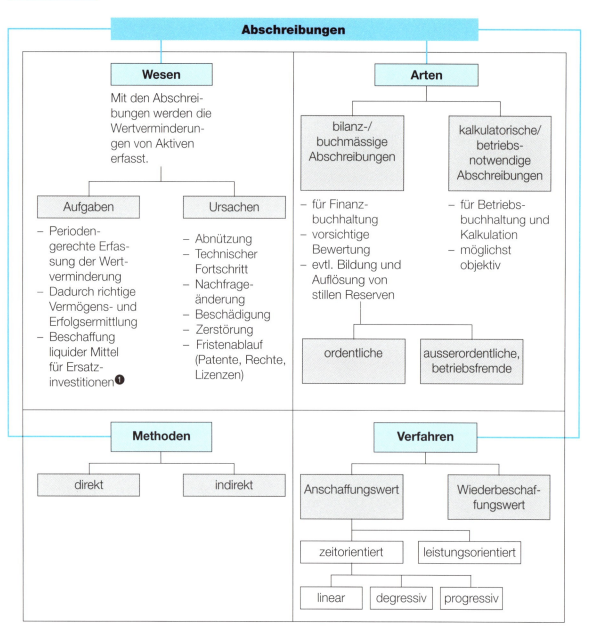

❶ Indem die Abschreibungen in die Verkaufspreise einkalkuliert werden, fliessen sie über die Verkaufserlöse in die Unternehmung zurück. Damit werden die finanziellen Mittel für die Neuanschaffung am Ende der Nutzungsdauer erwirtschaftet.

62 Abschreibungsmethoden

Direkte Abschreibung

- Die Abschreibung wird direkt auf dem Aktivkonto erfasst.
- Buchung: Abschreibung/Aktivkonto.
- Der Saldo des Aktivkontos zeigt den Rest- bzw. Buchwert. ❶
- In der Bilanz ist nur der Rest- bzw. Buchwert sichtbar, jedoch nicht der Anschaffungswert. ❷

Beispiel   **Direkte Abschreibung**

Die jährliche Abschreibung beträgt 20% vom Anschaffungswert.

Datum	Buchung		Text	Maschinen		Abschreibungen	
1. Jahr			Anfangsbestand	0			
03.01.	Maschinen	Kreditoren	Kaufpreis	21 000			
	Maschinen	Kreditoren	Montage	3 000			
	Maschinen	Kreditoren	Zoll, Fracht	1 000			
31.12.	Abschreibung	Maschinen	Abschreibung		5 000	5 000	
	Erfolgsrechnung	Abschreibung	Saldo				5 000
	Schlussbilanz	Maschinen	Schlussbestand		20 000		
				25 000	25 000	5 000	5 000
2. Jahr							
01.01.	Maschinen	Eröffnungsbilanz	Anfangsbestand	20 000			
31.12.	Abschreibung	Maschinen	Abschreibung		5 000	5 000	
	Erfolgsrechnung	Abschreibung	Saldo				5 000
	Schlussbilanz	Maschinen	Schlussbestand		15 000		
				20 000	20 000	5 000	5 000
3. Jahr							
01.01.	Maschinen	Eröffnungsbilanz	Anfangsbestand	15 000			

Schlussbilanz Ende 2. Jahr

Maschinen	15 000		

● Fussnoten siehe nächste Seite.

Indirekte Abschreibung

- Die Abschreibung wird indirekt auf einem Wertberichtigungskonto[3] erfasst.
- Buchung: Abschreibung/Wertberichtigungskonto.
- Das Aktivkonto wird nicht berührt und zeigt immer den Anschaffungswert.[2]
- Aus der Bilanz sind der Anschaffungswert, die kumulierten Abschreibungen und der Buchwert[1] ersichtlich.

Beispiel **Indirekte Abschreibung**

Die jährliche Abschreibung beträgt 20% vom Anschaffungswert.

Datum	Buchung		Text	Maschinen		Wertberichtigung Maschinen		Abschreibung	
1. Jahr									
01.01.			Anfangsbest.	0			0		
03.01.	Maschinen	Kreditoren	Anschaffungswert	25 000					
31.12.	Abschreibung	WB Maschinen	Abschreibung				5 000	5 000	
	Erfolgsrechn.	Abschreibung	Saldo						5 000
	Schlussbilanz	Maschinen	Schlussbest.		25 000				
	WB Maschinen	Schlussbilanz	Schlussbest.			5 000			
				25 000	25 000	5 000	5 000	5 000	5 000
2. Jahr									
01.01.	Maschinen	Eröffnungsbil.	Anfangsbest.	25 000					
	Eröffnungsbil.	WB Maschinen	Anfangsbest.				5 000		
31.12.	Abschreibung	WB Maschinen	Abschreibung				5 000	5 000	
	Erfolgsrechn.	Abschreibung	Saldo						5 000
	Schlussbilanz	Maschinen	Schlussbest.		25 000				
	WB Maschinen	Schlussbilanz				10 000			
				25 000	25 000	10 000	10 000	5 000	5 000
3. Jahr									
01.01.	Maschinen	Eröffnungsbil.	Anfangsbest.	25 000					
	Eröffnungsbil.	WB Maschinen	Anfangsbest.				10 000		

Schlussbilanz Ende 2. Jahr

Maschinen	25 000		
Wertberichtigung Maschinen	– 10 000	15 000	

[1] Der Buchwert ist der Wert gemäss Buchhaltung. Er wird auch Bilanz- oder Restwert genannt.
[2] Anschaffungswert = Kaufpreis + direkte Bezugskosten (Fracht, Zoll, Transportversicherung…) + Montage- und Einrichtungskosten.
[3] Das Wertberichtigungskonto zeigt die kumulierten (die bis zum heutigen Zeitpunkt insgesamt gebildeten) Abschreibungen. In der Bilanz wird das Wertberichtigungskonto häufig in einer Vorkolonne vom zu berichtigenden Konto abgezogen. Deshalb wird es auch als Minusaktivkonto bezeichnet.

63 Abschreibungsverfahren

Abschreibung des Anschaffungswertes: Zeitorientierte Verfahren

Bei den zeitorientierten Verfahren liegt der Grund der Abschreibung in der zeitlichen Dauer der Nutzung.

Übersicht über wichtige Verfahren

Merkmale \ Verfahren		Linear	Degressiv	
			Geometrisch	Arithmetisch
Abschreibungssatz	in Prozenten	vom Anschaffungswert	vom Buch- bzw. Restwert	–
	in Franken	–	–	Degressionsbetrag
Abschreibungsbetrag		konstant	sinkt abnehmend	sinkt gleichmässig
Eignung		Für Aktiven mit gleichmässiger Entwertung.	Für Aktiven, deren Entwertung am Anfang gross ist und/oder bei denen Reparatur- und Unterhaltskosten mit zunehmender Nutzungsdauer steigen.	
Besonderheiten		– Gleichmässige Verteilung des Abschreibungsaufwandes auf die Nutzungsdauer. – Einfache Kalkulation	Grosse Abschreibungen zu Beginn der Nutzungsdauer. Dies entspricht dem Vorsichtsprinzip.	
Beispiele		Büromobiliar	Autos	

Am häufigsten kommen das lineare und das degressiv-geometrische Verfahren vor. Diese Verfahren sind in allen Steuergesetzen vorgesehen. Oft werden die Abschreibungsbeträge jedes Jahr individuell festgelegt.

Gelegentlich trifft man auch die von einigen Steuergesetzen zugelassene sofortige Abschreibung auf den «Pro memoria»-Franken an. Diese Einmalabschreibung verstösst jedoch gegen das Fortführungs- sowie gegen das Verursacherprinzip (Periodengerechtigkeit).[1]

---

[1] Siehe Kapitel 1, Abschnitt 15, Buchführungsgrundsätze laut OR.

Beispiel **Vergleich verschiedener zeitorientierter Abschreibungsverfahren**

Ausgangslage

Annahmen
Anschaffungswert: Fr. 75 000.–
Altmaterialwert: Fr. 0.–
Nutzungsdauer: 5 Jahre

Abschreibungssatz
– lineare Abschreibung: 20% vom Anschaffungswert
– degressiv-geometrische Abschreibung: 40% vom Rest- bzw. Buchwert❶
– Degressionsbetrag für arithmetische Methode:

$$\frac{\text{Anschaffungswert}}{\text{Summe der Jahresziffern}} \qquad \frac{75\,000.-}{5+4+3+2+1} = \text{Fr. } 5\,000.-$$

Abschreibungstabelle

	Lineare Abschreibung		Degressive Abschreibung			
			geometrisch		arithmetisch	
Abschreibungssatz	20% vom Anschaffungswert		40% vom Restwert/Buchwert		Degressionsbetrag = 5 000.–	
Jahr	Abschreibungsbetrag	Restwert	Abschreibungsbetrag	Restwert	Abschreibungsbetrag	Restwert
0		75 000		75 000		75 000
1	15 000	60 000	30 000	45 000	25 000	50 000
2	15 000	45 000	18 000	27 000	20 000	30 000
3	15 000	30 000	10 800	16 200	15 000	15 000
4	15 000	15 000	6 480	9 720	10 000	5 000
5	15 000	0	3 888	5 832❷	5 000	0

❶ Doppelter Satz gemäss Merkblatt der Eidg. Steuerverwaltung: siehe Kapitel 7, Abschnitt 73, Bewertungsvorschriften.
❷ Die degressiv-geometrische Abschreibung führt rechnerisch nie zum Restwert Null. Deshalb schreibt man im letzten Jahr der tatsächlichen Nutzung den ganzen Restwert ab.

Grafik Restwert

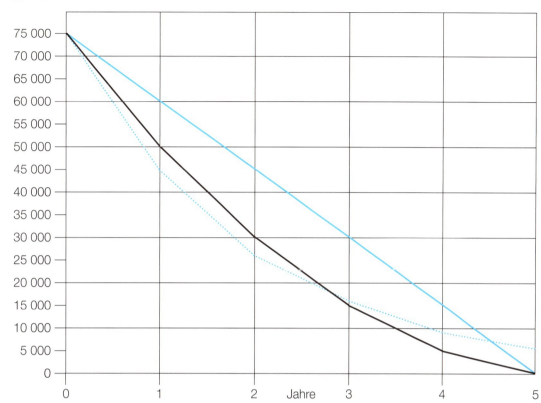

Grafik Abschreibungsbetrag

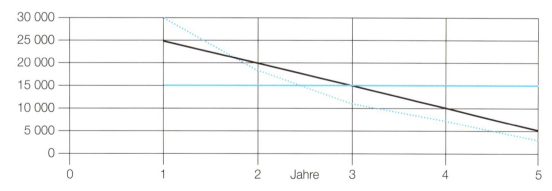

Abschreibung des Anschaffungswertes: Leistungsorientierte Verfahren

Bei den leistungsorientierten Verfahren tritt anstelle der Nutzungsdauer die geschätzte Gesamtleistung (Stückzahl, km, Stunden usw.).
Der Grund der Abschreibung und somit die Höhe des Betrags liegt in der jährlich erbrachten Leistung.

Beispiel   **Leistungsorientiertes Abschreibungsverfahren**

Ausgangslage

Die Transportunternehmung Langholz AG schreibt ihre Fahrzeuge aufgrund der gefahrenen Kilometer ab.

Angaben zum Lastwagen «Scania-Giant»:
- Kaufpreis   Fr. 150 000.–
- Geschätzte Gesamtleistung   500 000 km
- Schrottpreis   Fr.   0.–
- Abschreibungsbetrag je km   Fr.   0.30

Abschreibungstabelle

Jahr	gefahrene km	Abschreibung	Restwert
20_1	40 000	12 000.–	138 000.–
20_2	60 000	18 000.–	120 000.–
20_3	25 000	7 500.–	112 500.–
usw.			

Vergleich mit den zeitorientierten Verfahren

Vorteile	Nachteile
– Die einzelnen Perioden werden gemäss der Benützung belastet (Verursacherprinzip). – Für die Kalkulation werden die Abschreibungskosten zu Einzelkosten und können damit besser zugeordnet werden. – Bei vielen Anlagen ist die zu erbringende Leistung vom Verkaufsumsatz abhängig. Starke Umsatzjahre werden somit automatisch stärker mit Abschreibungsaufwand belastet als schwache. Dadurch wird der Gewinn ohne zusätzliche Abschreibungsmanipulation geglättet.	– Die technische Alterung und Stillstandschäden werden zu wenig berücksichtigt, wenn das Objekt wenig genutzt wird.❶ – Das Verfahren ist komplizierter.

❶ Um diesen Nachteil zu vermindern, kann das leistungsorientierte mit einem zeitorientierten Verfahren kombiniert werden.

Abschreibung des Wiederbeschaffungswerts

Ist in Zukunft mit steigenden Preisen zu rechnen, so genügen die auf der Basis der historischen Anschaffungswerte berechneten Abschreibungsbeträge nicht, um mit den in den Verkaufserlösen enthaltenen Abschreibungsrückflüssen den Ersatz von Anlagen zu finanzieren. Die Abschreibung des Anschaffungs- bzw. Herstellwertes kann nur die nominelle, nicht aber die substanzielle (reale) Kapitalerhaltung bewirken.

Um die nötigen Mittel für die Wiederbeschaffung zu sichern, gibt es zwei Möglichkeiten:

1. Bildung von offenen Wiederbeschaffungsreserven

Aus dem ausgewiesenen Gewinn wird im Umfang der Geldentwertung eine Wiederbeschaffungsreserve gebildet (OR 672/2 und 674/2 Ziffer 1).

Buchung: Bilanzgewinn / Wiederbeschaffungsreserven
(Es sind auch andere Reservekonten möglich.)

2. Bildung von stillen Wiederbeschaffungsreserven

Durch Abschreibung vom Wiederbeschaffungswert werden stille Reserven gebildet
(= Inflation Accounting) (OR 669/2).

Buchung: Abschreibung / Wiederbeschaffungsrückstellung

Auf dem Rückstellungskonto wird nur der Teil der Abschreibung gebucht, der den Abschreibungsbetrag vom Anschaffungswert übersteigt (Teuerungsabschreibung).

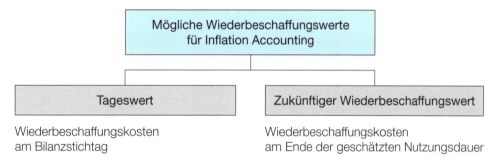

Weil die Schätzung des zukünftigen Wiederbeschaffungswertes mit vielen Unsicherheiten verbunden ist (Preisentwicklung, Geldentwertung), begnügt man sich oft mit Abschreibungen vom Tageswert.

Beispiel — **Abschreibung vom Tageswert**

Anschaffungswert eines Fahrzeugs am 3. 1. 20_1	Fr. 60 000.–
Abschreibungsmethode	direkt
Geschätzte Nutzungsdauer	5 Jahre
Geschätzter Restwert nach 5 Jahren	Fr. 0.–
Abschreibungssatz	20% vom Tageswert
Tageswert am 31. 12. 20_1	Fr. 63 000.–
Tageswert am 31. 12. 20_2	Fr. 67 000.–
Tageswert am 31. 12. 20_3	Fr. 72 000.–

Datum	Buchung		Text	Fahrzeuge		Wieder-beschaffungs-rückstellung		Abschreibung	
20_1									
03.01.	Fahrzeuge	Kreditoren	Kauf	60 000					
31.12.	Abschreibung	Fahrzeuge	Abschr. 20% vom Anschaffungswert		12 000			12 000	
31.12.	Abschr.❶	Wi. Rückst.	Anteilmässige Teuerungsabschreibung				600	600	
31.12.	–	–	Saldi		48 000	600			12 600
				60 000	60 000	600	600	12 600	12 600
20_2									
01.01.	–	–	Eröffnung	48 000			600		
31.12.	Abschreibung	Fahrzeuge	Abschr. 20% vom Anschaffungswert		12 000			12 000	
31.12.	Abschr.❶	Wi. Rückst.	Anteilmässige Teuerungsabschreibung				2 200	2 200	
31.12.	–	–	Saldi		36 000	2 800			14 200
				48 000	48 000	2 800	2 800	14 200	14 200
20_3									
01.01.	–	–	Eröffnung	36 000			2 800		
31.12.	Abschreibung	Fahrzeuge	Abschr. 20% vom Anschaffungswert		12 000			12 000	
31.12.	Abschr.❶	Wi. Rückst.	Anteilmässige Teuerungsabschreibung				4 400	4 400	
31.12.	–	–	Saldi		24 000	7 200			16 400
				36 000	36 000	7 200	7 200	16 400	16 400

Berechnung der Teuerungsabschreibungen

20_1 20% von Fr. 3 000.–   Fr. 600.–

20_2 (2 · 20%) von Fr. 7 000.–	Fr. 2 800.–	oder 20% von Fr. 7 000.–	Fr. 1 400.–
– Rückstellung Vorjahr	Fr. 600.–	20% von Fr. 4 000.–	Fr. 800.–❷
Abschreibung 2. Jahr	Fr. 2 200.–	Abschreibung 2. Jahr	Fr. 2 200.–
20_3 (3 · 20%) von Fr. 12 000.–	Fr. 7 200.–	oder 20% von Fr. 12 000.–	Fr. 2 400.–
– Rückstellung Vorjahre	Fr. 2 800.–	(2 · 20%) von Fr. 5 000.–	Fr. 2 000.–❷
Abschreibung 3. Jahr	Fr. 4 400.–	Abschreibung 3. Jahr	Fr. 4 400.–

❶ oder auf ein spezielles Abschreibungskonto, z.B. Ausserordentliche Abschreibungen
❷ Nachholabschreibung für das (die) Vorjahr(e)

64 Anlagespiegel

Der Anlagespiegel, der im Anhang in Tabellenform ausgewiesen wird, enthält zusätzliche Angaben zu den Sach- und immateriellen Anlagen, die in der Bilanz oder Erfolgsrechnung nicht gezeigt werden.

Der Anlagespiegel gibt zum Beispiel Auskunft über die Zusammensetzung der Sachanlagen (z.B. Grundstücke, Bauten, Anlagen, Einrichtungen, Sachanlagen im Bau, übrige Sachanlagen).
Er zeigt die
– Buchwerte
– Anschaffungswerte bzw. Herstellungskosten
– Zu- und Abgänge
– kumulierten Abschreibungen.

Beispiel

Sachanlagespiegel

Folgende Positionen sind aus den Bilanzen der Delta AG per Ende 20_5 und 20_6 und der Erfolgsrechnung 20_6 bekannt:

	31.12. 20_5	31.12. 20_6
Sachanlagen	1 587	1 401
		20_6
Abschreibungen und Wertbeeinträchtigungen		285

Die Wertbeeinträchtigungen (Impairments) sind ausserplanmässige Abschreibungen aufgrund von aussergewöhnlichen Wertverminderungen.

Der Sachanlagespiegel, hier aufgeteilt in fünf Kategorien, beinhaltet folgende Informationen:

	Unbebaute Grundstücke	Grundstücke und Bauten	Anlagen und Ein-richtungen	Anzahlungen und Anlagen im Bau	Übrige Sachanlagen	Total
Nettobuchwerte Stand 31.12.20_5	150	576	120	390	351	1 587
Anschaffungs-werte bzw. Her-stellungskosten Stand 31.12.20_5	150	1 326	180	390	759	2 805
Zugänge	0	0	36	72		108
Abgänge	0	− 78	0	0		− 78
Umbuchungen ❶	0	108	0	− 108		0
Stand 31.12.20_6	150	1 356	216	354	759	2 835
Kumulierte Abschreibungen Stand 31.12.20_5	0	− 750	− 60	0	− 408	− 1 218
Planmässige Abschreibung		− 30	− 36		− 159	− 225
Wertbeeinträchti-gungen		− 60				− 60
Abgänge ❷		69				69
Umbuchungen						0
Stand 31.12.20_6	0	− 771	− 96	0	− 567	− 1 434
Nettobuchwerte Stand 31.12.20_6	150	585	120	354	192	1 401

Dank dem Anlagespiegel können die einzelnen Kategorien separat analysiert werden.

Ein analoger Anlagespiegel kann auch für die immateriellen Anlagen erstellt werden.

❶ Auch Reklassifikationen genannt. Zum Beispiel werden die
– Anzahlungen bei Rechnungsstellung umgebucht oder
– Anlagen im Bau wurden vollendet und umgebucht.
❷ Abnahme der Wertberichtigung durch Verkäufe

7 Bewertung

71 Bewertungsmassstäbe

Für die Bewertung von Vermögensteilen, deren Werte nicht eindeutig sind, spielen folgende Gesichtspunkte eine Rolle: Zustand, Alter, Technischer Stand, Anschaffungswert, Herstellkosten, Situation auf dem Absatzmarkt, Wiederbeschaffungskosten, Verlustrisiken, Gewinnchancen. Daraus ergeben sich folgende mögliche Ansätze für die Bewertung:

Begriff	Erläuterung	Anwendung
Fortführungswert	Wert, der den Bilanzposten zukommt bei Weiterführung der Unternehmung auf unbestimmte Zeit.	
Anschaffungswert Anschaffungskosten	Kaufpreis zuzüglich direkte Beschaffungskosten wie Transport oder Montagekosten	Für gekaufte Güter
Herstellwert Herstellungskosten	Summe der für die Herstellung aufgewendeten Kosten (ohne Verwaltungs- und Vertriebskosten❶)	Für selber hergestellte Güter
Restwert Buchwert	Anschaffungs- bzw. Herstellwert oder Nominalwert❷ minus Wertverminderungen	Für die Ermittlung der Abschreibungen und Wertberichtigungen
Ertragswert	Aus zukünftigen Gewinnen oder Cashflows berechneter Wert.	Für Liegenschaften, nicht kotierte Aktien, Beteiligungen, ganze Unternehmungen usw.
Tageswert Marktwert auf dem Beschaffungsmarkt Wiederbeschaffungswert	Preis, der bezahlt werden muss, um gleichartige Güter am Bewertungsstichtag neu zu beschaffen oder herzustellen.	– Für Materialvorräte – Bei Abschreibungen vom Wiederbeschaffungswert – Bei der Bildung von Wiederbeschaffungsreserven
Veräusserungswert	Wert, der bei Verkauf oder Liquidation erzielt werden kann.	
Verkehrswert Marktwert auf dem Absatzmarkt	Voraussichtlich zu erzielender Verkaufserlös unter normalen Verhältnissen	– Für Anlagen, die zur Veräusserung bestimmt sind – Beim Erstellen von Liquidationsbilanzen bei Überschuldung einer AG oder Auflösung einer Unternehmung
Liquidationswert	Verkaufserlös bei Liquidation einer Unternehmung	

❶ mit Verwaltungs- und Vertriebskosten = Selbstkosten
❷ Nominalwert, z. B. Aktivdarlehen

72 Bewertungsgrundsätze

Von den allgemeinen Grundsätzen der ordnungsmässigen Rechnungslegung laut OR lassen sich folgende Bewertungsgrundsätze ableiten:

Das Vorsichtsprinzip ist der wichtigste Bewertungsgrundsatz.

Diese gläubigerschutzbezogene Einstellung gilt vor allem in der Schweiz. Angelsächsische Länder pflegen eher eine anlegerbezogene Betrachtungsweise, die zu grösseren Gewinnen führen kann («True and fair view»-Prinzip). Neben den börsenkotierten wenden auch andere grössere Unternehmungen vermehrt das «True and fair view»-Prinzip an.❶

---

❶ Vergleiche auch Kapitel 1, Abschnitt 16, Rechnungslegungsnormen.

73 Bewertungsvorschriften

Übersicht

	Obligationenrechtliche Vorschriften		Steuerrechtliche Vorschriften
	Allgemeine Vorschriften	Aktienrechtliche Vorschriften	
Vorschriften für – Aktiven	Höchstbewertungsvorschriften		Mindestbewertungsvorschriften bzw. Höchstabschreibungssätze
– Fremdkapital	Mindestbewertungsvorschriften		Höchstbewertungsvorschriften
Jahresrechnungen	Für externe Handelsbilanz und externe Erfolgsrechnung		Für Steuerbilanz und -erfolgsrechnung
Geltungsbereich	Für alle Unternehmungen, die buchführungspflichtig sind	Für Aktiengesellschaften, Kommanditaktiengesellschaften, GmbH, Versicherungs- und Kreditgenossenschaften	Für alle Unternehmungen
Massgebende Gesetze oder Gesetzesartikel	OR 960/1 u. 2	OR 960/3 OR 664–670 OR 764/2 OR 805, 858/2	Gesetz über die direkte Bundessteuer, kantonale Gesetze über die direkten Steuern

Die allgemeinen obligationrechtlichen Vorschriften (OR 960/1 und 2)

Inventar, Betriebsrechnung (Erfolgsrechnung) und Bilanz sind in Landeswährung aufzustellen. Alle Aktiven sind höchstens nach dem Werte anzusetzen, der ihnen im Zeitpunkt, auf welchen die Bilanz errichtet wird (Bilanzstichtag), für das Geschäft zukommt.

Erläuterungen

– Bei diesem Wert (Nutzwert) handelt es sich in der Regel um den Fortführungswert. Eine Bewertung über den Anschaffungs- bzw. Herstellwert ist im Sinne einer vorsichtigen Bewertung nicht empfehlenswert.
– In der Praxis werden in der Regel die Aktiven höchstens zu den Anschaffungs- bzw. Herstellkosten bilanziert.
– In einer Bilanzposition zusammen ausgewiesene gleichartige Aktiven können gesamthaft bewertet werden. Die ganze Position darf dabei nicht überbewertet sein. Minderwerte auf Einzelposten dürfen deshalb mit Mehrwerten auf anderen Einzelposten kompensiert werden (z. B. Warenlager).

Aktienrechtliche Vorschriften

OR 665 Anlagevermögen

Das Anlagevermögen darf höchstens zu den Anschaffungs- oder den Herstellungskosten bewertet werden, unter Abzug der notwendigen Abschreibungen.

Anschaffungskosten	Herstellkosten

Zu den Anschaffungskosten gehören alle mit der Beschaffung direkt zusammenhängenden Auslagen:
 	
  Anschaffungspreis
− Anschaffungspreisminderungen (z.B. Rabatte, Subventionen)
+ Bezugskosten (z.B. Fracht, Zoll, Einkaufsprovisionen)
+ Montage- und Einrichtungskosten
+ Handänderungskosten
 	
= Anschaffungskosten
	Die Herstellkosten umfassen folgende Kostenteile:
	
	  Einzelmaterial
	+ Materialgemeinkosten
	+ Fertigungseinzelkosten
	+ Fertigungsgemeinkosten [1]
	
	= Herstellkosten

Besondere Fälle

Immaterielle Güter wie Patente, Konzessionen, Lizenzen, Rezepte, Marken, produktbezogene Entwicklungskosten oder Software können nur aktiviert werden, wenn kumulativ folgende Voraussetzungen erfüllt sind:

Kauf oder Eigenherstellung und Nutzbarkeit mehr als 1 Jahr

Goodwill (Geschäftsmehrwert) darf nur aktiviert werden, wenn er gekauft wurde (= derivativer Goodwill). [2]

− Der subjektbezogene Goodwill (z.B. guter Ruf der Unternehmung) sollte innerhalb von 5 Jahren abgeschrieben werden.
− Beim objektbezogenen Goodwill (z.B. Standort, Sortiment, Vertriebssystem) ist eine längere Abschreibungsdauer vertretbar.

OR 665a Beteiligungen und andere Finanzanlagen [3]

Beteiligungen sind wie das übrige Anlagevermögen höchstens zum Anschaffungswert zu bewerten, unabhängig davon, ob es kotierte Wertschriften sind oder nicht.

Übrige Finanzanlagen (Darlehen, Hypotheken) werden höchstens zum Nominalwert plus Marchzinsen bewertet.

---

[1] Produkt- bzw. objektbezogene Fremdkapitalzinsen und Entwicklungskosten sind Fertigungsgemeinkosten. Verwaltungs- und Vertriebsgemeinkosten dürfen nicht aktiviert werden.
[2] Siehe auch Carlen/Gianini/Riniker: Finanzbuchhaltung 3, Höhere Finanzbuchhaltung, Kapitel 4, Umwandlung, Abschnitt 42.
[3] Siehe Carlen/Gianini/Riniker: Finanzbuchhaltung 2, Sonderfälle der Finanzbuchhaltung, Kapitel 6, Derivate Finanzinstrumente.

OR 666 Vorräte

Rohmaterialien, Halb- und Fertigfabrikate sowie Handelswaren dürfen höchstens zu den Anschaffungs- oder Herstellkosten bewertet werden.

Anschaffungskosten	Herstellkosten
Für gekaufte Handelswaren, Roh-, Hilfs- und Betriebsstoffe sowie gekaufte Halbfabrikate	Für selber hergestellte Halb- und Fertigfabrikate
Einkaufspreis – Einkaufspreisminderungen + Bezugskosten _____ = Einstandspreis	Einzelmaterial + Materialgemeinkosten + Fertigungseinzelkosten + Fertigungsgemeinkosten _____ = Herstellkosten

Ist der allgemein geltende Marktpreis am Bilanzstichtag tiefer als die Anschaffungs- oder Herstellkosten, so ist dieser zu berücksichtigen.

Diese handelsrechtliche Vorschrift ist das typische Beispiel für das Niederstwertprinzip. Von zwei möglichen Werten, den Anschaffungs- bzw. den Herstellkosten oder dem aktuellen Marktpreis, muss der tiefere gewählt werden.

Der aktuelle Marktpreis ist bei Vorräten, die
– beschafft werden müssen (Roh-, Hilfs- und Betriebsmaterial, fremdbezogene Halbfabrikate), der aktuelle Marktpreis am Beschaffungsmarkt.
– zum Verkauf bestimmt sind (Handelswaren, Fertigfabrikate, Fabrikate in Arbeit), der realisierbare Nettoveräusserungswert am Absatzmarkt.

Bei der Bewertung von (Roh-)Material oder Waren❶, die zu unterschiedlichen Mengen und Preisen eingekauft wurden, sind folgende Bewertungsarten und -methoden zu unterscheiden:

– Durchschnittspreismethode
– Fifo-Methode (first in – first out)
– Lifo-Methode (last in – first out)
– Hifo-Methode (highest in – first out)

– Verrechnungspreismethode❷

Für die Ermittlung des Bilanzwertes haben sich in der Praxis die Durchschnittspreis- und die Fifo-Methode durchgesetzt❸. Die folgenden zwei Beispiele zeigen die Bewertung von Waren nach diesen beiden Methoden.

❶ Im Einzelhandel wird der Inventar- bzw. Bilanzwertwert oft durch Rückrechnung vom Verkaufspreis mit einer Bruttogewinnmarge ermittelt.
❷ Die Verrechnungspreismethode wird vor allem bei Produktionsbetrieben in der Materialbuchhaltung angewendet und ist eine Thema der Betriebsbuchhaltung.
❸ Die Lifo- und Hifo-Methode finden kaum Anwendung.

Beispiel 1 Durchschnittspreismethode

Bei jedem Eingang wird laufend der neue gewogene Durchschnittpreis ermittelt und damit der aktuelle Bestand bewertet.
Bei jedem Ausgang wird sodann der neue Durchschnittspreis verwendet.
Beim Abschluss erfolgt die Bewertung der Menge mit dem letzten Durchschnittspreis.

Datum	Eingang			Ausgang			Bestand		
	Menge	Preis	Wert	Menge	Preis	Wert	Menge	Durch-schnitts-preis	Wert
01. 01.							300	20.–	6 000.–
24. 02.				80	20.–	1 600.–	220	20.–	4 400.–
18. 05.	100	24.–	2 400.–				320	21.25	6 800.–
23. 10.				240	21.25	5 100.–	80	21.25	1 700.–
28. 12.	160	25.–	4 000.–				240	23.75	5 700.–
31. 12.	Bilanzwert								5 700.–

Beispiel 2 First-in-, first-out-Methode (Fifo)

Bei jedem Eingang wird die Menge mit dem entsprechenden Einstandspreis bewertet.
Bei jedem Ausgang werden die Vorräte entsprechend der Eingangsreihenfolge mit den dazugehörigen Einstandspreisen ausgebucht, d.h. die zuerst eingegangen Vorräte werden zuerst ausgebucht.
Beim Abschluss erfolgt die Bewertung der Menge mit den entsprechenden, ursprünglichen Einstandspreisen.

Datum	Eingang			Ausgang			Bestand		
	Menge	Preis	Wert	Menge	Preis	Wert	Menge	Preis	Wert
01. 01.							300	20.–	6 000.–
24. 02.				80	20.–	1 600.–	220	20.–	4 400.–
18. 05.	100	24.–	2 400.–				320	24.–	6 800.–
23. 10.				220 20	20.– 24.–	4 400.– 480.–	80	24.–	1 920.–
28. 12.	160	25.–	4 000.–				80 160	24.– 25.–	5 920.–
31. 12.	Bilanzwert								5 920.–

Beide Werte (Fr. 5700.– und Fr. 5920.–) dürfen in der Bilanz erscheinen, weil sie tiefer sind als der aktuelle Marktwert am Beschaffungsmarkt von Fr. 6000.– (240 · 25.–).
Das Niederstwertprinzip ist mit beiden Werten eingehalten.

OR 667 Wertschriften

Wertschriften ohne Kurswert dürfen höchstens zu den Anschaffungskosten bewertet werden, unter Abzug notwendiger Wertberichtigungen.

Wertschriften mit Kurswert dürfen höchstens zum Durchschnittskurs des letzten Monats vor dem Bilanzstichtag bewertet werden.❶ Sie dürfen auch dann zum Durchschnittskurs des letzten Monats bewertet werden, wenn dieser höher ist als der Anschaffungswert.❷ Diese Ausnahme vom Realisations- und Imparitätsprinzip wird dadurch begründet, dass solche Wertschriften sofort verkauft werden können.

Auch andere Werte, die regelmässig börslich oder ausserbörslich gehandelt werden (z. B. Edelmetalle, Optionen, Futures und andere derivative Finanzprodukte) dürfen zum Kursbzw. Marktwert bewertet werden. Für am Bilanzstichtag bekannten Verlustrisiken oder Eventualverpflichtungen (z. B. aus Optionen) sind entsprechende Wertberichtigungen oder Rückstellungen vorzunehmen.

Laufende Zinsen (Marchzinsen) dürfen aktiviert werden.

❶ Aus praktischen Gründen ist gemäss Schweizer Handbuch der Wirtschaftsprüfung auch die Bewertung zu Monatsendkursen erlaubt.
❷ Ausgenommen sind Beteiligungen (OR 665 und 665a).

Steuerrechtliche Vorschriften

Die für die Steuerveranlagung massgebende Bewertung hat sich nach den steuerrechtlichen Vorschriften zu richten. Im Gegensatz zum OR wollen diese Bestimmungen eine zu weitgehende Bildung von stillen Reserven verunmöglichen. Die nachfolgend genannten Abschreibungssätze beziehen sich auf die Direkte Bundessteuer. Für kantonale Steuern sind allfällige Abweichungen zu beachten.

Merkblatt der Eidg. Steuerverwaltung über Abschreibungen auf dem Anlagevermögen:

Höchstabschreibungssätze in Prozenten des Buchwertes❶

Wohnhäuser von Immobiliengesellschaften und Personalwohnhäuser
- auf Gebäuden allein❷ 2%
- auf Gebäude und Land zusammen❸ 1,5%

Geschäftshäuser, Büro- und Bankgebäude, Warenhäuser, Kinogebäude
- auf Gebäuden allein❷ 4%
- auf Gebäude und Land zusammen❸ 3%

Gebäude des Gastwirtschaftsgewerbes und der Hotellerie
- auf Gebäuden allein❷ 6%
- auf Gebäude und Land zusammen❸ 4%

Fabrikgebäude, Lagergebäude und gewerbliche Bauten
(speziell Werkstatt- und Silogebäude)
- auf Gebäude allein❷ 8%
- auf Gebäude und Land zusammen❸ 7%

❶ Für Abschreibungen vom Anschaffungswert (lineare Abschreibung) sind die genannten Sätze um die Hälfte zu reduzieren.
❷ Der höhere Abschreibungssatz für Gebäude allein kann nur angewendet werden, wenn der restliche Buchwert bzw. die Gestehungskosten (Baukosten) der Gebäude separat aktiviert sind. Auf dem Wert des Landes werden grundsätzlich keine Abschreibungen gewährt.
❸ Dieser Satz ist anzuwenden, wenn Gebäude und Land zusammen in einer einzigen Bilanzposition erscheinen. In diesem Fall ist die Abschreibung nur bis auf den Wert des Landes zulässig.

Hochregallager und ähnliche Einrichtungen	15%
Fahrnisbauten auf fremdem Grund und Boden	20%
Geleiseanschlüsse	20%
Wasserleitungen zu industriellen Zwecken	20%
Tanks (inkl. Zisternenwaggons), Container	20%
Geschäftsmobiliar, Werkstatt- und Lagereinrichtungen mit Mobiliarcharakter	25%
Transportmittel aller Art ohne Motorfahrzeuge, insbesondere Anhänger	30%
Apparate und Maschinen zu Produktionszwecken	30%
Motorfahrzeuge aller Art	40%
Maschinen, die vorwiegend im Schichtbetrieb eingesetzt sind, oder die unter besonderen Bedingungen arbeiten (z.B. schwere Steinbearbeitungsmaschinen, Strassenbaumaschinen)	40%
Maschinen, die in erhöhtem Masse schädigenden chemischen Einflüssen ausgesetzt sind	40%
Büromaschinen	40%
Datenverarbeitungsanlagen (Hardware und Software)	40%
Immaterielle Werte, die der Erwerbstätigkeit dienen, wie Patent-, Firmen-, Verlags-, Konzessions-, Lizenz- und andere Nutzungsrechte; Goodwill	40%
Automatische Steuerungssysteme	40%
Sicherheitseinrichtungen, elektronische Mess- und Prüfgeräte	40%
Werkzeuge, Werkgeschirr, Maschinenwerkzeuge, Geräte, Gebinde, Gerüstmaterial, Paletten usw.	45%
Hotel- und Gastwirtschaftsgeschirr sowie Hotel- und Gastwirtschaftswäsche	45%

8 Stille Reserven

81 Wesen

Stille Reserven entstehen grundsätzlich durch

- Unterbewertung von Aktiven und
- Überbewertung von Fremdkapital.

Folgende Tatbestände sind bei den stillen Reserven zu unterscheiden:

Bildung	Bestand	Auflösung
Aktiven		
– Vornahme von zu hohen Abschreibungen – Verzicht auf die Erfassung von Wertsteigerungen – Umrechnung von Fremdwährungsguthaben mit zu tiefen Devisenkursen	Differenz zwischen dem höheren tatsächlichen und dem tieferen ausgewiesenen Wert (Buchwert)	– zu kleine oder keine Abschreibungen – Aufwertung von unterbewerteten Aktiven – Realisierung durch Verkauf über dem Buchwert
Fremdkapital		
– Bildung von zu hohen Rückstellungen – Umrechnung von Fremdwährungsschulden mit zu hohen Devisenkursen – Nichtauflösung von überflüssig gewordenen echten Rückstellungen	Differenz zwischen dem tieferen tatsächlichen und dem höheren ausgewiesenen Wert (Buchwert)	– Verminderung von zu hohen Rückstellungen – Zahlung von überbewerteten Schulden zum wirklichen Wert
↓	↓	↓
Verschlechtert	Hat keinen Einfluss auf	Verbessert
den ausgewiesenen Unternehmungserfolg.		

Nur die Veränderung (Bildung und Auflösung von stillen Reserven), nicht aber der Bestand der stillen Reserven beeinflusst den ausgewiesenen Erfolg des laufenden Jahres!

Beispiel — **Einfluss der stillen Reserven auf den ausgewiesenen Unternehmungserfolg**

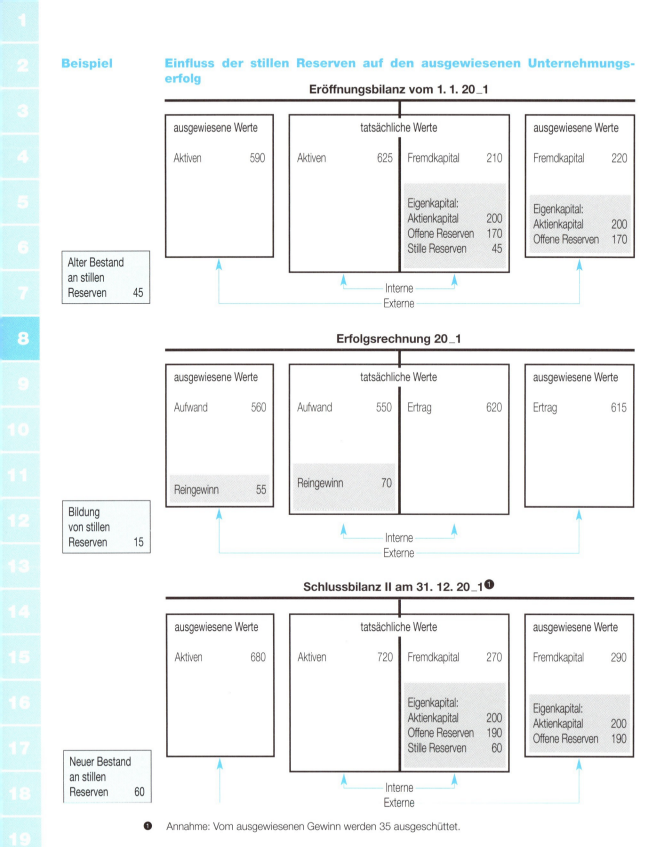

❶ Annahme: Vom ausgewiesenen Gewinn werden 35 ausgeschüttet.

Bestand und Veränderung der stillen Reserven in der Bilanz

	Bestand		Veränderung
	Eröffnungsbilanz	Schlussbilanz	
Aktiven	35	40	+ 5
Fremdkapital	10	20	+ 10
Total	45	60	+ 15

Veränderung der stillen Reserven in der Erfolgsrechnung

	extern	intern	Veränderung
Aufwand	560	550	+ 10
Ertrag	615	620	+ 5
Reingewinn	55	70	+ 15

82 Arten

Verwaltungs-, Absichts-, Willkürreserven[1]

Von der Verwaltung bzw. Geschäftsleitung bewusst gebildete stille Reserven zur Beeinflussung des ausgewiesenen Jahreserfolges (z.B. Bildung von unnötigen Rückstellungen und Wertberichtigungen).

Vorsichts-, Schätzungs-, Ermessensreserven

Entstehen durch (zu) vorsichtige Bewertung (z.B. Unterschätzung der Nutzungsdauer, Nicht-Aktivieren von aktivierungsfähigem Aufwand [z.B. Organisationskosten], Verzicht auf die Verbuchung von nicht realisierten Kursgewinnen bei kotierten Wertschriften).

Zwangsreserven

Wertsteigerungen, die wegen der gesetzlichen Höchstbewertungsvorschriften nicht erfasst werden dürfen (z.B. Liegenschaften).

Wiederbeschaffungsreserven

Entstehen durch Abschreibung vom Wiederbeschaffungswert (OR 669/2) (z.B. Bildung von Wiederbeschaffungsrückstellungen).

[1] In den Rechnungslegungsnormen (Swiss GAAP FER, IFRS, US GAAP) sind Willkürreserven untersagt («True and fair view»-Prinzip).

83 Obligationenrechtliche Vorschriften

Im schweizerischen Handelsrecht sind alle Arten von stillen Reserven geduldet (OR 669/2 und 3).

Gemäss Aktienrecht muss jedoch die Bildung und Auflösung von stillen Reserven der Revisionsstelle im Einzelnen mitgeteilt werden (OR 669/4). Dies bedingt eine interne Rechnung über den Bestand und die Veränderung der stillen Reserven.

Falls eine Unternehmung mehr stille Reserven auflöst als bildet, muss sie die Nettoauflösung im Anhang der Jahresrechnung erwähnen, wenn dadurch der ausgewiesene Unternehmungserfolg wesentlich❶ günstiger dargestellt wird (OR 663b Ziff. 8)❷.

❶ Wesentlich heisst, dass der aussen stehende Leser der Jahresrechnung in seiner Meinung bzw. Entscheidung in Bezug auf die Gesellschaft beeinflusst werden kann. Massgebliche Meinungen zur Wesentlichkeit: Nettoauflösung > 10–20% des tatsächlichen Erfolgs, Umwandlung von Verlust in Gewinn, Verhinderung einer buchmässigen Überschuldung… (natürlich spielen auch andere Faktoren eine Rolle wie Verhältnis Gewinn/Umsatz, absolute Grösse des Gewinns).

❷ Für die Zwangsreserven und zum Teil Vorsichtsreserven gelten die aktienrechtlichen Offenlegungsvorschriften nicht.

Beispiel **Übersicht über die stillen Reserven**

Ausgangslage

Die interne Übersicht über die stillen Reserven der Prudence SA zeigt Folgendes (Kurzzahlen):

	1. 1. 20_1			31. 12. 20_1			20_1
	extern	intern	Bestand an stillen Reserven	extern	intern	Bestand an stillen Reserven	Veränderung der stillen Reserven
Delkredere	50	10	40	10	10	0	– 40
Vorräte	227	340	113	240	300	60	– 53
Mobiliar	110	180	70	90	170	80	+ 10
Rückstellungen	100	0	100	50	0	50	– 50
Total			323			190	– 133

Tatsächlicher Reingewinn 20_1 (Annahme)	130
+ Auflösung von stillen Reserven	133
= Ausgewiesener Reingewinn 20_1	263

Folge

Da der ausgewiesene Reingewinn wesentlich höher ist als der tatsächliche (um mehr als 100%), muss im Anhang folgender Minimalvermerk stehen:

Es wurden netto stille Reserven im Betrag von 133 aufgelöst.

84 Steuerrechtliche Vorschriften

Das Steuerrecht lässt nur geschäftsmässig begründete Abschreibungen und Rückstellungen zu. Für verschiedene Bilanzpositionen existieren pauschale Abschreibungssätze, die nur in begründeten Fällen überschritten werden dürfen.
Wegen dieser Höchstabschreibungssätze ergeben sich
– steuerlich anerkannte stille Reserven, die nicht zu versteuern sind, und
– steuerlich nicht anerkannte stille Reserven, die zu versteuern sind.

Beispiel **Nicht zu versteuernde und zu versteuernde stille Reserven**

Bei der Opal AG gelten folgende Abschreibungssätze.

	Mobiliar			Warenlager		
	extern	steuerlich zulässig	intern	extern	steuerlich zulässig	intern
Abschreibungssätze vom Anschaffungswert	20%	12,5%	12,5%	40%	$33^{1}/_{3}$%	10%

Am Ende des ersten Jahres ergeben sich folgende stille Reserven.

	Mobiliar			Warenlager			Total Bestand an stillen Reserven
	extern	steuerlich zulässig	intern	extern	steuerlich zulässig	intern	
Anschaffungswert – Abschreibungen	100 000 20 000	100 000 12 500	100 000 12 500	300 000 120 000	300 000 100 000	300 000 30 000	–
= Restwert	80 000	87 500	87 500	180 000	200 000	270 000	
Nicht zu verst. stille Reserven	0			70 000			70 000
Zu versteuernde stille Reserven	7 500			20 000			27 500
Stille Reserven in der externen Jahresrechnung	7 500			90 000			97 500

Für die Ermittlung des steuerbaren Vermögens aus der externen Bilanz wird der Bestand der zu versteuernden stillen Reserven aufgerechnet (im Beispiel total Fr. 27 500.–❶).

Für die Ermittlung des steuerbaren Gewinns aus der externen Erfolgsrechnung wird nur die Veränderung der zu versteuernden stillen Reserven berücksichtigt. Zunahmen werden aufgerechnet, Abnahmen abgezogen. (Im Beispiel erfolgt eine Aufrechnung von total Fr. 27 500.–❶.)

❶ Die Veränderung und der Bestand an stillen Reserven sind nur im ersten Jahr gleich gross. Auch über die versteuerten stillen Reserven wird jährlich eine interne Übersicht erstellt analog zum Beispiel im Abschnitt 83, Obligationenrechtliche Vorschriften. In diesen Aufstellungen werden jedoch den externen Werten die versteuerten Werte gegenübergestellt.

85 Stille Reserven auf dem Anlagevermögen

Beispiel **Abschreibung einer Baumaschine**

Ausgangslage

Die Karteikarte für den Bagger QR 345 aus der Anlagenbuchhaltung der Bauunternehmung Wühl AG enthält folgende Angaben:

Abschreibungssätze vom Anschaffungswert Fr. 100 000.–
– für externe Rechnung 25%
– für interne Rechnung 20%

Bagger QR 345 20_3	extern ausgewiesener Wert	intern tatsächlicher Wert	Stille Reserven
Anfangsbestand	50 000.–	60 000.–	10 000.–
Schlussbestand	25 000.–	40 000.–	15 000.–
Veränderung	– 25 000.–	– 20 000.–	+ 5 000.–

Buchungstatsachen

Fälle 1 bis 3

1. Jahresabschreibung 20_3
2. Um den auszuweisenden Erfolg 20_3 nicht negativ zu beeinflussen, werden die mit der Jahresabschreibung gebildeten stillen Reserven wieder aufgelöst.
3. Um den auszuweisenden Erfolg 20_3 positiv zu beeinflussen, werden auch die in den Vorjahren gebildeten stillen Reserven aufgelöst.

Fälle 4 und 5 (sind unabhängig von den Fällen 1 bis 3).

4. Der Bagger wird Mitte 20_3 verkauft. Verkaufserlös Fr. 52 000.–.
5. Der Bagger wird Mitte 20_3 verkauft. Verkaufserlös Fr. 10 000.–.

Buchungen (Direkte Abschreibungsmethode)

1	Abschreibung	/ Maschinen	Jahresabschreibung	25 000.–
2	Maschinen	/ Abschreibung	Auflösung stille Reserven	5 000.– ❶
3	Maschinen	/ Ausserord. Ertrag	Auflösung stille Reserven	10 000.– ❶
4	Abschreibung	/ Maschinen	Pro-rata-Abschreibung	12 500.–
	Liquide Mittel	/ Maschinen	Verkaufserlös	52 000.–
	Maschinen	/ Ausserordentlicher Ertrag ❷	Realisierung von stillen Reserven	14 500.–
5	Abschreibung	/ Maschinen	Pro-rata-Abschreibung	12 500.–
	Liquide Mittel	/ Maschinen	Verkaufserlös	10 000.–
	Ausserordentlicher Aufwand ❸	/ Maschinen	Nachholabschreibung	27 500.–

❶ In der Praxis wird in der Regel bei Fall 1 entsprechend weniger abgeschrieben.
❷ oder «Gewinn aus Anlagenverkäufen» (Siehe Kapitel 12, Abschnitt 121, Mindestgliederung der Erfolgsrechnung gemäss Aktienrecht.)
❸ oder «Ausserordentliche Abschreibungen» (Siehe Kapitel 12, Abschnitt 121, Mindestgliederung der Erfolgsrechnung gemäss Aktienrecht.)

Übersicht über die Veränderungen von stillen Reserven

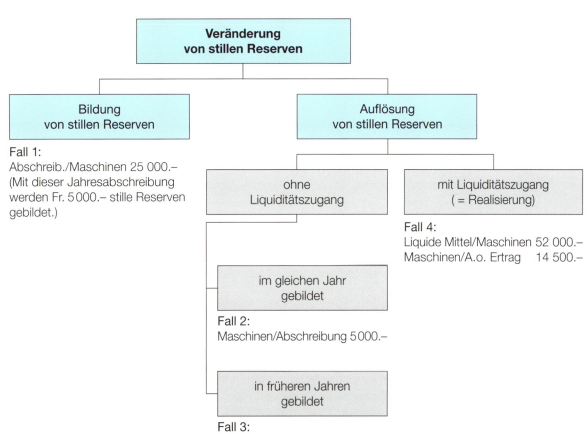

86 Stille Reserven auf dem Umlaufvermögen

Bei Posten des Umlaufvermögens werden durch die Schwankungen des Bestandes auch dann stille Reserven gebildet bzw. aufgelöst, wenn der Wertberichtigungssatz konstant ist. Dadurch wird der extern ausgewiesene Erfolg unbewusst verfälscht. Es ist daher wichtig, die stillen Reserven und deren Veränderungen zu erfassen, entweder in einer Tabelle (Variante I) oder mit Wertberichtigungskonten (Variante II).

Beispiel **Stille Reserven auf dem Warenvorrat**

Ausgangslage

Die Modula AG nimmt jedes Jahr auf ihrem Warenlager die steuerlich erlaubte Wertberichtigung von 33⅓% vom Einstandswert vor. Die Bestandeskonten werden ruhend geführt.

	Extern ausgewiesener Wert 66⅔%	Intern Einstandswert 100%	Stille Reserven Bestand 33⅓%	Stille Reserven Veränderung
31.12.20_4	200	300	100	– ❶
31.12.20_5	280	420	140	+ 40
31.12.20_6	280	420	140	0
31.12.20_7	160	240	80	– 60

❶ Kann nicht ermittelt werden, da der Bestand Ende 20_3 nicht bekannt ist.

Variante I: Kontrolle der stillen Reserven in einer Tabelle

Die Warenkonten werden zu externen Werten geführt.

20_5	Warenvorrat		Wareneinkauf		Warenverkauf	
Anfangsbestand	200					
Einkäufe			700			
Verkäufe						920
Bestandeszunahme	80			80		
Salden		280		620	920	
	280	280	700	700	920	920

	Extern 66⅔%	Intern 100%	Stille Reserven 33⅓%
Anfangsbestand	200	300	100
Schlussbestand	280	420	140
Veränderung	+ 80	+ 120	+ 40

Ausgewiesener Warenaufwand	620	Ausgewiesener Bruttogewinn	300
– Zunahme (Bildung) stille Reserven	40	+ Zunahme (Bildung) stille Reserven	40
= Tatsächlicher Warenaufwand	580	= Tatsächlicher Bruttogewinn	340

20_6

	Warenvorrat		Wareneinkauf		Warenverkauf	
Anfangsbestand	280					
Einkäufe			600			
Verkäufe						910
Keine Bestandesänderung						
Salden		280		600	910	
	280	280	600	600	910	910

	Extern 66⅔%	Intern 100%	Stille Reserven 33⅓%
Anfangsbestand	280	420	140
Schlussbestand	280	420	140
Veränderung	0	0	0

Ausgewiesener Warenaufwand	600	Ausgewiesener Bruttogewinn	310	
Veränderung stille Reserven	0 ◄	Veränderung stille Reserven	0 ◄	
Tatsächlicher Warenaufwand	600	Tatsächlicher Bruttogewinn	310	

20_7

	Warenvorrat		Wareneinkauf		Warenverkauf	
Anfangsbestand	280					
Einkäufe			450			
Verkäufe						930
Bestandesabnahme		120	120			
Salden		160		570	930	
	280	280	570	570	930	930

	Extern 66⅔%	Intern 100%	Stille Reserven 33⅓%
Anfangsbestand	280	420	140
Schlussbestand	160	240	80
Veränderung	– 120	– 180	– 60

Ausgewiesener Warenaufwand	570	Ausgewiesener Bruttogewinn	360	
+ Abnahme (Auflösung) stille Reserven	60 ◄	– Abnahme (Auflösung) stille Reserven	60 ◄	
= Tatsächlicher Warenaufwand	630	= Tatsächlicher Bruttogewinn	300	

Variante II: Kontrolle der stillen Reserven mit Wertberichtigungskonten

Die Konten Warenvorrat und Wareneinkauf werden zu internen (tatsächlichen) Werten geführt. (Die Warenverkäufe bleiben hier unberücksichtigt.)

20_5	Warenvorrat		Wertberichtigung Warenvorrat ❶		Wareneinkauf		Veränderung Wertberichtigung Warenvorrat ❷	
Anfangsbestand	300			100				
Einkäufe					700			
Zunahme Warenvorrat	120					120		
Zunahme Wertberichtigung				40			40	
Salden		420	140			580		40
	420	420	140	140	700	700	40	40

20_6	Warenvorrat		Wertberichtigung Warenvorrat		Wareneinkauf		Veränderung Wertberichtigung Warenvorrat	
Anfangsbestand	420			140				
Einkäufe					600			
Keine Veränderung Warenvorrat								
Keine Veränderung Wertberichtigung								
Salden		420	140			600		0
	420	420	140	140	600	600	0	0

20_7	Warenvorrat		Wertberichtigung Warenvorrat		Wareneinkauf		Veränderung Wertberichtigung Warenvorrat	
Anfangsbestand	420			140				
Einkäufe					450			
Abnahme Warenvorrat		180			180			
Abnahme Wertberichtigung			60					60
Salden		240	80			630	60	
	420	420	140	140	630	630	60	60

Die extern auszuweisenden Werte ergeben sich durch die Verrechnung der Salden der beiden Bestandeskonten sowie der beiden Erfolgskonten.

❶ Dieses Konto enthält den Bestand an stillen Reserven.
❷ Dieses Konto ist ein Erfolgskonto und enthält die Veränderung der stillen Reserven.

9 Übersicht über verschiedene Rechtsformen

91 Rechtliche Gliederung

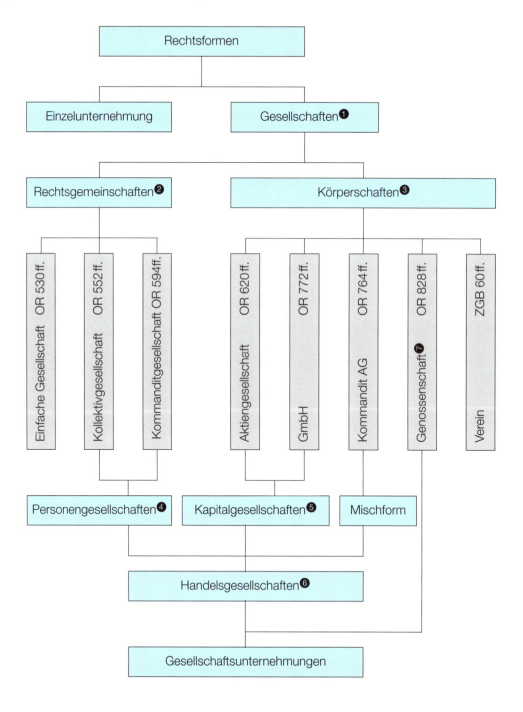

Erläuterungen

❶ Gesellschaft im Sinne des Privatrechts (OR 530) ist eine
  – vertraglich begründete
  – der Verfolgung eines bestimmten Zwecks dienende
  – Personenvereinigung

❷ Eine Rechtsgemeinschaft liegt vor, wenn mehrere Personen Träger ein und desselben Rechts sind. Ihr besonderes Kennzeichen ist, dass dieselben Rechte und Pflichten mehreren (natürlichen oder juristischen) Personen gemeinsam zustehen.

Beteiligte

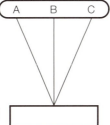

Gemeinschaftliches Eigentum aller Beteiligten (das Recht eines jeden auf das Ganze)

Vermögensgegenstand

❸ Ein Körperschaft ist eine mit Rechtspersönlichkeit ausgestattete und vom Wechsel ihrer Mitglieder unabhängige Vereinigung von Personen. Es besteht ein Alleineigentum der juristischen Person am Vermögen.

Beteiligte

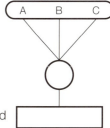

Alleineigentum der juristischen Person

Vermögensgegenstand

❹ Die Mitgliedschaft basiert auf Persönlichkeit (z.B. Pflichten nicht nur finanzieller Natur, persönliche Haftung, Bemessung der Mitgliedschaftsrechte nach Person, Wechsel der Mitgliedschaft erschwert bis unmöglich).

❺ Die Mitgliedschaft basiert auf Kapitalbeteiligung (z.B. nur beschränkte und nur finanzielle Beitragspflicht, keine persönliche Haftung für Gesellschaftsschulden, keine Nachschusspflicht, Bemessung der Mitgliedschaft nach Kapitalanteilen, Wechsel der Mitgliedschaft möglich).

❻ Verfolgung nur wirtschaftlicher Ziele (Erzielung und Verteilung von Gewinn).

❼ Selbsthilfegenossenschaften:
Verfolgung wirtschaftlicher Ziele in gemeinsamer Selbsthilfe (Nutzenmaximierung für die Mitglieder)
Erwerbsgenossenschaften:
Verfolgung wirtschaftlicher Ziele

92 Eigenkapitalkonten und Erfolgsverwendung

In der Buchhaltung unterscheiden sich die einzelnen Rechtsformen hauptsächlich in den Eigenkapitalkonten und in der Erfolgsverwendung.

Die folgende Übersicht zeigt die wesentlichen buchhalterischen Unterschiede.

	Eigenkapitalkonten	Erfolgsverwendung	
		Reingewinn	Reinverlust
Einzelunternehmung	Eigenkapital (Praxis häufig: Kapital) Privat	Eigenkapital	Eigenkapital
Kollektivgesellschaft	Kapital A Kapital B	Privatkonten	Kapitalkonten
Aktiengesellschaft	Aktienkapital Partizipationskapital Reserven Gewinn-/Verlustvortrag	Reserven Dividenden Tantièmen Gewinnvortrag	Reserven Verlustvortrag
Gesellschaft mit beschränkter Haftung	Stammkapital Reserven Gewinn-/Verlustvortrag	Reserven Dividenden Gewinnvortrag	Reserven Verlustvortrag
Genossenschaft	Anteilscheinkapital (Genossenschafts-kapital) Reserven Gewinn-/Verlustvortrag	Reserven Rückvergütung Dividenden («Verzinsung» der Anteilscheine)	Reserven Verlustvortrag
Verein	Vereinskapital❶ Verlustvortrag	Vereinskapital	Vereinskapital Verlustvortrag

❶ Wird in der Praxis oft fälschlicherweise als Vereinsvermögen bezeichnet.

10 Einzelunternehmung

101 Konten

Übersicht

Konten	Wesen, Inhalt	Rechtliche Aspekte❶	Kontengruppe
Eigenkapital❷	Vom Inhaber der Unternehmung zur Verfügung gestelltes Kapital – Gründungskapital – Kapitaleinlagen – Kapitalrückzüge Gewinn und Verlust	Eigenkapital, welches vom Eigentümer der Einzelunternehmung nach eigenem Gutdünken erhöht oder vermindert werden kann.	Eigenkapital
Privat	Laufender Verkehr zwischen Privat- und Geschäftsbereich bzw. zwischen der Unternehmung und dem Unternehmer (privat). Dient zur Trennung des Geschäfts- und Privatbereichs.	–	Unterkonto zum Konto Eigenkapital. Der Saldo wird vor dem Buchhaltungsabschluss auf das Konto Eigenkapital übertragen.

Das Privatkonto

Das Privatkonto erfasst den laufenden Verkehr zwischen dem Geschäfts- und dem Privatbereich des Inhabers. Eine vollständige Erfassung der Privatbezüge und -gutschriften gewährleistet, dass die Buchhaltung der Einzelunternehmung ausschliesslich die Vermögens- und Schuldverhältnisse des Geschäfts und den Geschäftserfolg zeigt.
Eine korrekte Führung des Privatkontos entspricht den Grundsätzen der ordnungsmässigen Rechnungslegung (Vollständigkeit, Richtigkeit).❸

---

❶ Zur rechtlichen Stellung des Ehepartners siehe Carlen/Gianini/Riniker: Finanzbuchhaltung 3, Höhere Finanzbuchhaltung, Kapitel 2, Gründung.
❷ Wird in der Praxis häufig Kapitalkonto genannt.
❸ Vergleiche Kapitel 1, Abschnitt 15, Buchführungsgrundsätze laut OR.

Privat	
Belastungen	Gutschriften
Privatbezüge des Inhabers vom Geschäft (Geld, Waren, Dienstleistungen)	Lohngutschriften (Eigenlohn)
	Zinsgutschrift für das Eigenkapital (Eigenzins)
Zahlung von Privatrechnungen durch das Geschäft	Zahlung von Geschäftsspesen durch den Inhaber
Private Benützung von Geschäftseinrichtungen (z. B. Geschäftsauto, Geschäftsräume)	Benützung von Privateinrichtungen durch das Geschäft (z. B. Privatauto, Privaträume)
Saldo auf Konto Eigenkapital	Saldo auf Konto Eigenkapital

Kontenführung und Unternehmereinkommen [1]

Beispiel 1 Mit Verbuchung von Eigenlohn und Eigenzins

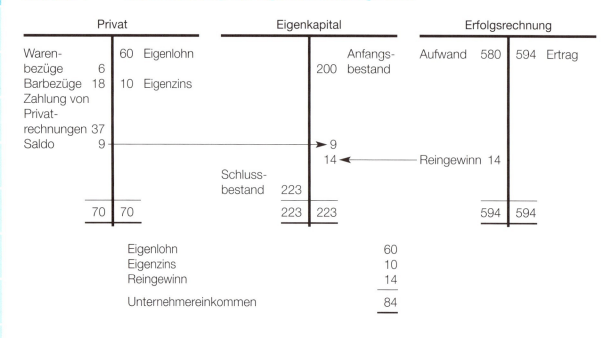

[1] AHV-Abrechnung für Selbständigerwerbende siehe Kapitel 19, Abschnitt 192 Sozialversicherungsbeiträge, Beispiel 5.

Beispiel 2 Ohne Verbuchung von Eigenlohn und Eigenzins

Privat		Eigenkapital		Erfolgsrechnung	
Warenbezüge 6		→ 61	Anfangsbestand 200	Aufwand 510	594 Ertrag
Barbezüge 18					
Zahlung von Privatrechnungen 37			84 ←	Reingewinn 84	
	61 Saldo	Schlussbestand 223			
61	61	284	284	594	594

Eigenlohn	–
Eigenzins	–
Reingewinn	84
Unternehmereinkommen	84

Das Unternehmereinkommen ist bei beiden Varianten gleich hoch. In der Praxis wird häufig auf die Verbuchung des Eigenlohns und des Eigenzinses verzichtet.

102 Gewinn- und Verlustverbuchung

Das Obligationenrecht enthält für die Verwendung und Verbuchung des Erfolges keine Bestimmungen.

	Gewinn		Verlust	
Verwendungsmöglichkeiten	Erhöhung des Eigenkapitals	Auszahlung	–	–
Deckungsmöglichkeiten	–	–	Verminderung des Eigenkapitals	Einzahlung
Häufigkeit in der Praxis	oft	sehr selten	oft	sehr selten
Buchungen	Erfolgsrechnung/ Eigenkapital	Erfolgsrechnung/ Liquide Mittel	Eigenkapital/ Erfolgsrechnung	Liquide Mittel/ Erfolgsrechnung

11 Personengesellschaften

111 Konten

Übersicht

Konten	Wesen, Inhalt	Rechtliche Aspekte	Kontengruppe
Kapital❶	Vertraglich vereinbarte Kapitaleinlagen – Gründungskapital – Kapitaleinlagen – Kapitalrückzüge Verlustanteile	Eigenkapital (OR 570/2) Die vertraglich vereinbarten Kapitaleinlagen können nur im gegenseitigen Einverständnis geändert werden.	Eigenkapital
Privat	Laufender Verkehr zwischen Gesellschaft und Teilhaber (privat)❷ Gewinnanteile	Sollsaldo: ❸❹ Forderung der Gesellschaft gegenüber dem Teilhaber Habensaldo: ❸❹ Schuld der Gesellschaft gegenüber dem Teilhaber	Kurzfristige Forderung oder beim Eigenkapital Kurzfristiges Fremdkapital oder beim Eigenkapital
Einzahlungs- oder Einbringungs- konto	Noch nicht einbezahltes Kapital	Forderung der Gesellschaft gegenüber dem Teilhaber	Forderung oder Wertberichtigung zum Kapitalkonto

❶ Die Kapitaleinlage des Kommanditärs wird auch als Kommandite bezeichnet.
❷ Einzelheiten zum Privatkonto siehe Kapitel 10, Einzelunternehmung, Abschnitt 101, Konten.
❸ Übertrag auf die Bilanz oder im gegenseitigen Einverständnis auf die Kapitalkonten
❹ Sollsaldo = Sollüberschuss
  Habensaldo = Habenüberschuss

Beispiel **Buchungstatsachen/Kontenführung bei der Kollektivgesellschaft**

	Privat A		Privat B		Kapital A		Kapital B	
Anfangsbestand	8		5			600		300
Kapitalerhöhung						200		100
Barbezüge	90		60					
Warenbezüge	15		12					
Lohn		60		60				
Kapitalzins ❶		40		20				
Gewinn		10		10				
Schlussbestand		3	13		800		400	
	113	113	90	90	800	800	400	400

❶ Denkbar ist auch eine Verzinsung der Privatkonten.

Auszug aus der Schlussbilanz

Forderungen Privat A 3	Kurzfristiges Fremdkapital Privat B 13 Eigenkapital Kapital A 800 Kapital B 400

oder

Auszug aus der Schlussbilanz

Forderungen	Kurzfristiges Fremdkapital Eigenkapital Kapital A 800 Privat A – 3 Kapital B 400 Privat B 13

112 Gewinn, Verlust, Lohn und Zins

Kollektivgesellschaft		Kommanditgesellschaft	
Gesellschafts-vertrag	OR ergänzend	Gesellschafts-vertrag	OR ergänzend

Situation A: Gewinn

Gewinn-verteilung	Verschiedene Vereinbarungen möglich	nach Köpfen (OR 533/1)	Verschiedene Vereinbarungen möglich	Vollhafter nach Köpfen (OR 533/1) Kommanditär: Richter entscheidet (OR 601/2)
Gewinn-verbuchung	Auf Privatkonto oder auszahlen oder im gegenseitigen Einverständnis Gutschrift auf Kapitalkonto (OR 559/3).			

Situation B: Verlust

Verlust-beteiligung	Falls Verlust vertraglich nicht geregelt, gilt die Vereinbarung über den Gewinn (OR 533/2). Falls auch die Gewinnverteilung vertraglich nicht geregelt ist, gilt OR 533/1.	
		Kommanditär höchstens mit Kommanditsumme (OR 601/1 und 2).
Verlust-verbuchung	Der Verlust wird den Kapitalkonten belastet, sofern nichts anderes vereinbart ist (OR 560/2).	
Anrecht trotz Verlust auf	Lohn Zins (OR 559/1)	Vollhafter: – Lohn und Zins Kommanditär: – Zins❶ – Lohn gemäss Einzelarbeitsvertrag

❶ Falls die Zinszahlung zu einem Verlust führt und dadurch die Kommanditsumme vermindert wird, darf dem Kommanditär kein Zins ausbezahlt werden (OR 611/1).

Situation C: Gewinn; Kapitaleinlagen durch frühere Verluste vermindert

Gewinn-verbuchung	Die Gewinnanteile sind den Kapitalkonten gutzuschreiben, bis die Kapitaleinlagen den vertraglich vereinbarten Betrag erreicht haben (OR 560/1).
Zins	Auf vermindertem Kapital (OR 560/1)
Gehalt	Anrecht auf den vollen Lohn (OR 560/1)

12 Aktiengesellschaft (AG)

121 Geschäftsbericht

Übersicht

Der Verwaltungsrat erstellt für jedes Geschäftsjahr zuhanden der Generalversammlung einen Geschäftsbericht, der drei Teile enthalten muss (OR 662/1).

	Geschäftsbericht		
	Jahresbericht (OR 663d)	Jahresrechnung❸ (OR 662/2)	Konzernrechnung❸ (OR 663e)
Inhalt	Darstellung des Geschäftsverlaufs – Absatzentwicklung evtl. aufgeteilt nach Bereichen (Umsatz, Auftragseingang, -bestand) – Investitionstätigkeit – Personalentwicklung – Forschung – Andere wichtige Ereignisse (z.B. Erweiterung des Geschäftsbereichs) Darstellung der wirtschaftlichen und finanziellen Lage❶ – Marktstellung – Unternehmungsleistung – Veränderung der Liquidität am besten anhand einer Mittelflussrechnung Im Geschäftsjahr durchgeführte Kapitalerhöhungen und deren Prüfungsbestätigungen❷	Erfolgsrechnung Bilanz Anhang	Konsolidierte Erfolgsrechnung Konsolidierte Bilanz Anhang
Erstellungspflicht	Für alle Gesellschaften		Für die in OR 663e vorgesehenen Fälle
Publikationspflicht	Nein	Ja, für die Gesellschaften – deren Aktien an der Börse kotiert sind oder – die Anleihensobligationen ausstehend haben (OR 697h/1).	
Revisionspflicht	Nein	Ja❹	

❶ Zusätzlicher freiwilliger Inhalt in Anlehnung an die IFRS-Normen: Zukünftige Entwicklung und Bericht über Vorgänge zwischen dem Bilanzstichtag und dem Zeitpunkt der Erstellung des Jahresberichts.
❷ Nicht darunter fallen die erst beschlossenen, noch nicht durchgeführten Kapitalerhöhungen, insbesondere die genehmigten und bedingten Kapitalerhöhungen. Diese sind im Anhang aufzuführen.
❸ mit Vorjahreszahlen
❹ Falls die Gesellschaft revisionspflichtig ist. Zur Revisionspflicht siehe OR 727–727c und Abschnitt 129 Revision.

Jahresrechnung

Erfolgsrechnung (Mindestgliederung gemäss OR 663)	
Aufwand	Ertrag

Betriebsaufwand
– Material- und Warenaufwand
– Personalaufwand
– Finanzaufwand ❶
  (Zinsen, Wertschriftenaufwand,
  Verluste aus Beteiligungen
  und andern Finanzanlagen)
– Abschreibungen
– Übriger Betriebsaufwand
 	
Betriebsfremder Aufwand ❷
 	
Ausserordentlicher Aufwand ❷
 	
Jahresgewinn
	Betriebsertrag
	– Erlöse aus Lieferungen und
	  Leistungen (inkl. aktivierte Eigen-
	  leistungen)
	– Finanzertrag ❶
	  (Zinsen, Beteiligungsertrag,
	  Wertschriftenertrag)
	– Übriger Betriebsertrag
	
	Betriebsfremder Ertrag ❷
	
	Ausserordentlicher Ertrag ❷
	– Gewinne aus Veräusserung
	  von Anlagevermögen ❸
	– Übriger ausserordentlicher Ertrag
	
	Jahresverlust

Bilanz (Mindestgliederu

Aktiven

Umlaufvermögen
– Flüssige Mittel
– Forderungen aus Lieferungen
  und Leistungen
– Forderungen gegenüber
  Konzerngesellschaften
– Forderungen gegenüber
  Aktionären mit einer Betei-
  ligung ❹
– Andere Forderungen
– Aktive Rechnungsabgren-
  zungsposten
– Vorräte
– Übriges Umlaufvermögen

Anlagevermögen
– Sachanlagen
– Finanzanlagen
  – Beteiligungen ❹
  – Darlehen an Konzern-
    gesellschaften
  – Darlehen an Aktionäre
    mit einer Beteiligung ❹
  – Andere Finanzanlagen
– Immaterielle Anlagen

Aktivierter Aufwand
– Gründungs-, Kapitalerhö-
  hungs und Organisationskosten (OR 664)

Aktive Berichtigungsposten
– Nicht einbezahltes Aktien-
  kapital ❺❼
– Weitere Aktive Berichtigungs-
  posten
– Bilanzverlust ❻❼

---

❶ Kann auch betriebsfremd sein.
❷ Eine weitere Unterteilung wie beim Betriebsaufwand/-ertrag ist nur nötig, wenn die Beträge wesentlich sind.
❸ Falls solche Gewinne häufig vorkommen, gehören sie zum Betriebsertrag.

❹ Zum Begriff Beteiligung siehe 665a/2 und 3.
❺ Kann auch bei der Gruppe «And Forderungen» aufgeführt werden.
❻ Jahresverlust + Verlustvortrag b – Gewinnvortrag vom Vorjahr.
❼ Kann auch als Abzugsposten in Gruppe Eigenkapital aufgeführt werc

...mäss OR 663a)	Anhang (Mindestinhalt gemäss OR 663b)	
...ssiven		
...emdkapital	Eventualverpflichtungen	Gesamtbetrag der Bürgschaften, Garantieverpflichtungen und Pfandbestellungen zugunsten Dritter.
Schulden aus Lieferungen und Leistungen		
Andere kurzfristige Schulden	Zur Sicherung eigener Verpflichtungen abgetretene oder verpfändete Aktiven	Gesamtbetrag der verpfändeten oder abgetretenen Aktiven sowie der Aktiven unter Eigentumsvorbehalt.
Passive Rechnungsabgrenzungsposten	Nichtbilanzierte Leasingverbindlichkeiten	Summe aller zukünftigen Leasingraten (inkl. Zins) oder deren Barwert (= diskontierter Wert).
Langfristige Schulden		
Schulden gegenüber Konzerngesellschaften[8]	Brandversicherungswerte der Sachanlagen	
Schulden gegenüber Aktionären mit einer Beteiligung[8][4]	Verbindlichkeiten gegenüber Vorsorgeeinrichtungen	Schulden bei der Pensionskasse und andern Personalvorsorgeeinrichtungen.
Rückstellungen[8]	Einzelheiten zu den ausstehenden Obligationenanleihen	Beträge, Zinssätze und Fälligkeiten der ausgegebenen Anleihensobligationen.
...genkapital		
Aktienkapital	Wesentliche Beteiligungen an Unternehmungen	Jede Beteiligung, die für die Beurteilung der Vermögens- und der Ertragslage der Gesellschaft wesentlich ist (siehe auch OR 665a/2 und 3).
Partizipationskapital		
Gesetzliche Reserven – Allgemeine Reserven – Reserven für eigene Aktien – Aufwertungsreserven	Nettoauflösung von stillen Reserven	Überschuss der aufgelösten über die neu gebildeten stillen Reserven, falls dadurch der Erfolg wesentlich günstiger dargestellt wird.
Andere Reserven	Einzelheiten zu den Aufwertungen gemäss OR 670	Angaben über den Gegenstand und den Betrag.
	Eigene Aktien und eigene Partizipationsscheine	Angaben (Anzahl, Preis) über den Kauf, Verkauf und den Bestand. Dazu gehören auch eigene Aktien und PS, die von mehrheitlich beherrschten Tochtergesellschaften gehalten werden.
	Beträge der genehmigten und bedingten Kapitalerhöhungen	
Bilanzgewinn[9]	Angaben über die Durchführung einer Risikobeurteilung	
Diese Schulden müssen, falls wesentlich, in kurz- und langfristige unterteilt, oder es muss im Anhang auf die Fristen hingewiesen werden. Jahresgewinn + Gewinnvortrag bzw. – Verlustvortrag vom Vorjahr	Gründe für den vorzeitigen Rücktritt der Revisionsstelle	
	Weitere vom Gesetz vorgeschriebene Angaben	Z.B. Abweichung von Grundsätzen der ordnungsmässigen Rechnungslegung (OR 662a/3) und zusätzliche Angaben bei kotierten Gesellschaften (OR 663b [Vergütung an VR und GL], OR 663c [Bedeutende Aktionäre])

122 Konten

Konten	Wesen, Inhalt	Rechtliche Aspekte	Kontengruppe
Aktienkapital	Nominalkapital (Summe aller Aktiennennwerte)	– Mindestkapital: Fr. 100 000.– – Mindestnennwert je Aktie: Fr. 0.01 – Unkündbar – Darf nur unter Wahrung der Gläubigerinteressen zurückbezahlt werden.	Eigenkapital
Partizipationskapital	Nominalkapital (Summe aller Partizipationsscheinnennwerte)	– Mindestnennwert je PS: Fr. 0.01 – Unkündbar – Darf nur unter Wahrung der Gläubigerinteressen zurückbezahlt werden. – Stimmrechtsloses Eigenkapital – Das Partizipationskapital darf das Doppelte des Aktienkapitals nicht übersteigen.	Eigenkapital
Nicht einbezahltes Aktienkapital	Nicht liberierter Teil der Kapitalverpflichtung der Aktionäre	– Nur bei Namenaktien möglich, nicht aber bei Stimmrechtsaktien – Mindesteinzahlung: 20% des Aktiennennwertes, mindestens Fr. 50 000.– – Forderung gegenüber den Aktionären	– Umlaufvermögen (Forderungen) oder – Aktiver Berichtigungsposten zum Aktienkapital oder – Minuseigenkapital
Reserven	– Nicht ausbezahlte Gewinne (= selbst erarbeitete Reserven) – Agio (Aufgeld) ❶ (= einbezahlte Reserven)	– Mindestreserven vorgeschrieben – Gesetzliche Mindestreserve hat Vorrang vor Gewinnausschüttung	Eigenkapital
Gewinnvortrag	Unverteilter Reingewinn	– Kann später ausgeschüttet werden	Eigenkapital
Verlustvortrag	Der Teil des Verlustes, der nicht mit andern Eigenkapitalpositionen verrechnet wird oder werden darf.	– Darf nur im Rahmen einer Kapitalherabsetzung mit dem Nominalkapital verrechnet werden. – Muss vor Gewinnausschüttung beseitigt werden.	– Aktiver Berichtigungsposten zum Eigenkapital oder – Minuseigenkapital

Konten	Wesen, Inhalt	Rechtliche Aspekte	Kontengruppe
Dividende	Verpflichtung gegenüber den Aktionären infolge Gewinnausschüttungsbeschluss	– Ausschüttung nur aus Bilanzgewinn, freien oder speziell dafür gebildeten Reserven möglich – Das Nominalkapital darf nicht verzinst werden (Ausnahme: Bauzinsen). – Verrechnungssteuerpflichtig	Kurzfristiges Fremdkapital
Tantième	Verpflichtung gegenüber den Verwaltungsräten infolge Gewinnausschüttungsbeschluss	– Ausschüttung nur aus dem Bilanzgewinn – Kann erst ausgeschüttet werden, nachdem 5% Dividende ausgerichtet worden ist. – Nicht verrechnungssteuerpflichtig [2]	Kurzfristiges Fremdkapital
Eigene Aktien [3], Eigene Partizipationsscheine	– Zurückgekaufte eigene Aktien und PS – «Vorratsaktien» bzw. «Vorrats-PS» aus Kapitalerhöhungen	– Höchstens 10% (Ausnahmefall 20%) des Nominalkapitals – Kein Stimmrecht – Umwandlung von freien Reserven in Reserven für eigene Aktien im Umfang des Anschaffungswertes	– Umlaufvermögen (nur bei kotierten Aktien und PS möglich) oder – Anlagevermögen oder – Minuseigenkapital

[1] Agio = Der bei Ausgabe von Aktien und PS über den Nennwert hinaus erzielte Mehrerlös. Das Agio ist der allgemeinen gesetzlichen Reserve gutzuschreiben (OR 671/2 Ziffer 1).
[2] Tantièmen unterliegen jedoch den Sozialversicherungsabgaben (AHV, IV, EO, ALV). Deshalb werden Entschädigungen an den Verwaltungsrat oft als Personalaufwand erfasst. Dies ist auch steuerlich sinnvoll.
[3] Einzelheiten und Aufgaben siehe Kapitel 17, Wertschriften und Beteiligungen.

123 Gliederung der Reserven

```
                    ┌─────────────────────┐
                    │  Pflicht zur Bildung │
                    └──────────┬──────────┘
                               │
              ┌────────────────┴────────────────┐
```

Gesetzliche Reserven	Freiwillige Reserven
– Allgemeine Reserve (OR 671) – Aufwertungsreserve (OR 670/1 und 671b) ❶ – Reserve für eigene Aktien (OR 659a/2 und 671a) ❷ – Stille Zwangsreserven (wegen Höchstbewertungsvorschriften)	– Statutarische Reserven (OR 672 und 673) – Von der Generalversammlung beschlossene Reserven (OR 674/2 und 3) – Stille Reserven (ausser Zwangsreserven)

```
                    ┌─────────────────────┐
                    │   Zweckbestimmung    │
                    └──────────┬──────────┘
                               │
              ┌────────────────┴────────────────┐
```

Zweckgebundene Reserven	Frei verfügbare Reserven

– Allgemeine gesetzliche Reserve (OR 671/3)
– Aufwertungsreserve
– Reserve für eigene Aktien
– Statutarische und beschlussmässige Reserven mit Zweckbestimmung ❸, z. B.:
  – Dividendenausgleichsreserve
  – Wiederbeschaffungsreserve
  – Baureserve
	– Stille Reserven (ausser Zwangsreserven)
	– Der Teil der allgemeinen gesetzlichen Reserve, der 50% des Nominalkapitals übersteigt (OR 671/3)
	– Statutarische und beschlussmässige Reserven ohne Zweckbestimmung

❶ Einzelheiten und Aufgaben siehe Carlen/Gianini/Riniker: Finanzbuchhaltung 3, Höhere Finanzbuchhaltung, Kapitel 6, Sanierung.
❷ Einzelheiten und Aufgaben siehe Kapitel 17, Wertschriften und Beteiligungen.
❸ Diese Reserven dürfen durch GV-Beschluss auch zur Verlustdeckung verwendet werden.

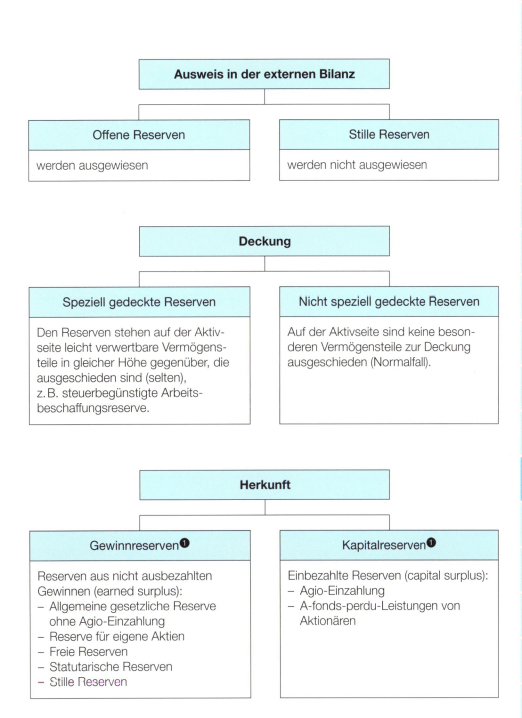

❶ Gemäss Swiss GAAP FER, IFRS und US GAAP sind diese beiden Reservearten getrennt auszuweisen. Gemäss Steuerreform II ist ab 1. 1. 2011 die Rückzahlung von Kapitalreserven nicht mehr VST- und einkommenssteuerpflichtig. Es empfiehlt sich deshalb, auch bei der Buchführung nach OR, diese beiden Reservearten getrennt aufzuführen.

124 Gewinnverwendung

Allgemeines

Bei der an der Generalversammlung zu beschliessenden Gewinnverwendung sind folgende Punkte zu berücksichtigen:

– Zuweisung an die allgemeine gesetzliche Reserve (OR 671)
– Allfällige von den Statuten vorgesehene Reserven (OR 672 ff.)
– Statutarische und gesetzliche Vorschriften für Dividende, Tantième und andere Gewinnausschüttungen
– Vorhandener Verlustvortrag

Gesetzlich vorgeschriebene Mindestzuweisung an die allgemeine gesetzliche Reserve

	Erste Zuweisung OR 671/1	Zweite Zuweisung OR 671/2, Ziffer 3
Reservepflicht (= gesetzliche Mindestvorschriften)	5 Prozent des Jahresgewinnes sind der allgemeinen Reserve zuzuweisen, bis diese 20 Prozent des einbezahlten Aktien- und Partizipationskapitals erreicht hat. Ein Verlustvortrag aus den Vorjahren darf vom Jahresgewinn abgezogen werden.	Dieser Reserve sind, auch nachdem sie die gesetzliche Mindesthöhe erreicht hat, zuzuweisen: 10 Prozent der Beträge, die nach Bezahlung einer Grunddividende von 5 Prozent des einbezahlten Nominalkapitals als Gewinnanteil ausgeschüttet werden, z. B. – Superdividende – Tantième – Gewinnausschüttung an Genussscheininhaber. Gewinnausschüttungen aus Reserven (z. B. Dividendenausgleichsreserve, freie Reserven) müssen berücksichtigt werden.
Keine Reservepflicht	– Gewinnvortrag aus dem Vorjahr – Gewinnausschüttungen aus Reserven (z. B. Dividendenausgleichsreserve, freie Reserven)	– Ausgabe von Gratisaktien und Gratis-PS zulasten der freien Reserven [1] – Zuweisungen an Personalvorsorgeeinrichtungen – In Arbeitsverträgen vereinbarte Gewinnbeteiligungen, die nicht mit einer Kapitalbeteiligung zusammenhängen.

Die Mindestsätze dürfen überschritten werden (Vorsichtsprinzip).

[1] Ausgabe von Gratisaktien siehe Carlen/Gianini/Riniker: Finanzbuchhaltung 3, Höhere Finanzbuchhaltung, Kapitel 2, Abschnitt 26, Aktienkapitalerhöhung.

Beispiel   *Gewinnverwendung*

Ausgangslage

Das Eigenkapital der Top AG setzt sich wie folgt zusammen:

Aktienkapital	Fr. 500 000.–
Allgemeine gesetzliche Reserve	Fr. 70 000.–
Statutarische Reserven	Fr. 47 000.–
Gewinnvortrag des Vorjahres	Fr. 4 500.–
Jahresgewinn	Fr. 140 000.–

Die Generalversammlung beschliesst folgende Gewinnverwendung:

– Allgemeine gesetzliche Reserve: Minimum gemäss OR 671
– Statutarische Reserven Fr. 20 000.–
– Dividende 16 %
– Tantième Fr. 10 000.–
– Personalvorsorgeeinrichtung Fr. 17 500.–

Buchungstatsachen und Gewinnverwendungsplan

2	Jahresgewinn		140 000.–
1	+ Gewinnvortrag des Vorjahres		4 500.–
	= Bilanzgewinn		144 500.–
3	– Erste Zuweisung an die allgemeine gesetzliche Reserve		7 000.– ❶
			137 500.–
4	– Zuweisung an die statutarischen Reserven		20 000.–
			117 500.–
5	– 5 % Grunddividende		25 000.– ❷
			92 500.–
6	– Tantième	10 000.–	
5	– 11 % Superdividende	55 000.– ❸	
3	– Zweite Zuweisung an die allgemeine gesetzliche Reserve	6 500.– ❹	71 500.–
			21 000.–
7	– Zuweisung an die Personalvorsorgeeinrichtung ❺		17 500.–
8	= Gewinnvortrag auf neue Rechnung		3 500.–

❶ 5 % vom Jahresgewinn von Fr. 140 000.– (OR 671/1)
❷ 5 % vom Aktienkapital von Fr. 500 000.–
❸ 11 % vom Aktienkapital
❹ 10 % von der Tantième und der Superdividende von total Fr. 65 000.– (OR 671/2 Ziffer 3)
❺ Kann für die Ermittlung des steuerbaren Gewinnes in der Steuererklärung vom ausgewiesenen Jahresgewinn abgezogen werden.

Gewinnverbuchung

	Variante I: Über Konto Gewinnvortrag			Variante II: Über Konto Bilanzgewinn❶		
1	Eröffnungsbilanz / Gewinnvortrag❷		4 500.–	Eröffnungsbilanz / Gewinnvortrag❷		4 500.–
				Gewinnvortrag / Bilanzgewinn		4 500.–
2	Jahresgewinn❸ / Gewinnvortrag		140 000.–	Jahresgewinn❸ / Bilanzgewinn		140 000.–
3	Gewinnvortrag / Allg. gesetzl. Reserve		13 500.–	Bilanzgewinn / Allg. gesetzl. Reserve		13 500.–
4	Gewinnvortrag / Statutar. Reserven		20 000.–	Bilanzgewinn / Statutar. Reserven		20 000.–
5	Gewinnvortrag / Dividende		80 000.–	Bilanzgewinn / Dividende		80 000.–
6	Gewinnvortrag / Tantième		10 000.–	Bilanzgewinn / Tantième		10 000.–
7	Gewinnvortrag / Personalvorsorgeeinr.		17 500.–	Bilanzgewinn / Personalvorsorgeeinr.		17 500.–
8				Bilanzgewinn / Gewinnvortrag		3 500.–
	Gewinnvortrag / Schlussbilanz II❹		3 500.–	Gewinnvortrag / Schlussbilanz II❹		3 500.–

Bei der Gewinnverbuchung ist zu unterscheiden zwischen der
– Zuweisung   (= Gutschrift, [= kein Liquiditätsabfluss]) und der
– Ausschüttung (= Auszahlung, Überweisung [= Liquiditätsabfluss]) eines Betrages❺.

Am Beispiel der Dividenden ergibt dies folgende Buchungen: Bei der
– Zuweisung: Gewinnvortrag / Dividende 80 000.–   Gutschrift Bruttodividende
– Ausschüttung: Dividenden   / Bank   52 000.–   Zahlung Nettodividende (65 %)
                Dividenden   / Bank   28 000.–❻ Überweisung VST (35 %)

❶ Andere mögliche Kontobezeichnung: Gewinnverwendung
❷ Ein allfälliger Verlustvortrag aus dem Vorjahr ist analog zu übertragen (Verlustvortrag/Eröffnungsbilanz) und mit dem Jahresgewinn zu verrechnen.
❸ oder Erfolgsrechnung, Unternehmungsgewinn
❹ = Schlussbilanz nach Gewinnverwendung
❺ Diese Unterscheidung ist unter anderem auch für die Geldflussrechnung wichtig.
❻ oder Dividenden   / Kreditor VST 28 000.–
        Kreditor VST / Bank   28 000.–

125 Verlustdeckung

Welche Eigenkapitalpositionen können für die Verlustdeckung verwendet werden?

Verwendbar sind		Nicht verwendbar sind
ohne	**mit** Gläubigerschutzmassnahmen (OR 732 ff.)	
– Stille Reserven (ausser Zwangsreserven) – Gewinnvortrag – Statutarische Reserven – Beschlussmässige Reserven – Allgemeine gesetzliche Reserve	– Aktienkapital ❶ – Partizipationskapital ❶	– Stille Zwangsreserven – Reserve für eigene Aktien – Aufwertungsreserve – Steuerbegünstigte Arbeitsbeschaffungsreserve

❶ Kapitalherabsetzung siehe Carlen/Gianini/Riniker: Finanzbuchhaltung 3, Höhere Finanzbuchhaltung, Kapitel 6, Sanierung.

Beispiel **Verlustdeckung**

Ausgangslage

Das Eigenkapital der Flop SA setzt sich wie folgt zusammen:

Aktienkapital	Fr. 400 000.–
Allgemeine gesetzliche Reserve	Fr. 90 000.–
Freie Reserven	Fr. 40 000.–
Verlustvortrag des Vorjahres	– Fr. 29 000.–
Jahresverlust	– Fr. 304 000.–

Die Generalversammlung beschliesst, den Bilanzverlust so weit wie möglich durch folgende Massnahmen zu beseitigen:

– Verrechnung mit den freien Reserven
– Verrechnung mit der allgemeinen gesetzlichen Reserve (OR 671/3)
– Herabsetzung des Aktienkapitals um Fr. 200 000.–

Buchungstatsachen und Verlustdeckungsplan

2	Jahresverlust	304 000.–
1	+ Verlustvortrag des Vorjahres	29 000.–
	= Bilanzverlust	333 000.–
3	– Verrechnung freie Reserven	40 000.–
4	– Verrechnung allgemeine gesetzliche Reserve	90 000.–
5	– Aktienkapitalherabsetzung	200 000.–
6	= Verlustvortrag auf neue Rechnung	3 000.–

Verlustbuchung

	Variante I: Über Konto Verlustvortrag			Variante II: Über Konto Bilanzverlust❶		
1	Verlustvortrag	/ Eröffnungsbilanz❷	29 000.–	Verlustvortrag Bilanzverlust	/ Eröffnungsbilanz❷ / Verlustvortrag	29 000.– 29 000.–
2	Verlustvortrag	/ Jahresverlust❸	304 000.–	Bilanzverlust	/ Jahresverlust❸	304 000.–
3	Freie Reserven	/ Verlustvortrag	40 000.–	Freie Reserven	/ Bilanzverlust	40 000.–
4	Allg. gesetzl. Reserve	/ Verlustvortrag	90 000.–	Allg. gesetzl. Reserve	/ Bilanzverlust	90 000.–
5	Aktienkapital	/ Verlustvortrag	200 000.–	Aktienkapital	/ Bilanzverlust	200 000.–
6				Verlustvortrag	/ Bilanzverlust	3 000.–
	Schlussbilanz II❹	/ Verlustvortrag	3 000.–	Schlussbilanz II❹	/ Verlustvortrag	3 000.–

126 Haftung für die Verbindlichkeiten der Gesellschaft

Gesellschaft	Gesellschafter
Nur Gesellschaftsvermögen (OR 620)	Keine persönliche Haftung❺

❶ Andere mögliche Kontobezeichnung: Verlustdeckung
❷ Ein allfälliger Gewinnvortrag aus dem Vorjahr ist analog zu übertragen (Eröffnungsbilanz / Gewinnvortrag) und mit dem Jahresverlust zu verrechnen.
❸ oder Erfolgsrechnung, Unternehmungsverlust
❹ = Schlussbilanz nach Verlustdeckung
❺ Die einzige Verpflichtung eines Aktionärs ist die Liberierung seiner gezeichneten Aktien.

127 Arten von Unterbilanzen

Begriff

Eine Bilanz mit einem Bilanzverlust nennt man Unterbilanz.
Bei den folgenden Beispielen wird angenommen, dass keine stillen Reserven vorhanden sind, mit denen der Verlustvortrag ganz oder teilweise gedeckt werden kann. ❶

Beispiel 1 **Unterbilanz ohne gesetzliche Folgen**

Das Vermögen deckt das ganze Fremdkapital und mindestens die Hälfte des Nominalkapitals und der gesetzlichen Reserven.

Vermögen	550 000	Fremdkapital	300 000
		Nominalkapital	300 000
Bilanzverlust	90 000	Gesetzliche Reserven	40 000

Beispiel 2 **Unterbilanz mit gesetzlichen Folgen gemäss OR 725/1**

Das Vermögen deckt das ganze Fremdkapital, jedoch weniger als die Hälfte des Nominalkapitals und der gesetzlichen Reserven.

Vermögen	440 000	Fremdkapital	300 000
		Nominalkapital	300 000
Bilanzverlust	200 000	Gesetzliche Reserven	40 000

Beispiel 3 **Unterbilanz mit gesetzlichen Folgen gemäss OR 725/2**

Das Vermögen deckt das Fremdkapital nicht mehr vollständig (= Überschuldung).

Vermögen	140 000	Fremdkapital	300 000
Bilanzverlust	500 000	Nominalkapital	300 000
		Gesetzliche Reserven	40 000

❶ Vertieftere Behandlung der Unterbilanz in Carlen/Gianini/Riniker: Finanzbuchhaltung 3, Höhere Finanzbuchhaltung, Kapitel 6, Sanierung.

128 Ausserbilanzgeschäfte und Ereignisse nach dem Bilanzstichtag

Ausserbilanzgeschäfte

Definition

Ausserbilanzgeschäfte sind Geschäfte, die keinen unmittelbaren Niederschlag in der Bilanz finden. Sie spielen jedoch bei der Beurteilung des Unternehmungsrisikos eine wichtige Rolle. Zu den Ausserbilanzgeschäften gehören Eventualverpflichtungen und weitere nicht zu bilanzierende Verpflichtungen.

Eventualverpflichtungen sind
– Bürgschaften zugunsten Dritter
– Garantieverpflichtungen zugunsten Dritter
– Pfandbestellungen zugunsten Dritter
– Weitere Verpflichtungen mit Eventualcharakter (z. B. aus hängigen Prozessen, aus Geschäften mit derivativen Finanzinstrumenten).

Weitere nicht zu bilanzierende Verpflichtungen sind
– unwiderrufliche Zahlungsverpflichtungen aus nicht passivierungspflichtigen Verträgen (z. B. nicht bilanzierte Leasingverträge, langfristige Mietverträge, Gewährleistungsverpflichtungen, unwiderrufliche Kreditzusagen)
– feste Lieferungs- und Abnahmeverpflichtungen (z. B. Investitionsverpflichtungen).

Obligationenrecht

Im Anhang müssen folgende Verpflichtungern aus Ausserbilanzgeschäften offengelegt werden (OR 663b):
– Gesamtbetrag der Bürgschaften, Garantieverpflichtungen und Pfandbestellungen zugunsten Dritter
– Gesamtbetrag der nichtbilanzierten Leasingverbindlichkeiten

Swiss GAAP FER 5

Im Anhang müssen Eventualverpflichtungen und weitere, nicht zu bilanzierende Verpflichtungen sowie deren Bewertung und die Bewertungsgrundsätze❶ offengelegt werden.

Die Beträge sind wie folgt zu gliedern:
– Bürgschaften, Garantieverpflichtungen und Pfandbestellungen zugunsten Dritter
– Weitere quantifizierbare Eventualverpflichtungen
– Weitere, nicht zu bilanzierende Verpflichtungen

Nicht offengelegt werden müssen
– kurzfristige Verpflichtungen (Laufzeit ≤ 1 Jahr)
– Verpflichtungen, die innert einem Jahr gekündigt werden können.

Für Ausserbilanzgeschäfte, die wahrscheinlich zu einem Mittelabfluss ohne nutzbaren Mittelzufluss führen (z. B. Bürgschaften, Garantieverpflichtungen), sind Rückstellungen zu bilden.

❶ Bewertungsgrundsätze für Verbindlichkeiten siehe Kapitel 1, Abschnitte 17, Swiss GAAP FER, Rahmenkonzept.

Beispiel **Ausserbilanzgeschäft**

Die Bullova AG erstellt die Jahresrechnung nach Swiss GAAP FER. Sie wendet nur die Kern-FER an❶.

Im Anhang der Jahresrechnung 20_8 sind unter dem Titel Ausserbilanzverpflichtungen folgende Bemerkungen zu finden:

Eventualverbindlichkeiten
– Solidarbürgschaft für eine Bankdarlehensschuld einer Tochtergesellschaft 250 000.–
– Mögliche Zahlungen für einen noch nicht abgeschlossenen Produktehaftpflichtfall 45 000.–

Weitere, nicht zu bilanzierende Verpflichtungen
– Zukünftige Mietzinszahlungen aus langfristigen Mietverträgen 121 000.–
– Nicht bilanzierte Leasingverbindlichkeiten 64 500.–

Bewertungsgrundsätze
– Die Solidarbürgschaft und die zukünftigen Mietzinszahlungen entsprechen den in den Verträgen vereinbarten Beträgen.
– Der Produktehaftpflichtfall zeigt die vom Kläger geforderte Schadenersatzsumme und die geschätzten Gerichts- und Anwaltskosten.
– Die Leasingverpflichtungen entsprechen dem Totalbetrag der zukünftigen Leasingraten.

❶ Siehe Kapitel 1, Abschnitt 17, Swiss GAAP FER.

Ereignisse nach dem Bilanzstichtag

Begriff

Ereignisse nach dem Bilanzstichtag sind negative oder positive Vorfälle, die sich zwischen dem Bilanzstichtag und dem Datum der Erstellung der Jahresrechnung ereignet haben.

Obligationenrecht

Es bestehen keine speziellen Vorschriften. Nach dem Grundsatz der möglichst zuverlässigen Beurteilung der Vermögens- und Ertragslage (OR 662a) müssen jedoch wesentliche Ereignisse nach dem Bilanzstichtag in der Jahresrechnung oder im Jahresbericht berücksichtigt oder offengelegt werden❶.

Swiss GAAP FER

Swiss GAAP FER Rahmenkonzept (Ziffer 28) und Swiss GAAP FER 6 (Anhang) verlangen ausdrücklich, dass Ereignisse nach dem Bilanzstichtag berücksichtigt oder offengelegt werden. Je nach Zeitpunkt der Ursache sind zwei Arten zu unterscheiden.

Der Zeitpunkt der Ursache liegt

vor dem Bilanzstichtag	nach dem Bilanzstichtag
Diese Ereignisse müssen in der Jahresrechnung des abgelaufenen Jahres berücksichtigt werden, z. B. mit Rückstellungen, Rechnungsabgrenzungen, Wertberichtigungen. Falls wesentlich, müssen sie zudem im Anhang offengelegt werden.	Diese Ereignisse müssen, falls wesentlich, im Anhang offengelegt werden, wenn möglich mit einer Schätzung der voraussichtlichen finanziellen Auswirkungen. Ist eine Schätzung nicht möglich, so ist auf diesen Umstand hinzuweisen.

Beispiele

– Konkurseröffnung über einen Grosskunden
– Ungünstiger Prozessverlauf
– Aufdeckung eines Betruges, der im abgelaufenen Jahr verübt wurde.
– Aufdeckung von riskanten Finanzgeschäften, welche im abgelaufenen Jahr abgeschlossen wurden.
– Lieferverzögerungen, die zu Konventionalstrafen führen.

Beispiele

– Akquisitionen
– Neuer Rechtsstreit
– Beschlüsse über Restrukturierungen
– Verkauf von Unternehmungsteilen bzw. entsprechende Beschlüsse
– Stilllegung von Betriebsteilen bzw. entsprechende Beschlüsse
– Änderung des Unternehmungszweckes

---

❶ Vergleiche Schweizer Handbuch der Wirtschaftsprüfung (HWP) Abschnitt: Ereignisse nach dem Abschlussstichtag

129 Revision

Die Revision von Gesellschaften ist im OR 727ff und im Revisionsaufsichtsgesetz geregelt. Im Folgenden werden ausgewählte wichtige Vorschriften dargestellt.

Revisionsarten und -tätigkeiten

Ordentliche Revision	Eingeschränkte Revision
Die Revisionsstelle prüft, ob – die Jahresrechnung und die Konzernrechnung dem Gesetz, den Statuten und dem gewählten Rechnungslegungsstandard entspricht. – der Antrag des Verwaltungsrates über die Gewinnverwendung dem Gesetz und den Statuten entspricht. – ein internes Kontrollsystem existiert. Die ordentliche Revision ist sehr umfassend. Sie wird entweder vollständig oder mit einem repräsentativen Stichprobenverfahren durchgeführt. Die Revisionsstelle muss bestätigen, dass die oben erwähnten Punkte eingehalten sind.	Die Revisionsstelle prüft, ob Sachverhalte vorliegen, aus denen zu schliessen ist, dass – die Jahresrechnung nicht dem Gesetz und nicht den Statuten entspricht. – der Antrag des Verwaltungsrates über die Gewinnverwendung nicht dem Gesetz und den Statuten entspricht. Die Prüfung beschränkt sich auf Befragungen, analytische Prüfungshandlungen (z.B. Analyse von wesentlichen Kennzahlen, Veränderungen und Vergleichen) und nimmt angemessene Detailprüfungen vor (z.B. von Beständen und Bewertungen)[1]. Die Revisionsstelle muss lediglich bestätigen, dass sie auf keine Sachverhalte gestossen ist, die sie zum Schluss veranlassen, dass die Jahresrechnung sowie die Gewinnverwendung nicht dem Gesetz und den Statuten entsprechen, und dass die Jahresrechnung keine wesentlichen Fehlaussagen enthält[1].

Unabhängigkeit

Die Revisionsstelle muss unabhängig sein und sich ihr Prüfungsurteil objektiv bilden. Die Unabhängigkeitsvorschriften sind für die ordentliche Revision strenger und im Gesetz detaillierter beschrieben als bei der eingeschränkten Revision. So darf z.B. der Revisor bei der ordentlichen Revision nicht bei der Buchführung der zu prüfenden Gesellschaft mitwirken, was jedoch bei der eingeschränkten Revision unter gewissen Voraussetzungen zulässig ist.

---

[1] Vergleiche auch Standard zur eingeschränkten Revision der Schweizerischen Treuhandkammer.

Revisionspflicht

Ordentliche Revision	Eingeschränkte Revision
Publikumsgesellschaften; als solche gelten Gesellschaften, die – Beteiligungspapiere an der Börse kotiert haben. – Anleihensobligationen ausstehend haben. – mindestens 20 Prozent der Aktiven oder des Umsatzes zur Konzernrechnung einer oben genannten Gesellschaft beitragen. **Gesellschaften,** die zwei der nachstehenden Grössen in zwei aufeinander folgenden Geschäftsjahren überschreiten: – Bilanzsumme von 10 Millionen Franken – Umsatzerlös von 20 Millionen Franken – 50 Vollzeitstellen im Jahresdurchschnitt **Gesellschaften,** die zu einer **Konzernrechnung** verpflichtet sind.	**Übrige Gesellschaften** mit folgenden Wahlmöglichkeiten: – Die Statuten oder die Generalversammlung können eine ordentliche Revision vorsehen bzw. beschliessen (= Opting up). – Verzicht auf eine Revision, wenn alle Aktionäre zustimmen und die Gesellschaft nicht mehr als 10 Vollzeitstellen im Jahresdurchschnitt hat (= Opting out).

Zugelassene Revisoren

Ordentliche Revision	Eingeschränkte Revision
Für Publikumsgesellschaften: Staatlich beaufsichtigtes Revisionsunternehmen Für übrige Unternehmen: Zugelassener Revisionsexperte	Zugelassener Revisor

Die Anforderungen an die verschiedenen Revisoren sind im Revisionsaufsichtsgesetz geregelt.

Geltungsbereich

Die aktienrechtlichen Vorschriften gelten auch für die GmbH (OR 818), die Genossenschaft (OR 906), und die Kommanditaktiengesellschaft (OR 764).
Vereine und Stiftungen haben eigene Revisionsvorschriften (ZGB 69b bzw. ZGB 83b), die sich jedoch stark an die Vorschriften des Aktienrechts anlehnen.
Einzelunternehmungen und Personengesellschaften sind nicht revisionspflichtig.

13 Gesellschaft mit beschränkter Haftung (GmbH)

131 Geschäftsbericht

Für den Geschäftsbericht sowie für die Pflicht zur Revision gelten die Vorschriften des Aktienrechts (OR 801, 818). [1]

132 Konten

Konten	Wesen/Inhalt	Rechtliche Aspekte	Kontengruppe
Stammkapital	Nominalkapital (Nennwert aller Stammanteile)	– Mindestkapital: Fr. 20 000.– – Mindestnennwert je Stammanteil: Fr. 100.– – Das Stammkapital muss vollständig liberiert sein und darf nur unter Wahrung der Gläubigerinteressen zurückbezahlt werden.	Eigenkapital
Reserven	– Nicht ausbezahlte Gewinne – Agio aus Kapitalerhöhung	Gleiche Regelung wie bei der AG (OR 801)	Eigenkapital
Gewinnvortrag	Unverteilter Reingewinn	Kann später ausgeschüttet werden.	Eigenkapital
Verlustvortrag	Der Teil des Verlustes, der nicht mit andern Eigenkapitalpositionen verrechnet wird oder werden darf.	Gleiche Regelung wie bei der AG unter Berücksichtigung allfälliger Nachschüsse gemäss Statuten (OR 782, 795).	– Berichtigungsposten zum Eigenkapital oder – Minuseigenkapital
Dividende	Verpflichtung gegenüber den Gesellschaftern infolge Gewinnausschüttungsbeschluss	Gleiche Regelung wie bei der AG unter Berücksichtigung allfälliger Nachschüsse (OR 798, 798a)	Kurzfristiges Fremdkapital
Tantième	Verpflichtung gegenüber Geschäftsführern infolge Gewinnausschüttungsbeschluss	Gleiche Regelung wie bei der AG (OR 798b)	Kurzfristiges Fremdkapital
Eigene Stammanteile [2]	Von der Gesellschaft zurückgekaufte eigene Stammanteile	Gleiche Regelung wie bei der AG (Ausnahmefall 35% des Stammkapitals; OR 783)	Minuseigenkapital

[1] Siehe Kapitel 12, Abschnitt 121, Geschäftsbericht, und Abschnitt 129, Revision.
[2] Siehe Kapitel 17, Abschnitt 176, Eigene Wertschriften.

133 Gliederung der Reserven

Es gilt die gleiche Gliederung wie bei der Aktiengesellschaft.❶

134 Gewinnverwendung

Bei der Gewinnverwendung sind die Bestimmungen für die Aktiengesellschaft anzuwenden (OR 798/1+2, OR 801).
Die Dividenden sind im Verhältnis des Nennwerts der Stammanteile festzusetzen. Wurden Nachschüsse geleistet, so ist deren Betrag dem Nennwert zuzurechnen. Die Statuten können eine abweichende Regelung vorsehen (OR 798/3).

135 Verlustdeckung

Gesellschaft	Gesellschafter
– Verrechnung mit Gewinnvortrag und Reserven; gleiche Regelung wie bei der AG❷ – Herabsetzung des Stammkapitals (OR 782)	Die Statuten können für die Gesellschafter eine Nachschusspflicht vorsehen (OR 795). Die Nachschüsse können jedoch nur in den in OR 795a/2 genannten Fällen durch die Geschäftsführer eingefordert werden.

136 Haftung für die Verbindlichkeiten der Gesellschaft

Gesellschaft	Gesellschafter
Gesellschaftsvermögen (OR 772, 794)	Keine persönliche Haftung, ausser mit allfällig in den Statuten festgelegten Nachschüssen (OR 795, 795a)

137 Arten von Unterbilanzen

Es gilt das Gleiche wie bei der Aktiengesellschaft❸ unter Berücksichtigung allfälliger Nachschüsse (OR 820).

---

❶ Siehe Kapitel 12, Abschnitt 123, Gliederung der Reserven.
❷ Siehe Kapitel 12, Abschnitt 125, Verlustdeckung.
❸ Siehe Kapitel 12, Abschnitt 127, Arten von Unterbilanzen.

14   Genossenschaft

141   Konten

Konten	Wesen/Inhalt	Rechtliche Aspekte	Kontengruppe
Genossenschafts-kapital (Anteilscheinkapital)	Nominalkapital	– Nur wenn in den Statuten vorgesehen – Nicht fest	Eigenkapital
Reserven	Nicht ausbezahlte Gewinne	Gesetz: OR 860 Statuten	Eigenkapital
Rückvergütung	Gewinnanteil, der den Genossenschaftern nach dem Masse der Benützung der genossenschaftlichen Einrichtungen zukommt❶	Gesetz: OR 859/2 Statuten	Fremdkapital
Anteilscheindividenden (Anteilscheinzins)	Auf Anteilscheinen vergüteter Gewinnanteil	Gesetz: OR 859/3	Fremdkapital

142   Nominalkapital

Das Nominalkapital der Genossenschaft unterscheidet sich gegenüber demjenigen der Aktiengesellschaft in folgenden zwei Punkten:

– Die Genossenschaft kann, muss aber nicht, über ein Genossenschaftskapital (= Anteilscheinkapital) verfügen (OR 833).

– Bei der Genossenschaft sind Ein- und Austritte grundsätzlich möglich (= nicht geschlossene Zahl von Mitgliedern) (OR 828/1). Deshalb kann das Genossenschaftskapital variieren (OR 828/2).

❶ Z.B. Rabattmarken, Umsatzrabatte, Rückvergütungen an Mieter, Überschussbeteiligung bei Versicherungen

143 Gewinnverwendung

Der ursprüngliche Gedanke der Genossenschaft ist nicht die Gewinnerzielung, sondern die gemeinsame Selbsthilfe. So ist auch die Regelung über die Gewinnverwendung in OR 859 zu verstehen. Ein Anspruch der Mitglieder auf Reingewinn besteht nicht von Gesetzes wegen, kann aber über die Statuten eingeräumt werden.

	Kein Anteilscheinkapital vorhanden		Anteilscheinkapital vorhanden	
Gewinnverteilung vorgesehen	ja❶	nein❶	nein❶	ja
Gewinnverwendung	Nach dem Mass der Benützung (OR 859/2)❷	Keine Gewinnausschüttung❸	Als Verzinsung des Genossenschaftskapitals (OR 859/3)❷	
Gutschrift auf Konto	Rückvergütung	Reserven	Anteilscheindividenden❹ (Anteilscheinzins)	

❶ Sofern die Statuten keinen anderen Verwendungszweck bestimmen.
❷ Zuerst ist die Reservenzuweisung (OR 860/1 und 2) zu beachten (siehe unten).
❸ Laut OR 859/1: «ins Genossenschaftsvermögen».
❹ Kann mit Rückvergütungen kombiniert werden.

144 Reservenzuweisung und -verwendung

	Kein Anteilscheinkapital vorhanden		Anteilscheinkapital vorhanden	
Reservenzuweisung OR 860/1	Zuweisung von 5% des Jahresgewinnes			
	während 20 Jahren		bis gesetzliche Reserven 20% des Genossenschaftskapitals ausmachen	
Reservenverwendung OR 860/3 Bedingung:	Gesetzliche Reserven sind		Gesetzliche Reserven sind	
	> 50%	≤ 50%	≤ 50%	> 50%
	des Fremdkapitals❶		des Anteilscheinkapitals	
Folge:	Der Teil, der die Hälfte übersteigt, ist frei verfügbar.	Diese Reserven dürfen nur – zur Deckung von Verlusten oder – für Massnahmen zur Sicherstellung des Genossenschaftszweckes in Zeiten schlechten Geschäftsganges verwendet werden.		Der Teil, der die Hälfte übersteigt, ist frei verfügbar.

❶ OR 860/3 spricht hier vom «übrigen Genossenschaftsvermögen» und meint damit das mit Fremdkapital finanzierte Vermögen.

Beispiel   **Gewinnverwendung und -verbuchung**

Ausgangslage

Die Landwirtschaftsgenossenschaft Moor verkauft nur an ihre Mitglieder. Im abgelaufenen Jahr hat sich die Mitgliederzahl nicht verändert. Die Saldobilanz vom 31.12. 20_3 (Kurzzahlen) zeigt Folgendes:

Konten(-gruppen)	Soll	Haben
Umlaufvermögen	860	
Anlagevermögen	609	
Kreditoren		148
Rückvergütungen		8
Anteilscheinzinsschuld		4
Anteilscheinkapital		1 000
Gesetzliche Reserven		48
Gewinnvortrag		1
Warenaufwand	2 916	
Übriger Aufwand	824	
Warenertrag		4 000
	5 209	5 209

Gewinnverwendung

Jahresreingewinn		260
+ alter Gewinnvortrag		1
		261
– 5% Gesetzliche Reserven		13
		248
– 4% Verzinsung Anteilscheinkapital		
Nettozins	26	
Verrechnungssteuer	14	40
		208
– 5% Rückvergütung❶ vom Warenertrag		200
Neuer Gewinnvortrag		8

Buchungen

Erfolgsrechnung / Gewinnverteilung		260
Gewinnvortrag / Gewinnverteilung		1
Gewinnverteilung / Gesetzliche Reserven		13
Gewinnverteilung / Anteilscheinzinsschuld		26
Gewinnverteilung / Kreditor VST		14
Gewinnverteilung / Rückvergütungen		200
Gewinnverteilung / Gewinnvortrag		8

❶ Rückvergütungen sind nicht verrechnungssteuerpflichtig. Sie können bereits vor dem Abschluss als Ertragsminderung verbucht werden.

Schlussbilanz nach Gewinnverwendung

Umlaufvermögen	860	Kreditoren	162
Anlagevermögen	609	Rückvergütungen	208
		Anteilscheinzinsschuld	30
		Anteilscheinkapital	1 000
		Gesetzliche Reserven	61
		Gewinnvortrag	8
	1 469		1 469

145 Verlustdeckung und Haftung

	Genossenschaft	Genossenschafter
Deckung von Bilanzverlusten	– Verrechnung mit Gewinnvortrag, Reserven – Vortrag auf neue Rechnung	Die Statuten können eine Nachschusspflicht vorsehen (OR 871)
Rechtliche Folgen bei Überschuldung und Kapitalverlust (OR 903)	Ähnliche Regelung wie bei der Aktiengesellschaft unter Berücksichtigung der Besonderheiten einer Genossenschaft (z. B. mit oder ohne Anteilscheinkapital, Nachschüsse, persönliche Haftung).	

	Genossenschaft	Genossenschafter
Haftung für Verbindlichkeiten	Grundsätzlich nur Genossenschaftsvermögen	Die Statuten können zusätzlich eine unbeschränkte❶ (OR 869) oder eine beschränkte❷ (OR 870) Haftung vorsehen.

Besondere Regelungen

Für konzessionierte Versicherungs- und Kreditgenossenschaften gelten besondere Vorschriften für die Gewinnverwendung und Verlustdeckung. Sie entsprechen zum grossen Teil jenen der Aktiengesellschaft (OR 858/2).

❶ mit dem ganzen Privatvermögen und solidarisch
❷ bis zu einem bestimmten Betrag

15 Mehrwertsteuer (MWST)

151 Wesen und Funktionsweise

Die Mehrwertsteuer ist eine indirekte Bundessteuer. Der Steuer unterliegen durch Steuerpflichtige getätigte Umsätze, sofern sie nicht ausdrücklich von der Steuer ausgenommen sind.

Die MWST wird grundsätzlich auf allen Stufen des Produktions- und Verteilungsprozesses erhoben (= Allphasensteuer).

Der Steuerpflichtige kann von der Umsatzsteuer (Steuer auf seinen steuerpflichtigen Umsätzen) die Vorsteuer auf den Gegenständen und Dienstleistungen, die ihm während der gleichen Abrechnungsperiode durch andere Steuerpflichtige oder bei der Einfuhr belastet worden ist, abziehen. So wird eine Steuerkumulation vermieden.

152 Steuersubjekt und Steuerobjekt

Steuersubjekt	Steuerobjekt

Steuerpflichtig ist, wer aus gewerblicher oder beruflicher selbstständiger Tätigkeit, aus seinen Lieferungen, seinen Dienstleistungen und seinem Eigenverbrauch im Inland einen Jahresumsatz von mehr als Fr. 75 000.– erzielt.❶	Steuerpflichtige Umsätze sind:
	– Im Inland gegen Entgelt erbrachte
	   – Lieferungen von Gegenständen❷
	   – Dienstleistungen
	– Bezug von Dienstleistungen von Unternehmungen mit Sitz im Ausland
	– Einfuhr von Gegenständen
	– Eigenverbrauch

---

❶ Von der Steuerpflicht ausgenommen sind:
  – Unternehmungen mit einem Jahresumsatz bis zu Fr. 250 000.–, sofern die nach Abzug der Vorsteuer verbleibende MWST regelmässig Fr. 4 000.– im Jahr nicht übersteigt.
  – Landwirte, Forstwirte und Gärtner für Lieferungen der im eigenen Betrieb gewonnenen Erzeugnisse. Nicht gewinnstrebige Sportvereine und gemeinnützige Institutionen, beide bis zu einem Jahresumsatz von Fr. 150 000.–
  – Weitere gemäss MWSTG 25

❷ Als Gegenstände gelten bewegliche und unbewegliche Sachen sowie Elektrizität, Gas usw.

153 Steuersätze, ausgenommene und befreite Umsätze

Steuersätze (Stand 1.1.2009)			
Ordentlicher Satz 7,6%	Sondersteuersatz 3,6%	Reduzierter Satz 2,4%	Saldo-Steuersätze
Dieser Satz gilt immer, wenn nicht ausdrücklich ein anderer Satz oder die gänzliche Steuerbefreiung vorgesehen ist.	Hotellerie für Übernachtungen mit Frühstück	– Ess- und Trinkwaren, ausgenommen im Gastgewerbe erzielte Umsätze und alkoholische Getränke – Medikamente – Zeitungen, Zeitschriften, Bücher – Vereinzelte landwirtschaftliche Produkte – u.a.m.	Steuerpflichtige mit – einem Jahresumsatz bis Fr. 3 000 000.– – und einer jährlichen Steuerzahllast bis Fr. 60 000.–, berechnet nach dem massgebenden Saldo-Steuersatz, können mit der Steuerverwaltung mit einem reduzierten, branchenabhängigen Saldo-Steuersatz vom Umsatz abrechnen. Z.B. – Treuhandbranche 6% – Werbeagentur/Grafiker 5,2% – Optikergeschäft 3,5%
Mit Vorsteuerabzug			Ohne Vorsteuerabzug

Unternehmungen, die nicht der Steuer unterliegen, weil sie

– nicht steuerpflichtig sind, d.h. einen Jahresumsatz von Fr. 75 000.– nicht erreichen,
– von der Steuerpflicht ausgenommen sind (Jahresumsatz < Fr. 250 000.–, Landwirte, Förster usw. [siehe vorhergehende Seite]),

können sich freiwillig der Steuerpflicht unterstellen (= optieren), wenn dies zur Wahrung der Wettbewerbsneutralität oder zur Vereinfachung der Steuererhebung beiträgt.

Eine Optionsmöglichkeit besteht auch für die meisten auf der Ausnahmeliste aufgeführten Umsätze. Keine Optionsmöglichkeit besteht z.B. bei Versicherungen und beim Geld- und Kapitalverkehr.

Von der Steuer aus-genommene Umsätze (Ausnahmeliste)	Von der Steuer befreite Umsätze
– Briefpost (bis 50 g) – Gesundheitswesen – Sozialfürsorge und soziale Sicherheit – Erziehung, Unterricht, Kinder- und Jugendbetreuung – Kultur und Sport – Versicherungen – Geld- und Kapitalverkehr – Handel, Vermietung und Verpachtung von Grundstücken – Lotterie- und Glücksspiel – u.a.m.	Ausfuhr von steuerpflichtigen Gegenständen und Dienstleistungen
Ohne Vorsteuerabzug	Mit Vorsteuerabzug

154 Buchführung, Abrechnung und Überwälzung

Konten

Aktivkonto: Vorsteuer	Passivkonto: Umsatzsteuer
Es werden je ein Konto geführt für – Vorsteuer auf Aufwand für Material, Waren und Dienstleistungen [Drittleistungen] (Kontenklasse 4; Kontenrahmen KMU). – Vorsteuer auf Investitionen und übrigem Betriebsaufwand (Kontenklasse 1, 5 und 6; Kontenrahmen KMU). Die Summe der beiden Saldon zeigt das Steuerguthaben gegenüber der Steuerverwaltung.	Auf diesem Konto wird die auf dem Umsatz und dem Eigenverbrauch geschuldete Bruttosteuer erfasst. Eine Unterteilung des Kontos ist möglich. Der Saldo zeigt die Bruttosteuerschuld gegenüber der Steuerverwaltung.

Abrechnungs- und Buchungsmethoden

Buchungsmethode	Abrechnungsmethode	Nach vereinbartem Entgelt	Nach vereinnahmtem Entgelt❶
		Der Zeitpunkt der Rechnungsstellung	des Zahlungseinganges
		ist entscheidend für die Steuerabrechnung.	
Nettomethode	Die Vor- und Umsatzsteuer werden beim **Ein- und Verkauf sofort** auf den Konten Vorsteuer und Umsatzsteuer erfasst.	von der Steuerverwaltung vorgesehen	möglich
Bruttomethode	Die Vor- und Umsatzsteuer werden zuerst auf den Erfolgs- und Aktivkonten erfasst und später (periodisch) spätestens **Ende Kalenderquartal** auf die Konten Vorsteuer und Umsatzsteuer umgebucht.	möglich	möglich

❶ Nur auf bewilligtes Gesuch hin möglich.

Erläuterungen zu den Abrechnungsmethoden

- Die Abrechnung erfolgt quartalsweise (bei Anwendung des Saldosteuersatzes semesterweise).
- Zum Entgelt gehören auch die in Rechnung gestellten Nebenkosten (z. B. Transportspesen, Verpackung).
- Vom vereinbarten Entgelt werden die in der gleichen Periode anfallenden Erlösminderungen (Rabatte, Skonti, Rücksendungen, Debitorenverluste) abgezogen.
- Anzahlungen (Vorauszahlungen) sind mehrwertsteuerpflichtig.
- Für die Abrechnung nach vereinnahmtem Entgelt muss von der Eidg. Steuerverwaltung ein Antrag des Steuerpflichtigen bewilligt worden sein.

Vorteile der Nettobuchungsmethode

- Die Einkäufe und Verkäufe werden ohne Steuerzuschläge erfasst, dadurch wird die Abrechnung mit der Steuerverwaltung erleichtert.
- Eine Aufteilung der Konten in die Kategorien (7,6%, 3,6%, 2,4%, 0% und Export) ist nicht nötig, aber sinnvoll.
- Die Konten Vorsteuer und Umsatzsteuer weisen immer das aktuelle Guthaben und die aktuelle Bruttoschuld gegenüber der Steuerverwaltung aus.
- Für die Analyse und die kurzfristigen Abschlüsse enthalten die Konten bereits die richtigen Beträge.

Nachteil der Nettobuchungsmethode

- Grösserer Buchungsaufwand, der allerdings bei EDV-mässiger Verarbeitung kaum ins Gewicht fällt.

Ermittlung der steuerpflichtigen Beträge bei verschiedenen Steuersätzen

Die zu deklarierenden Umsätze wie auch die Vorsteuern müssen detailliert nachgewiesen werden können.

Der Steuerpflichtige hat zu beachten, dass die «Prüfspur», d. h. das Verfolgen der Geschäftsfälle vom Einzelbeleg über die Buchhaltung bis zur MWST-Abrechnung und umgekehrt, ungeachtet der Art der eingesetzten technischen Hilfsmittel, gewährleistet ist.

In der Buchhaltung können folgende Möglichkeiten unterschieden werden:

- Aufteilung der Konten nach Steuersätzen
- Aufteilung der Journale nach Steuersätzen
- Angabe der verschiedenen Steuersätze bei den Buchungen
- Angabe der Steuersätze bei den Eintragungen in den «Grundbüchern» (Kasse, Post, Bank)

Überwälzung

Die Überwälzung kann mit

- offenem Ausweis des Steuerbetrages[1]
  oder
- blosser Angabe des Steuersatzes[1]
  oder
- verdeckt

erfolgen.

[1] Nur auf Verlangen des mehrwertsteuerpflichtigen Kunden nötig.

Beispiel 1   Nettoverbuchung des Warenverkehrs auf verschiedenen Stufen

	Preise mit MWST		Mehrwert	Steuer		
	Einkaufs-preis (EP)	Verkaufs-preis (VP)	(VP – EP, ohne Steuer)	Vorsteuer (7,6% vom EP)	MWST	Umsatzst. (7,6% vom VP)
Holzkorporation mit Sägerei Verkauft zugeschnittenes Holz aus ihrem Wald.	Fr. 0.– Fr. 0.– ――― Fr. 0.–	Fr. 100.– Fr. 7.60 ――― Fr. 107.60	Fr. 100.–	Fr. 0.–	**Fr. 7.60**	Fr. 7.60
Möbelschreinerei (Fabrikant) Stellt einen Tisch daraus her und verkauft ihn an einen Detailhändler.	Fr. 107.60 Fr. 7.60 ――― Fr. 100.–	Fr. 300.– Fr. 22.80 ――― Fr. 322.80	Fr. 200.–	Fr. 7.60	**Fr. 15.20**	Fr. 22.80
Möbelhaus (Detailhändler) Verkauft den Tisch an einen Konsumenten	Fr. 322.80 Fr. 22.80 ――― Fr. 300.–	Fr. 560.– Fr. 42.55 ――― Fr. 602.55	Fr. 260.–	Fr. 22.80	**Fr. 19.75**	Fr. 42.55
Konsument (Endverbraucher)		Fr. 602.55				

Die gesamte dem Bund geschuldete MWST von **Fr. 42.55** kann auf zwei Arten ermittelt werden.

Die Summe der Nettosteuern (Fr. 7.60 + Fr. 15.20 + Fr. 19.75) auf jeder Stufe des Verteilungs-prozesses entspricht der gesamten MWST.	Auf der letzten Stufe des Verteilungspro-zesses (vom Möbel-haus zum Endver-braucher) entspricht die im Verkaufspreis einkalkulierte Brutto-steuer von Fr. 42.55 der gesamten MWST.

Nettoverbuchung	Erklärungen
Einkauf keine keine **Verkauf** Debitor / Verkaufserlös 100.– Debitor / Umsatzsteuer 7.60	Die Korporation fakturiert Fr. 100.– plus Fr. 7.60 Umsatzsteuer (= Bruttosteuer). Da die Korporation keine Vorsteuer zahlen muss, entspricht die geschuldete Umsatzsteuer auch der MWST (= Nettosteuer).
Einkauf Materialeinkauf / Kreditor 100.– Vorsteuer❶ / Kreditor 7.60 **Verkauf** Debitor / Verkaufserlös 300.– Debitor / Umsatzsteuer 22.80	Die Möbelschreinerei überweist der Korporation Fr. 107.60. In diesem Betrag ist die Steuer von Fr. 7.60 enthalten (= Vorsteuer). Da die Möbelschreinerei bereits die Vorsteuer von Fr. 7.60 bezahlt hat, schuldet sie der Steuerverwaltung nur noch die MWST von Fr. 15.20.
Einkauf Wareneinkauf / Kreditor 300.– Vorsteuer❶ / Kreditor 22.80 **Verkauf** Debitor / Warenverkauf 560.– Debitor / Umsatzsteuer 42.55	Das Möbelhaus überweist der Möbelschreinerei Fr. 322.80. In diesem Betrag ist die Steuer von Fr. 22.80 enthalten (= Vorsteuer). Das Möbelhaus verkauft den Tisch zu Fr. 560.– plus Fr. 42.55 Umsatzsteuer. Da das Möbelhaus bereits die Vorsteuer von Fr. 22.80 bezahlt hat, schuldet es der Steuerverwaltung nur noch die MWST von Fr. 19.75.

❶ Korrekt: Vorsteuer auf Material-, Waren- und Dienstleistungsaufwand

Beispiel 2   Netto- und Bruttomethode, nach vereinbartem Entgelt

Ausgangslage

Die Tori SA, ein Produktionsbetrieb, erstellt und verbucht die MWST-Abrechnung für das 1. Quartal. Der Warenverkehr (mit Ausnahme der Exporte), die gekauften Investitionsgüter und die von anderen beanspruchten Dienstleistungen unterliegen dem Satz von 7,6%.

Abrechnung

	Geschäftsfälle	Umsatz (ohne Steuer)	Vorsteuer	MWST	Umsatz-steuer
1	Verkäufe – Gesamterlös – Exporte – Inland	5 000 000.– 1 000 000.– 4 000 000.–			0.– 304 000.–
2	Materialeinkäufe	2 200 000.–	167 200.–		
3	Investitionen – Maschinenkauf – Lastwagenkauf	 100 000.– 200 000.–	 7 600.– 15 200.–		
4	Energieverbrauch – Stromrechnung – Heizöl	 15 000.– 20 000.–	 1 140.– 1 520.–		
5	Übriger Betriebsaufwand – Revision, Beratung – Telefonrechnung	 10 000.– 2 000.–	 760.– 152.–		
	Total		193 572.–		304 000.–
6	Abzuliefernde MWST			110 428.–	

Buchungen

Nettomethode	Bruttomethode

Die Vor- und Umsatzsteuern werden laufend auf den beiden Steuerkonten erfasst.	Während des Quartals wird auf den beiden Konten Vorsteuer und Umsatzsteuer nichts gebucht.

Nettomethode:

Debitoren	/ Verkaufserlös	1 000 000.–
Debitoren	/ Verkaufserlös	4 000 000.–
Debitoren	/ Umsatzsteuer	304 000.–
Materialeinkauf	/ Kreditoren	2 200 000.–
Vorsteuer❶	/ Kreditoren	167 200.–
Maschinen	/ Kreditoren	100 000.–
Vorsteuer❷	/ Kreditoren	7 600.–
Fahrzeuge	/ Kreditoren	200 000.–
Vorsteuer❷	/ Kreditoren	15 200.–
Energieaufwand	/ Kreditoren	15 000.–
Vorsteuer❷	/ Kreditoren	1 140.–
Raumaufwand	/ Kreditoren	20 000.–
Vorsteuer❷	/ Kreditoren	1 520.–
Übriger Betriebsaufwand	/ Kreditoren	10 000.–
Vorsteuer❷	/ Kreditoren	760.–
Übriger Betriebsaufwand	/ Kreditoren	2 000.–
Vorsteuer❷	/ Kreditoren	152.–

Bruttomethode:

Debitoren	/ Verkaufserlös Export	1 000 000.–
Debitoren	/ Verkaufserlös 7,6%	4 304 000.–
Materialeinkauf 7,6%	/ Kreditoren	2 367 200.–
Maschinen 7,6%	/ Kreditoren	107 600.–
Fahrzeuge 7,6%	/ Kreditoren	215 200.–
Energieaufw. 7,6%	/ Kreditoren	16 140.–
Raumaufw. 7,6%	/ Kreditoren	21 520.–
Übriger Betriebsaufw. 7,6%	/ Kreditoren	10 760.–
Übriger Betriebsaufw. 7,6%	/ Kreditoren	2 152.–

Ende Quartal gibt es keine Korrektur, da der Steuerbetrag bereits auf den Konten Vorsteuer und Umsatzsteuer erfasst ist.	Ende Quartal müssen die Konten um den Steuerbetrag korrigiert werden.

Nettomethode:

Keine Buchungen

Bruttomethode:

Verkaufserlös 7,6%	/ Umsatzsteuer	304 000.–
Vorsteuer❶	/ Materialeinkauf 7,6%	167 200.–
Vorsteuer❷	/ Maschinen 7,6%	7 600.–
Vorsteuer❷	/ Fahrzeuge 7,6%	15 200.–
Vorsteuer❷	/ Energieaufwand 7,6%	1 140.–
Vorsteuer❷	/ Raumaufwand 7,6%	1 520.–
Vorsteuer❷	/ Übr. Betriebsaufw. 7,6%	912.–

Verrechnung der Vorsteuern und Überweisung der MWST Ende Quartal:

Umsatzsteuer	/ Vorsteuer❶	167 200.–
Umsatzsteuer	/ Vorsteuer❷	26 372.–
Umsatzsteuer	/ Post	110 428.–

❶ Korrekt: Vorsteuer auf Material-, Waren- und Dienstleistungsaufwand
❷ Korrekt: Vorsteuer auf Investitionen und übrigem Betriebsaufwand

Kontenführung

Beide Methoden führen zu den gleichen Salden.

Vorsteuer auf Material-, Waren- und Dienstleistungsaufwand		Vorsteuer auf Investitionen und übrigem Betriebsaufwand		Umsatzsteuer	
167 200					304 000
		7 600			
		15 200			
		1 140			
		1 520			
		912			
	167 200			167 200	
			26 372	26 372	
				110 428	
167 200	167 200	26 372	26 372	304 000	304 000

Variante zur Kontenführung Ende Quartal in der Praxis

Die Salden der Konten Vorsteuer und Umsatzsteuer werden auf ein Konto Kreditor (evtl. Debitor) Mehrwertsteuer übertragen. Dadurch wird die Nettoschuld (evtl. -forderung) gegenüber der Steuerverwaltung in einem separaten Konto ausgewiesen.

Umsatzsteuer	/	Kreditor Mehrwertsteuer	304 000.–
Kreditor Mehrwertsteuer	/	Vorsteuer (Mat-/Wa- u. DL-A)	167 200.–
Kreditor Mehrwertsteuer	/	Vorsteuer (Inv. und üb. Betriebsaufwand)	26 372.–
Kreditor Mehrwertsteuer	/	Post	110 428.–

Beispiel 3 Vergleich Abrechnungs- und Buchungsmethoden

Ausgangslage

Zusammengefasster Waren- und Zahlungsverkehr der Giuliano SA und Tamara SA im 2. Quartal. Der MWST-Satz beträgt 7,6%. Die Umsätze sind exkl. MWST angegeben.

Die Giuliano SA rechnet nach vereinbartem Entgelt ab.

Die Tamara SA erfasst die Lieferanten und Kunden mit der Offenposten-Buchhaltungs-Methode und rechnet nach vereinnahmtem Entgelt ab. Die beim Jahresabschluss nötige Korrekturbuchung für das Kreditoren- und Debitorenkonto erfolgt ohne MWST.

	Giuliano SA		Tamara SA	
Abrechnungsmethode	Nach vereinbartem Entgelt		Nach vereinnahmtem Entgelt	
	Einkauf	Verkauf	Einkauf	Verkauf
Bargeschäfte	20 000.–	30 000.–	30 000.–	500 000.–
Kreditgeschäfte				
– Warenlieferungen	400 000.–	750 000.–	280 000.–	50 000.–
– Zahlungen	380 000.–	790 000.–	290 000.–	40 000.–
Nettomethode	Wareneinkauf / Liquide Mittel 20 000.– Vorsteuer❶ / Liquide Mittel 1 520.– Liquide Mittel / Warenverkauf 30 000.– Liquide Mittel / Umsatzsteuer 2 280.– Wareneinkauf / Kreditoren 400 000.– Vorsteuer❶ / Kreditoren 30 400.– Debitoren / Warenverkauf 750 000.– Debitoren / Umsatzsteuer 57 000.–		Wareneinkauf / Liquide Mittel 30 000.– Vorsteuer❶ / Liquide Mittel 2 280.– Liquide Mittel / Warenverkauf 500 000.– Liquide Mittel / Umsatzsteuer 38 000.– Wareneinkauf / Liquide Mittel 290 000.– Vorsteuer❶ / Liquide Mittel 22 040.– Liquide Mittel / Warenverkauf 40 000.– Liquide Mittel / Umsatzsteuer 3 040.–	
Bruttomethode	Wareneinkauf 7,6% / Liquide Mittel 21 520.– Liquide Mittel / Warenverkauf 7,6% 32 280.– Wareneinkauf 7,6% / Kreditoren 430 400.– Debitoren / Warenverkauf 7,6% 807 000.– Vorsteuer❶ / Wareneinkauf 7,6% 31 920.– Warenverkauf 7,6% / Umsatzsteuer 59 280.–		Wareneinkauf 7,6% / Liquide Mittel 32 280.– Liquide Mittel / Warenverkauf 7,6% 538 000.– Wareneinkauf 7,6% / Liquide Mittel 312 040.– Liquide Mittel / Warenverkauf 7,6% 43 040.– Vorsteuer❶ / Wareneinkauf 7,6% 24 320.– Warenverkauf 7,6% / Umsatzsteuer 41 040.–	
Umsatzsteuer – Vorsteuer	59 280.– – 31 920.–		41 040.– – 24 320.–	
Mehrwertsteuer	27 360.–		16 720.–	

❶ Korrekt: Vorsteuer auf Material-, Waren- und Dienstleistungsaufwand

Beispiel 4   **MWST-Abrechnung mit Saldo-Steuersatz**

Ausgangslage

Der Jahresverkaufsumsatz (inklusiv MWST) des Optikergeschäftes Schneebeli (Einzelunternehmung) ist kleiner als Fr. 3 000 000.–. Die jährliche MWST-Steuerzahlung ist geringer als Fr. 60 000.–. Die Einzelunternehmung rechnet mit der Steuerverwaltung mit dem reduzierten, branchenabhängigen Saldo-Steuersatz von 3,5 % ab und verzichtet dafür auf den Vorsteuerabzug. Den Kunden verrechnet der Optiker den ordentlichen Satz von 7,6 %. (Die Beträge bei den Buchungstatsachen 1–5 sind inklusiv 7,6 % MWST.)

Buchungstatsachen   Summarische Geschäftsfälle im 1. Semester

1	a	Barverkäufe	Fr. 161 400.–
	b	Kreditverkäufe	Fr. 21 520.–
2		Barerlös aus Reparaturen	Fr. 26 900.–
3		Waren- und Materialeinkauf auf Kredit	Fr. 86 080.–
4		Übriger Aufwand durch die Bank bezahlt	Fr. 13 450.–
5		Kreditkauf einer elektronischen Ladenkasse	Fr. 10 222.–
6	a	Gutschrift an Steuerverwaltung	Fr. 7 343.70 ❶
	b	Postüberweisung an Steuerverwaltung	Fr. 7 343.70

❶ $\dfrac{(161\,400.- + 21\,520.- + 26\,900.-) \cdot 3{,}5}{100}$

Im Gegensatz zur üblichen MWST-Abrechnung ist hier der Verkaufsumsatz inklusiv Umsatzsteuer 100 %.

Buchungen

1	a	Liquide Mittel	/ Warenverkauf	161 400.–
	b	Kundenguthaben	/ Warenverkauf	21 520.–
2		Liquide Mittel	/ Erlös aus Reparaturen	26 900.–
3		Waren- und Materialeinkauf	/ Lieferantenschulden	86 080.–
4		Übriger Aufwand	/ Liquide Mittel	13 450.–
5		Mobilien	/ Übrige Kreditoren	10 222.–
6	a	Warenverkauf	/ Kreditor MWST	7 343.70
	b	Kreditor MWST	/ Liquide Mittel	7 343.70

Ein Vergleich zwischen der MWST-Abrechnung nach der Saldo-Steuersatz-Methode und der effektiven (= ordentlichen) Methode zeigt Folgendes:

- Saldo-Steuersatz-Methode   7 343.70
- Effektive Methode
  - Umsatzsteuer   14 820.– ❷
  - – Vorsteuer   7 752.– ❸
  - Abzuliefernde Mehrwertsteuer   7 068.–
- Differenz zugunsten der effektiven Methode   275.70

Optiker Schneebeli müsste zwar in der betrachteten Zeitperiode nach der effektiven Methode weniger Mehrwertsteuern abliefern.
Dafür hat er aber mit der Saldo-Steuersatz-Methode weniger administrativen Aufwand, weil
– die Vorsteuerermittlung entfällt.
– der Verkaufsumsatz nicht in Nettoumsatz und Umsatzsteuer aufgeteilt werden muss.
– die Steuerabrechnung nur halbjährlich erfolgt.

❷ $\dfrac{(161\,400.- + 21\,520.- + 26\,900.-) \cdot 7{,}6}{107{,}6}$ ❸ $\dfrac{(86\,080.- + 13\,450.- + 10\,222.-) \cdot 7{,}6}{107{,}6}$

Beispiel 5 **Veräusserung von Anlagevermögen / Zwei Buchungsvarianten**

Ausgangslage

Am 1.1.20_7 wird ein gebrauchter Lieferwagen mit einem Anschaffungswert von Fr. 90 000.– und kumulierten Abschreibungen von Fr. 81 000.– für Fr. 15 000.– (ohne MWST) auf Kredit verkauft.

Variante I: Betriebswirtschaftlich korrekt

Der Verkaufserlös wird über das Konto Fahrzeuge gebucht. Dies entspricht der betriebswirtschaftlichen Realität, denn es handelt sich um das Gegenteil des Kaufes, welcher ebenfalls über dieses Konto gebucht wurde. In der Erfolgsrechnung wird nur der Gewinn aus der Veräusserung erfasst, was OR 663 entspricht.

Auch für die Mittelflussrechnung ist dies die korrekte Variante, da es sich beim Verkauf um eine Desinvestition und nicht um einen Umsatzerlös handelt.

Buchungen

Text	Buchung		Betrag
Umbuchung WB	Wertberichtigung Fahrzeuge	Fahrzeuge	81 000.–
Verkaufserlös	Übrige Forderungen	Fahrzeuge	15 000.–
Mehrwertsteuer	Übrige Forderungen	Umsatzsteuer	1 140.–
Veräusserungsgewinn	Fahrzeuge	Gewinn aus Veräusserung von AV	6 000.–

Kontenführung

Text	Fahrzeuge		Wertberichtigung Fahrzeuge		Gewinn aus Veräusserung von Anlagevermögen	
Anfangsbestand	90 000			81 000		
Umbuchung WB		81 000	81 000			
Verkaufserlös		15 000				
Veräusserungsgewinn	6 000					6 000
Salden		0	0		6 000	
	96 000	96 000	81 000	81 000	6 000	6 000

Variante II: Mehrwertsteuerkonform

Der Verkaufserlös wird über das Konto Erlös aus Veräusserung von Anlagevermögen gebucht. Dies entspricht den Anforderungen der Mehrwertsteuer besser, da so der mehrwertsteuerpflichtige Umsatz einheitlich aus der Erfolgsrechnung hergeleitet werden kann.

Für die Mittelflussrechnung muss bei dieser Variante der Betrag für die Desinvestition der Erfolgsrechnung entnommen werden.

Buchungen

Text	Buchung		Betrag
Umbuchung WB	Wertberichtigung Fahrzeuge	Fahrzeuge	81 000.–
Verkaufserlös	Übrige Forderungen	Erlös aus Veräusserung von AV	15 000.–
Mehrwertsteuer	Übrige Forderungen	Umsatzsteuer	1 140.–
Restwertausbuchung	Restwertabschreibung bei Verkauf von AV	Fahrzeuge	9 000.–

Kontenführung

Text	Fahrzeuge		Wertberichtigung Fahrzeuge		Restwertabschreibung bei Verkauf von Anlagevermögen		Erlös aus Veräusserung von Anlagevermögen	
Anfangsbestand	90 000			81 000				
Umbuchung WB		81 000	81 000					
Verkaufserlös								15 000
Restwertausbuchung		9 000			9 000			
Salden		0	0			9 000	15 000	
	90 000	90 000	81 000	81 000	9 000	9 000	15 000	15 000

Der Gewinn aus Veräusserung von Anlagevermögen (OR 663) ergibt sich aus der Verrechnung der beiden Konten Erlös aus Veräusserung von AV und Restwertabschreibung bei Verkauf von AV.

16 Fremde Währungen

161 Allgemeines

Bei der Erfassung von Fremdwährungen ist Folgendes zu beachten:

Gesetz	Buchhaltung	
	Erfassung	Ausweis
OR 960/1: «Inventar, Betriebsrechnung und Bilanz sind in Landeswährung aufzustellen.»	Rechnungen in fremder Währung können im Zeitpunkt der Lieferung nur provisorisch in Schweizer Franken umgerechnet und verbucht werden, da der Umrechnungskurs für die Zahlung (= Tageskurs) noch nicht bekannt ist.	Bei Fremdwährungspositionen, die in Schweizer Franken umgerechnet werden, werden je nach Buchungsmethode in der Buchhaltung auch die Fremdwährungsbeträge ausgewiesen.

162 Umrechnungskurse

Bei Fremdwährungsgeschäften werden folgende Umrechnungskurse unterschieden:

	Tageskurs	Buchkurs	Bilanzkurs
Begriff	Tatsächlicher Kurs am Tage der Zahlung	Provisorischer, für längere Zeit festgesetzter Kurs ❶	Für die Bilanzierung in Schweizer Franken angewandter Kurs
Merkmale	Von der Bank oder Post festgelegter Kurs	Von der Unternehmung festgelegter Kurs	
Anwendung	Umrechnung der Zahlungen	Umrechnung von Rechnungen, ❷ Rabatten, Skonti, Rücksendungen, Debitorenverlusten	Bewertung der Fremdwährungspositionen beim Abschluss ❸

❶ Z. B. monatlicher Durchschnittskurs der eidg. Steuerverwaltung.
  Bei grösseren dauerhaften Abweichungen von den tatsächlichen Kursen müssen die Buchkurse den neuen Verhältnissen angepasst werden.
❷ Rechnungen können auch zum Tageskurs erfasst werden. Rabatte, Skonti, Rücksendungen und Debitorenverluste müssen dann ebenfalls zum gleichen Tageskurs verbucht werden.
❸ Beim Abschluss gilt der Grundsatz der vorsichtigen Bewertung (Vorsichtsprinzip):

	Fremde Währungen	
	Guthaben und Bargeld	Schulden
Bilanzierung	Höchstens zum Geldkurs (Ankauf)	Mindestens zum Briefkurs (Verkauf)
Erläuterung	Bilanzkurs $\leq$ Tageskurs	Bilanzkurs $\geq$ Tageskurs

Es ist auch vertretbar, die in der Kursliste der Eidg. Steuerverwaltung enthaltenen durchschnittlichen Devisenkurse oder die durchschnittlichen Devisenkurse des Bilanzstichtages anzuwenden.

163 Kursdifferenzen

Da mit verschiedenen Kursen gerechnet wird, entstehen Kursdifferenzen. Die Kursdifferenzen können

– zu verschiedenen Zeitpunkten und
– auf verschiedenen Konten

erfasst werden.

Buchungszeitpunkt	
Laufend	Einmal beim Abschluss
Nach jeder Zahlung sowie beim Abschluss für noch offene Positionen	Nur beim Abschluss für alle Geschäftsfälle während der Rechnungsperiode

Konten	
Im Konto, auf dem das Grundgeschäft erfasst ist.	Im Konto (Fremdwährungs-) Kursdifferenzen
Die Kursdifferenz wird in dem Konto verbucht, in welchem bereits die Rechnung erfasst wurde (z. B. Wareneinkauf, Warenverkauf, Maschinen, Wertschriften). So korrigiert die Kursdifferenz die erste provisorische Eintragung. Das Konto enthält nun jenen Betrag, der wirklich bezahlt wurde bzw. beim Abschluss bilanziert wird.	Dieses Konto erfasst die Kursgewinne und -verluste. Dadurch wird der ursprünglich in Schweizer Franken ermittelte Betrag aus dem Grundgeschäft nicht durch Kursschwankungen beeinflusst. Die Kursdifferenzen werden als Finanzrisiko betrachtet und sind Teil des Finanzaufwandes bzw. -ertrages.[1]

Kursdifferenzen aufgrund sehr grosser Kursänderungen können als ausserordentlicher Aufwand bzw. Ertrag erfasst werden.

[1] Kursgewinne und -verluste können (trotz Verrechnungsverbot) in einem Konto zusammengefasst werden, wenn sie das gleiche Grundgeschäft betreffen. Für jedes Grundgeschäft sollten separate Kursdifferenzenkonten geführt werden.

164 Buchungsmethoden

Das Gesetz bestimmt nicht, wie die Fremdwährungen zu erfassen sind. Deshalb kommen in der Praxis verschiedene Methoden vor. Die drei häufigsten sind:❶

	Vierspalten-Fremdwährungskonto	Ordentliche Erfassung❷	Offenposten-Buchhaltung❷
Merkmal	Neben der einheimischen Währung werden auch die Fremdwährungen erfasst.	Es wird nur die einheimische Währung erfasst.	
Kontoführung und Buchungstechnik	Das Fremdwährungskonto hat zwei Spalten (Soll/Haben) für die fremde und zwei Spalten (Soll/Haben) für die einheimische Währung. Die Spalten für die Fremdwährung sind Vorspalten.	Die Konten Debitoren und Kreditoren werden laufend nachgeführt. Die Rechnungen, Retouren, Rabatte, Skonti und Zahlungen werden verbucht.	Die Konten Debitoren und Kreditoren sind ruhende Konten. Es werden nur die Zahlungen verbucht.
Buchungen	Die Buchungen erfolgen nur in einheimischer Währung.		
Kursdifferenzen	ja	ja	nein

❶ Daneben gibt es noch weitere Methoden, z.B. die Erfassung der Fremdwährungen mit einem Valutaausgleichskonto oder mit einem Valutapositions- und einem Umwandlungskonto.
❷ Siehe Kapitel 4, Abschnitt 42, Zwei Erfassungsmethoden der Kreditgeschäfte.

Beispiel **Drei Erfassungsmethoden**

Ausgangslage

Der Geschäftsverkehr betrifft nur Lieferungen aus Deutschland.
Folgende Euro-Umrechnungskurse stehen zur Verfügung:

Bilanzkurs	
Eröffnung	1.62
Abschluss	1.61

Buchkurs	
Rechnungen, Rabatte, Skonti	1.60

Tageskurs	
Überweisung (Nr. 2)	1.63
Überweisung (Nr. 5)	1.59

Dieses Beispiel wird nach den drei Buchungsmethoden gelöst.

Buchungstatsachen

1	Eröffnung : Anfangsbestand	EUR 2 000.–
2	Banküberweisung	EUR 2 000.–
3	Rechnung	EUR 1 500.–
4	Rabatt und Skonto	EUR 300.–
5	Banküberweisung	EUR 1 200.–
6	Rechnung	EUR 3 400.–
7	Abschluss : Schlussbestand	EUR 3 400.–
8	Eröffnung : Anfangsbestand	

Vierspalten-Fremdwährungskonto

Die ersten zwei Spalten (Soll/Haben) erfassen die Fremdwährungsbeträge und haben den Charakter von Vorspalten. Die zwei Hauptspalten (Soll/Haben) enthalten die in Schweizer Franken umgerechneten Beträge, die für die Buchhaltung massgebend sind.

Buchungen

Variante I: Die Kursdifferenzen werden laufend verbucht.   CHF

Nr.		Soll	Haben	CHF
1		Eröffnungsbilanz	/ Lieferanten EUR	3 240.–
2	a	Lieferanten EUR	/ Bank	3 260.–
	b	Wareneinkauf ❶	/ Lieferanten EUR	20.–
3		Wareneinkauf	/ Lieferanten EUR	2 400.–
4		Lieferanten EUR	/ Wareneinkauf	480.–
5	a	Lieferanten EUR	/ Bank	1 908.–
	b	Lieferanten EUR	/ Wareneinkauf ❶	12.–
6		Wareneinkauf	/ Lieferanten EUR	5 440.–
7	a	Wareneinkauf ❶	/ Lieferanten EUR	34.–
	b	Lieferanten EUR	/ Schlussbilanz	5 474.–
8		Eröffnungsbilanz	/ Lieferanten EUR	5 474.–

❶ oder Kursdifferenzen (auf Wareneinkäufen)

Kontoführung

Nr.	Text	Kurs	Lieferanten EUR			
			EUR		CHF	
1	Eröffnung: Anfangsbestand	1.62		2 000		3 240
2 a	Banküberweisung	1.63	2 000		3 260	
b	Kursdifferenz	–				20
3	Rechnung	1.60		1 500		2 400
4	Rabatt und Skonto	1.60	300		480	
5 a	Banküberweisung	1.59	1 200		1 908	
b	Kursdifferenz	–				12
6	Rechnung	1.60		3 400		5 440
7 a	Abschluss: Kursdifferenz					34
b	Schlussbestand	1.61	3 400		5 474	
			6 900	6 900	11 134	11 134
8	Eröffnung: Anfangsbestand	1.61		3 400		5 474

Gesamte Kursdifferenz:

2	b	Kursverlust	– 20.–
5	b	Kursgewinn	12.–
7	a	Kursverlust	– 34.–
		Kursverlust total	– 42.–

Buchungen

Variante II: Die Kursdifferenzen werden einmal gesamthaft
beim Abschluss verbucht.

				CHF
1	Eröffnungsbilanz		/ Lieferanten EUR	3 240.–
2	a Lieferanten EUR		/ Bank	3 260.–
	b –			
3	Wareneinkauf		/ Lieferanten EUR	2 400.–
4	Lieferanten EUR		/ Wareneinkauf	480.–
5	a Lieferanten EUR		/ Bank	1 908.–
	b –			
6	Wareneinkauf		/ Lieferanten EUR	5 440.–
7	a Wareneinkauf❶		/ Lieferanten EUR	42.–
	b Lieferanten EUR		/ Schlussbilanz	5 474.–
8	Eröffnungsbilanz		/ Lieferanten EUR	5 474.–

❶ oder Kursdifferenzen (auf Wareneinkäufen)

Kontoführung

			Lieferanten EUR			
Nr.	Text	Kurs	EUR		CHF	
1	Eröffnung: Anfangsbestand	1.62		2 000		3 240
2 a	Banküberweisung	1.63	2 000		3 260	
b	–	–				
3	Rechnung	1.60		1 500		2 400
4	Rabatt und Skonto	1.60	300		480	
5 a	Banküberweisung	1.59	1 200		1 908	
b	–	–				
6	Rechnung	1.60		3 400		5 440
7 a	Abschluss: Kursverlust total					42
b	Schlussbestand	1.61	3 400		5 474	
			6 900	6 900	11 122	11 122
8	Eröffnung: Anfangsbestand	1.61		3 400		5 474

Ordentliche Erfassung (ohne Fremdwährungskonto)

Variante I: Die Kursdifferenzen werden laufend verbucht.

Buchungen — **Kontenführung**

Nr.	Buchung		Text	Kurs	Betrag (in CHF)	Lieferanten EUR (in CHF)		Wareneinkauf	
1	Eröffnungsbilanz	Lieferanten EUR	Anfangsbestand	1.62	3 240.–		3 240		
2 a	Lieferanten EUR	Bank	Überweisung	1.63	3 260.–	3 260			
b	Wareneinkauf ❶	Lieferanten EUR	Kursdifferenz	–	20.–		20	20	
3	Wareneinkauf	Lieferanten EUR	Rechnung	1.60	2 400.–		2 400	2 400	
4	Lieferanten EUR	Wareneinkauf	Rabatt, Skonto	1.60	480.–	480			480
5 a	Lieferanten EUR	Bank	Überweisung	1.59	1 908.–	1 908			
b	Lieferanten EUR	Wareneinkauf ❶	Kursdifferenz	–	12.–	12			12
6	Wareneinkauf	Lieferanten EUR	Rechnung	1.60	5 440.–		5 440	5 440	
7 a	Wareneinkauf ❶	Lieferanten EUR	Kursdifferenz	–	34.–		34	34	
b	Lieferanten EUR	Schlussbilanz	Schlussbestand	1.61	5 474.–	5 474			
	Erfolgsrechnung	Wareneinkauf	Saldo	–	7 402.–				7 402
						11 134	11 134	7 894	7 894
8	Eröffnungsbilanz	Lieferanten EUR	Anfangsbestand	1.61	5 474.–		5 474		

Variante II: Die Kursdifferenzen werden einmal gesamthaft beim Abschluss verbucht.

Buchungen — **Kontenführung**

Nr.	Buchung		Text	Kurs	Betrag (in CHF)	Lieferanten EUR (in CHF)		Wareneinkauf	
1	Eröffnungsbilanz	Lieferanten EUR	Anfangsbestand	1.62	3 240.–		3 240		
2	Lieferanten EUR	Bank	Überweisung	1.63	3 260.–	3 260			
3	Wareneinkauf	Lieferanten EUR	Rechnung	1.60	2 400.–		2 400	2 400	
4	Lieferanten EUR	Wareneinkauf	Rabatt, Skonto	1.60	480.–	480			480
5	Lieferanten EUR	Bank	Überweisung	1.59	1 908.–	1 908			
6	Wareneinkauf	Lieferanten EUR	Rechnung	1.60	5 440.–		5 440	5 440	
7 a	Wareneinkauf ❶	Lieferanten EUR	Kursdifferenz	–	42.–		42	42	
b	Lieferanten EUR	Schlussbilanz	Schlussbestand	1.61	5 474.–	5 474			
	Erfolgsrechnung	Wareneinkauf	Saldo	–	7 402.–				7 402
						11 122	11 122	7 882	7 882
8	Eröffnungsbilanz	Lieferanten EUR	Anfangsbestand	1.61	5 474.–		5 474		

❶ oder Kursdifferenzen (auf Wareneinkäufen)

Offenposten-Buchhaltung[1]

Für den Kreditverkehr werden keine Debitoren- und Kreditoreneinzelkonten geführt.

Der Kreditverkehr wird wie folgt erfasst:

- Für die Kunden bzw. Lieferanten werden je zwei «Ordner» geführt.
  Im ersten Ordner werden alle offenen (unbezahlten) Rechnungen abgelegt.
  Im zweiten befinden sich alle bezahlten Rechnungen.
- Die Aus- und Eingangsrechnungen werden nicht verbucht, sondern nur im Ordner für offene Rechnungen abgelegt.
- Bei der Zahlung wird der Ein- bzw. Verkauf (wie ein Bargeschäft) zum Tageskurs verbucht. Die Rechnungen werden als bezahlt gekennzeichnet und im Ordner für bezahlte Rechnungen abgelegt.
- Beim Abschluss wird der Bestand an offenen Rechnungen (bewertet zum Bilanzkurs) mit dem Anfangsbestand an offenen Rechnungen verglichen. Da das Bestandeskonto als ruhendes Konto geführt wird, muss die Zu- oder Abnahme mit einer Korrekturbuchung berichtigt werden.

Buchungen   **Kontenführung**

Nr.	Buchung		Text	Kurs	Betrag	Lieferanten EUR (in CHF)		Wareneinkauf	
1	Eröffnungsbilanz	Lieferanten EUR	Eröffnung Anfangsbestand	1.62	3 240.–		3 240		
2	Wareneinkauf	Bank	Überweisung	1.63	3 260.–			3 260	
3	–	–	Rechnung	–	–				
4	–	–	Rabatt	–	–				
5	Wareneinkauf	Bank	Überweisung	1.59	1 908.–			1 908	
6	–	–	Rechnung	–	–				
7	Wareneinkauf	Lieferanten EUR	Abschluss Zunahme Kreditoren	–	2 234.–		2 234	2 234	
	Lieferanten EUR	Schlussbilanz	Schlussbestand	1.61	5 474.–	5 474			
	Erfolgsrechnung	Wareneinkauf	Saldo für ER	–	7 402.–				7 402
						5 474	5 474	7 402	7 402
8	Eröffnungsbilanz	Lieferanten EUR	Eröffnung Anfangsbestand CHF	1.61	5 474.–		5 474		

[1] Siehe Kapitel 4, Abschnitt 42, Zwei Erfassungsmethoden der Kreditgeschäfte, Offenposten-Buchhaltung.

17 Wertschriften und Beteiligungen

171 Begriffe

Häufig werden die Begriffe Wertpapiere, Wertschriften und Effekten als gleichwertige Begriffe verwendet. Das ist aber nicht zwingend so, wie folgende Darstellung zeigt:

Wertpapiere (OR 965)
Als Wertpapier gilt jede Urkunde, mit der ein Recht derart verknüpft ist, dass es ohne die Urkunde weder geltend gemacht noch auf andere übertragen werden kann.

Effekten [2]
Als Effekten gelten alle Wertschriften, die fungibel (vertretbar) sind, d.h. es sind Papiere, die der Gattung nach bestimmt sind (Massenpapiere).

Wertschriften
Als Wertschriften gelten alle Wertpapiere, die (normalerweise) einen Ertrag abwerfen. [1]

[1] Genossenschaftsanteile gehören auch zu den Wertschriften, obwohl sie keine Wertpapiere sind.
[2] Zum Börsenhandel zugelassene Effekten werden als kotierte Effekten bezeichnet.

Der Posten Wertschriften beinhaltet also nur einen bestimmten Teil der Wertpapiere.
Dazu gehören die verschiedenen Obligationenarten (Gläubigerpapiere) sowie Aktien und Partizipationsscheine (Teilhaberpapiere).
Nicht dazu gehören z.B. Check, Wechsel und Konnossement (Seefrachtbrief), da sie keinen Ertrag abwerfen.

Weil Wertpapiere heute oft nur noch elektronisch erfasst werden, werden sie auch als Wertrechte bezeichnet.

172 Konten

Wertschriften sind eine von verschiedenen möglichen Finanzanlagen. In der folgenden Tabelle werden vier Bilanzposten verglichen, die zu den Finanzanlagen zählen.

		Finanzanlag...
Bestandeskonten		
Bezeichnung	Wertschriften (-bestand)	Kurzfristige Finanzanlagen
Beispiele	Aktien Partizipationsscheine Obligationen	Festgeldanlagen Treuhandanlagen Geldmarktpapiere Derivative Finanzinstrumente (z. B. Optionen, Futures)❶
Absicht des Anlegers	Anlage nicht benötigter flüssiger Mittel Liquiditätsreserve Kursspekulation	
Kontengruppe	Umlaufvermögen, falls leicht realisierbar (z. B. kotiert); Anlagevermögen, falls schwer realisierbar❸	Umlaufvermögen
Aktienrechtliche Höchstbewertung	OR 667/1: mit Kurswert❹; Durchschnittskurs des Monats vor Abschluss OR 667/2: ohne Kurswert; Anschaffungswert	Es existieren keine aktienrechtlichen Bewertungsvorschriften.❶
Erfolgskonten		
Allgemeine Bezeichnung		Finanzaufwand und Finanzertrag
Differenzierte Bezeichnungen	Wertschriftenerfolg❺ oder Wertschriftenaufwand❻/ Wertschriftenertrag❻	Erfolg aus kurzfristigen Finanzanlagen❺ oder Aufwand/Ertrag aus kurzfristigen Finanzanlagen

❶ Buchführung, Bewertung und Ausweis von derivativen Finanzinstrumenten, siehe Carlen/Gianini/Riniker: Finanzbuchhaltung 2, Sonderfälle der Finanzbuchhaltung, Kapitel 6, Derivative Finanzinstrumente.
❷ Auch ein Stimmenanteil von weniger als 20% kann eine Beteiligung darstellen, wenn damit ein massgeblicher Einfluss (z. B. Verwaltungsratssitz) verbunden ist (OR 665a/2).
❸ Kann auch unter «Übrigen Finanzanlagen» bilanziert werden.
❹ Börslich (kotierte) oder regelmässig ausserbörslich gehandelte Titel
❺ Wegen des Verrechnungsverbots (OR 662a/2, Ziffer 6) ist für Gesellschaften, die dem Aktienrecht unterstehen, die Zusammenfassung von Aufwand und Ertrag in einem Erfolgskonto nicht zulässig. Werden Aufwand und Ertrag trotzdem zusammengefasst, ist dies im Anhang der Jahresrechnung darzulegen (OR 662a/3) und (falls wesentlich) die Zusammensetzung des Erfolgs im Anhang auszuweisen.
Auch für die anderen Unternehmungsformen ist die Zusammenfassung in einem Erfolgskonto wegen des Prinzips der Klarheit (OR 959) problematisch.
❻ Weitere Unterteilungen sind möglich (z. B. Kursgewinne und -verluste).

eteiligungen	Übrige Finanzanlagen
ktienpaket (OR 665a/3: mindestens 20% der Aktien- immen❷)	Aktivdarlehen Aktivhypothek
eherrschung einer Unternehmung nflussnahme auf die Geschäftstätig- eit	Kreditgewährung Langfristige Nominalwertanlagen
nlagevermögen	Anlagevermögen
R 665 und 665a/1: Anschaffungs- ert	OR 665 und 665a/1: Nennwert

eteiligungserfolg❺ oder eteiligungsaufwand❻/ eteiligungsertrag❻	Erfolg aus übrigen Finanzanlagen❺ oder Aufwand/Ertrag aus übrigen Finanzanlagen

173 Buchungsmethoden

Käufe und Verkäufe können wie folgt verbucht werden:

		Buchungsmethoden		
Erfassung im Konto	Wertschriften-bestand	Endbetrag der Bankabrechnung ❶	Kurswert und Spesen	Kurswert ❷
	Wertschriften-ertrag	–	Marchzins	Marchzins
	Wertschriften-aufwand	–	–	Spesen

❶ Wegen des Verrechnungsverbots (OR 662a/2, Ziffer 6) ist diese Methode für Gesellschaften, die dem Aktienrecht unterstehen, problematisch.

❷ Wenn das Konto Wertschriftenbestand immer den **Kaufkurswert** der vorhandenen Wertschriften zeigen soll, so ist auch ein Konto Wertberichtigung Wertschriften zu führen. Das Wertberichtigungskonto enthält dann die Differenz zwischen dem Kaufkurswert und dem Bilanzwert. Der Bilanzwert entsteht durch die Bewertung beim Jahresabschluss.
(Ein Beispiel mit einem Konto Wertberichtigung Wertschriften finden Sie im übernächsten Abschnitt 175; Beispiel 2.)

Beispiel 1 **Verbuchung eines Obligationenkaufs**

Bankabrechnung	
Fr. 10 000.– nom., 6%-Obligation zum Kurs von 105	Fr. 10 500.–
+ Marchzins	Fr. 100.–
Schlusswert	Fr. 10 600.–
+ Spesen	Fr. 50.–
Endbetrag	Fr. 10 650.–

		Buchungsmethoden		
Erfassung im Konto	Wertschriften-bestand	Wertschriften-bestand / Bank 10 650.–	Wertschriften-bestand / Bank 10 550.–	Wertschriften-bestand / Bank 10 500.–
	Wertschriften-ertrag	–	Wertschriften-ertrag / Bank 100.–	Wertschriften-ertrag / Bank 100.–
	Wertschriften-aufwand	–	–	Wertschriften-aufwand / Bank 50.–

Beispiel 2 Vergleich von zwei Buchungsmethoden

Endbetrag laut Bankabrechnung

Datum	Geschäftsfälle			Buchungen		Betrag	Wertschriften-bestand		Wertschriften-erfolg	
01.01.	Anfangsbestand					0.–	0			
15.03.	Die Bank kauft: 5 G-Aktien, 1000.– nom.,									
	Kurs 3000.– ❶	Fr.	15 000.–							
	+ Spesen ❷	Fr.	150.–							
		Fr.	15 150.–	Wertschriftenbest.	Bank	15 150.–	15 150			
30.03.	Die Bank kauft: 20 000.–, 4½%-Obligationen Kanton Uri, Zinstermin									
	30.06., Kurs 100.50 ❶	Fr.	20 100.–							
	+ Marchzins ❸	Fr.	675.–							
	+ Spesen ❷	Fr.	208.–							
		Fr.	20 983.–	Wertschriftenbest.	Bank	20 983.–	20 983			
30.04.	Die Bank schreibt die Nettodividende der Aktien gut (Dividendensatz 20%).									
	Bruttodividende ❹	Fr.	1 000.–							
	– Verrechnungssteuer (35%)	Fr.	350.–	Debitor VST	Wertschriftenerfolg	350.–			350	
	Nettodividende (65%)	Fr.	650.–	Bank	Wertschriftenerfolg	650.–			650	
30.06.	Die Bank schreibt den Nettozins der Obligationen gut.									
	Bruttozins ❹	Fr.	900.–							
	– Verrechnungssteuer (35%)	Fr.	315.–	Debitor VST	Wertschriftenerfolg	315.–			315	
	Nettozins (65%)	Fr.	585.–	Bank	Wertschriftenerfolg	585.–			585	
30.08.	Die Bank belastet die Depotgebühren von Fr. 100.–.			Wertschriftenerfolg	Bank	100.–		100		
25.09.	Die Bank verkauft: 2 G-Aktien Fr. 1000.– nom.,									
	Kurs 3100.– ❶	Fr.	6 200.–							
	– Spesen ❷	Fr.	100.–							
		Fr.	6 100.–	Bank	Wertschriftenbest.	6 100.–		6 100		
	Übertrag						36 133	6 100	100	1 900

164

Kontenführung zum Kaufpreis

Kurswert

Buchungen		Betrag	Wertschriften-bestand		Wertschriften-aufwand		Wertschriften-ertrag		Transitorische Aktiven	
			0						0	
Wertschriftenbestand	Bank	15 000.–	15 000							
Wertschriftenaufwand	Bank	150.–			150					
Wertschriftenbestand	Bank	20 100.–	20 100							
Wertschriftenertrag	Bank	675.–					675			
Wertschriftenaufwand	Bank	208.–			208					
Debitor VST	Wertschriftenertrag	350.–					350			
Bank	Wertschriftenertrag	650.–					650			
Debitor VST	Wertschriftenertrag	315.–					315			
Bank	Wertschriftenertrag	585.–					585			
Wertschriftenaufwand	Bank	100.–			100					
Bank	Wertschriftenbestand	6 200.–		6200						
Wertschriftenaufwand	Bank	100.–			100					
			35 100	6 200	558	0	675	1 900	0	0

Datum	Geschäftsfälle	Buchungen		Betrag	Wertschriften-bestand		Wertschriften-erfolg	
	Übertrag				36 133	6 100	100	1 900
31.12.	Abschluss Wertschriftenbestand							
	Bewertung❺ der Wertschriften							
	– 3 G Aktien,							
	1000.– nom.,							
	Kurs 3200.– Fr. 9 600.–							
	– 20 000.–,							
	4½% Oblig.							
	Kanton Uri							
	Kurs 101.– Fr. 20 200.– Fr. 29 800.–							
	Zinstermin 30.06.,							
	Marchzins❻ Fr. 450.–							
	Inventarwert Fr. 30 250.–	Schlussbilanz	Wertschriftenbest.	30 250.–		30 250		
	Abschluss Trans. Aktiven	–	–	–				
	Bewertungs-/Kursdifferenz	Wertschriftenbest.	Wertschriftenerfolg	217.–❼	217			217
	Abschluss – Wertschriftenerfolg	Wertschriftenerfolg	Erfolgsrechnung	2 017.–			2 017	
	– Wertschriftenaufwand							
	– Wertschriftenertrag							
					36 350	36 350	2 117	2 117

Der Marchzins wird im Wertschriftenbestand erfasst.

❶ **Kurs**
Preis für eine Aktie oder eine Obligation
Aktienkurs = Preis in Franken für eine Aktie (Stückpreis)
Obligationenkurs = Preis in Prozent vom Nominalwert (Prozentpreis)

❷ **Spesen**
Beim Kauf werden die Spesen addiert (mehr Kosten).
Beim Verkauf werden die Spesen subtrahiert (weniger Erlös).
Zusammensetzung der Spesen:
Courtage (Bankkommission) + eidg. Umsatzabgabe + Börsenabgabe

❸ **Marchzins bei der Handänderung**
Da der Zins bei der Obligation fest ist, muss der Käufer dem Verkäufer den Marchzins bezahlen (aufgelaufener Zins seit dem letzten Zinstermin: 30.06.–30.03. = 270 Tage).
Am folgenden Zinstermin (30.06.) bekommt der Käufer dafür den Jahreszins (360 Tage) gutgeschrieben. Der Marchzins wird immer addiert. Beim Kauf bedeutet er Mehrkosten. Beim Verkauf ergibt er Mehrerlös.

$$\text{Zins} = \frac{\text{Kapital} \cdot \text{Zinssatz} \cdot \text{Tage}}{100 \cdot 360} = \frac{20\,000 \cdot 4{,}5 \cdot 270}{100 \cdot 360} = \text{Fr. 675.–}$$

Anspruch des Verkäufers 270 Tage

Marchzins

30.06.03 Zinstermin   30.03.04 Handänderung   30.06.04 Zinstermin

Anspruch des Käufers
90 Tage

Jahreszins 360 Tage

Buchungen		Betrag	Wertschriften-bestand		Wertschriften-aufwand		Wertschriften-ertrag		Transitorische Aktiven	
			35 100	6 200	558	0	675	1 900	0	0
Schlussbilanz	Wertschriftenbestand	29 800.–		29 800						
Transitorische Aktiven	Wertschriftenertrag	450.–						450	450	
Schlussbilanz	Transitorische Aktiven	450.–								450
Wertschriftenbestand	Wertschriftenertrag	900.– ❼	900					900		
Erfolgsrechnung	Wertschriftenaufwand	558.–				558				
Wertschriftenertrag	Erfolgsrechnung	2 575.–					2 575			
			36 000	36 000	558	558	3250	3250	450	450

Der Marchzins wird transitorisch erfasst.

❹ **Bruttoertrag**
Bruttodividende: 20% von 5 000.– nom. Fr. 1 000.–
Bruttozins: 4½% von 20 000.– nom. Fr. 900.–
Auf dem Bruttoertrag wird die Verrechnungssteuer abgezogen und der Steuerverwaltung überwiesen. In der nächsten Steuererklärung kann die Verrechnungssteuer zurückgefordert werden.

❺ **Bewertung**
Für die Bewertung sind die handelsrechtlichen Bestimmungen zu beachten. In der Praxis werden häufig, unabhängig von der Rechtsform, die aktienrechtlichen Vorschriften angewandt.

❻ **Marchzins beim Jahresabschluss**
Da auf der Obligation seit dem 30. Juni (180 Tage) der Marchzins aufgelaufen ist, hat sie einen um den Zins höheren Wert. Der Marchzins darf darum beim Wertschriftenbestand oder als Transitorische Aktiven aktiviert werden.

$$\text{Zins} = \frac{20\,000.-\cdot 4{,}5 \cdot 180}{100 \cdot 360} = \text{Fr. } 450.-$$

❼ **Differenz zwischen Inventar- und Buchwert**
217.– = Kursgwinn insgesamt, inkl. Spesen und Marchzins
900.– = Kursgewinn insgesamt ohne Spesen und ohne Marchzins
In der Praxis wird diese Buchung vor dem Übertrag des Saldos des Kontos Wertschriftenbestand in die Schlussbilanz gemacht.

174 Bezugsrechte

Das Recht, neue Aktien aus einer Aktienkapitalerhöhung zu beziehen, steht grundsätzlich den bisherigen Aktionären zu (OR 652b). Jede Aktie verkörpert ein Bezugsrecht. Die Aktionäre können die Bezugsrechte entweder selber ausüben oder verkaufen.

Bei einer Kapitalerhöhung sinkt der Wert der alten Aktien, da normalerweise die neuen unter dem aktuellen Kurs emittiert werden. Der Wert des Bezugsrechts entspricht (rechnerisch) diesem Verlust.

Beispiel   **Buchhalterische Erfassung aus der Sicht des Aktionärs**[1]

Der Börsenkurs eines Bezugsrechts beträgt Fr. 120.–.

	Buchung		Erläuterung
Kauf eines Bezugsrechts	Wertschriftenbestand / Bank	120.–	Der Kauf von Bezugsrechten ist über den Wertschriftenbestand zu buchen, da es sich um einen Bestandteil des Anschaffungswertes der neuen Aktien handelt.
Verkauf eines Bezugsrechts	Bank / Wertschriftenbestand	120.–	Das Bestandeskonto wird sofort berichtigt und entspricht dem (rechnerischen) Kurswert der Aktien nach Aktienkapitalerhöhung.
	oder		
	Bank / Wertschriftenertrag	120.–	Das Bestandeskonto wird erst beim Abschluss korrigiert. Diese Lösung berücksichtigt, dass der (mengenmässige) Bestand an Wertschriften sich nicht verändert.

[1] Aktienkapitalerhöhung aus der Sicht der Gesellschaft siehe Carlen/Gianini/Riniker: Finanzbuchhaltung 3, Höhere Finanzbuchhaltung, Kapitel 2, Abschnitt 26, Aktienkapitalerhöhung.

175 Realisierte und nicht realisierte Kurserfolge

Bei den aktienrechtlichen Bewertungsvorschriften spielt das Realisationsprinzip eine zentrale Rolle. Gewinne sollen erst ausgewiesen werden, wenn sie durch den Verkauf realisiert werden. Eine Ausnahme von dieser Regel macht das Obligationenrecht bei den Wertschriften mit Kurswert. Die folgende Aufstellung zeigt die wesentlichen Unterschiede zwischen realisiertem und nicht realisiertem Kurserfolg.

Merkmale	Realisierter Kurserfolg		Nicht realisierter Kurserfolg (Bucherfolg)	
Entstehungs-grund	Verkauf von Wertschriften		Bewertung von Wertschriften	
Berechnung	Differenz zwischen Kauf- (evtl. Buchwert) und Verkaufswert		Differenz zwischen Kauf- (evtl. Buchwert) und Bilanzwert	
Art der Differenz	Kursverlust	Kursgewinn	Kursverlust	Kursgewinn
Verbuchung	ja, Realisationsprinzip		ja	nein ❶ Imparitätsprinzip

Diese Aufstellung gilt auch für das Steuerrecht. Nicht realisierte Kursgewinne müssen nicht versteuert und deshalb auch nicht verbucht werden.

❶ Gestattet bei Wertschriften mit Kurswert (OR 667).

Beispiel 1 **Analyse des Kurserfolges**

Das Konto Wertschriftenbestand wird zum Kurswert geführt.

Datum	Text	Kurs			Wertschriften-bestand	
01.01.	Anfangsbestand					
	5000.– nom. Obligationen	104.–			5 200	
31.03.	Kauf 20 Aktien F	200.–			4 000	
30.06.	Verkauf 5 Aktien F	190.–				950
31.08.	Kauf 10 Aktien G	1 000.–			10 000	
30.09.	Verkauf 10 Aktien F	202.–				2 020
31.12.	Schlussbestand					
	5000. nom. Obligationen	102.–	Fr.	5 100.–		
	5 Aktien F	185.–	Fr.	925.–		
	10 Aktien G	1 100.–	Fr.	11 000.–		
			Fr.	17 025.–		17 025
	Kursdifferenz total				795	
					19 995	19 995

Bei der ausgewiesenen Kursdifferenz von 795.– kann nichts über die Art des Kurserfolgs gesagt werden. Erst die Analyse gibt darüber Auskunft. Diese Analyse kann der aussenstehende Bilanzleser normalerweise nicht vornehmen.

Analyse der Kursdifferenz	Realisierter Kurserfolg		Nicht realisierter Kurserfolg	
	Verlust	Gewinn	Verlust	Gewinn
Obligationen			100.–	
Aktien F	50.–	20.–	75.–	
Aktien G				1 000.–
Total I	50.–	20.–	175.–	1 000.–
Total II	----------	– 30.–	----------------	+ 825.–	----------
Kursdifferenz total	--	+ 795.–	--

Beispiel 2 Ausweis der realisierten und nicht realisierten Kurserfolge in der Buchhaltung

Ausgangslage

Folgende Konten stehen zur Verfügung:

Wertschriften-bestand	Wertschriften werden beim Kauf zum Kurswert (ohne Spesen und Marchzinsen) gebucht. Der Saldo zeigt immer den Kaufkurswert der noch vorhandenen Wertschriften.
Wertberichtigung Wertschriften❶	Das Konto enthält die Differenz zwischen dem Kaufkurswert und dem Bilanzwert.
Transitorische Aktiven❶	Der Marchzins wird beim Abschluss transitorisch gebucht.

Weitere Konten Realisierte Kursdifferenzen
Nicht realisierte Kursdifferenzen
Übriger Wertschriftenaufwand
Übriger Wertschriftenertrag

❶ In diesem Beispiel werden die beiden Konten ruhend geführt.

Buchungstatsachen

01.01. Eröffnung

Titel	Zinssatz	Zins-termin	Nominal/Stück	Kauf-kurs	Kauf-kurswert	Bilanz-kurs	Bilanzwert	Wert-berichtigung	Transit. Aktiven
Obl. X	5	30.09.	60 000.–	100.–	60 000.–	99.–	59 400.–	H 600.–	750.–
Obl. Y	6	30.04.	50 000.–	104.–	52 000.–	102.–	51 000.–	H 1 000.–	2 000.–
Aktien Z	–	–	100 zu 100.–	300.–	30 000.–	280.–	28 000.–	H 2 000.–	–
					142 000.–		138 400.–	H 3 600.–	2 750.–

15.03.	Verkauf 30 Aktien Z zum Kurs von 320.–	9 600.–
	– Spesen	114.–
	Bankgutschrift	9 486.–

30.04.	6% Bruttozins auf Obligationen Y (50 000.– nom.)	3 000.–
	– 35% Verrechnungssteuer	1 050.–
	Nettozins	1 950.–

30.05.	10% Bruttodividende auf Aktien Z (70 zu 100.– nom.)	700.–
	– 35% Verrechnungssteuer	245.–
	Nettodividende	455.–

30.06.	Kauf 10 000.– nom. Obligationen X zum Kurs von 98.–	9 800.–
	+ Marchzins	375.–
	+ Spesen	95.–
	Bankbelastung	10 270.–

30.09.	5% Bruttozins auf Obligationen X (70 000.– nom.)	3 500.–
	– 35% Verrechnungssteuer	1 225.–
	Nettozins	2 275.–

31.12. Abschluss

Titel	Zinssatz	Zins-termin	Nominal/Stück	Kauf-kurs	Kauf-kurswert	Bilanz-kurs	Bilanzwert	Wert-berichtigung	Transit. Aktiven
Obl. X	5	30.09.	70 000.–	100.–/98.–	69 800.–	97.–	67 900.–	H 1 900.–	875.–
Obl. Y	6	30.04.	50 000.–	104.–	52 000.–	101.–	50 500.–	H 1 500.–	2 000.–
Aktien Z	–	–	70 zu 100.–	300.–	21 000.–	310.–	21 700.–	S 700.–	–
					142 800.–		140 100.–	H 2 700.–	2 875.–

Buchungen und Kontoführung

Datum	Buchung		Betrag	Wertschriften-bestand		Wertberichtigung Wertschriften	
01.01.	Eröffnung			142 000			3 600
15.03. ❶	Bank	Wertschriftenbestand	9 000.–		9 000		
	Bank	Realisierte Kursdiff.	600.–				
	Übriger Wertschriften-aufwand	Bank	114.–				
30.04.	Bank	Übriger Wertschriftenertrag	1 950.–				
	Debitor Verrechnungssteuer	Übriger Wertschriftenertrag	1 050.–				
30.05.	Bank	Übriger Wertschriftenertrag	455.–				
	Debitor Verrechnungssteuer	Übriger Wertschriftenertrag	245.–				
30.06.	Wertschriftenbestand	Bank	9 800.–	9 800			
	Übriger Wertschriftenaufwand	Bank	95.–				
	Übriger Wertschriftenertrag	Bank	375.–				
30.09.	Bank	Übriger Wertschriftenertrag	2 275.–				
	Debitor Verrechnungssteuer	Übriger Wertschriftenertrag	1 225.–				
31.12. ❷	Wertberichtigung Wertschriften	Nicht realisierte Kursdifferenz	900.–			900	
❸	Transitorische Aktiven	Übriger Wertschriftenertrag	125.–				
	Abschluss				142 800	2 700	
				151 800	151 800	3 600	3 600

❶ Kaufkurswert   30 · 300.–   = 9 000.–
   Verkaufskurswert   30 · 320.–   = 9 600.–
   Realisierter Kursgewinn   600.–

❷ Wertberichtigung Wertschriften
   Anfangsbestand   3 600.–
   Endbestand   2 700.–
   Verminderung   900.–

❸ Transitorische Aktiven (Marchzinsen)
   Anfangsbestand   2 750.–   (750.– + 2 000.–)
   Endbestand   2 875.–   (875.– + 2 000.–)
   Erhöhung   125.–

Transitorische Aktiven		Realisierte Kursdifferenzen		Nicht realisierte Kursdifferenzen		Übriger Wertschriftenaufwand		Übriger Wertschriftenertrag	
2 750									
			600						
						114			
									1 950
									1 050
									455
									245
						95			
									375
									2 275
									1 225
						900			
125									125
	2 875	600		900			209	6 950	
2 875	2 875	600	600	900	900	209	209	7 325	7 325

176 Eigene Wertschriften

Eigene Aktien und Partizipationsscheine[1]

Erwerb

Mit dem Erwerb eigener Aktien und Partizipationsscheinen kauft die Gesellschaft Anteile, deren Wert durch die eigenen Aktiven verkörpert wird. Aus finanzwirtschaftlicher Sicht ist es durchaus sinnvoll, einer Gesellschaft die Möglichkeit offen zu halten, eigene Aktien zu erwerben (z. B. zur Kurspflege, für die Abgabe an Mitarbeiter).

Der Erwerb von eigenen Aktien und Partizipationsscheinen ist de facto eine Rückzahlung von Eigenkapital. Um Missbräuche zu verhindern, erlaubt das Aktienrecht den Erwerb eigener Aktien und Partizipationsscheine deshalb nur mit folgenden Einschränkungen (OR 663b, 659–659b).

> Bei den eigenen Aktien sind das Stimmrecht und die damit verbundenen Rechte ausgeschlossen.
> Der Anhang der Jahresrechnung muss Angaben über den Erwerb, die Veräusserung und die Anzahl der gehaltenen eigenen Aktien enthalten.

> Es muss frei verwendbares Eigenkapital (z. B. freie Reserven, Bilanzgewinn) in der Höhe des Anschaffungswertes vorhanden sein.

Einschränkungen

> Ein dem Anschaffungswert entsprechender Betrag muss gesondert als Reserve für eigene Aktien ausgewiesen werden.

> Der Nennwert der eigenen Aktien darf 10% des Aktienkapitals nicht überschreiten. (Ausnahmsweise dürfen bis zu 20% des Aktienkapitals erworben werden, falls dies als Folge von Vinkulierungsvorschriften geschieht. Die über 10% hinaus erworbenen Aktien sind innert zweier Jahre zu veräussern oder durch Kapitalherabsetzung zu vernichten.)
> Für die Berechnung des Bestandes an eigenen Aktien zählen auch die durch Tochtergesellschaften erworbenen Titel, sofern die Mutter an der Tochter eine Mehrheitsbeteiligung hält.

---

[1] Der Erwerb eigener Stammanteile bei der GmbH ist grundsätzlich gleich geregelt wie bei der AG.

Veräusserung und Vernichtung

Die Reserve für eigene Aktien und Partizipationsscheine kann lediglich bei Veräusserung oder Vernichtung von Aktien und Partizipationsscheinen im Umfang der Anschaffungswerte aufgehoben werden (OR 671a).

Steuerliche Aspekte des Über-pari-Erwerbs

Kauf eigener Beteiligungsrechte zwecks sofortiger Kapitalherabsetzung (Teilliquidation)
Werden eigene Beteiligungsrechte zwecks sofortiger Kapitalherabsetzung über pari zurückgekauft, so unterliegt die Differenz zwischen dem Erwerbspreis (= Rückkaufspreis) und dem einbezahlten Nennwert der Verrechnungssteuer. Diese Differenz entspricht einer Reserven- bzw. aufgeschobenen Gewinnausschüttung.

Da die Verrechnungssteuer vom Erwerbspreis abgezogen wird, handelt es sich bei der Reservenauszahlung um eine Bruttoausschüttung. Für die Berechnung der Verrechnungssteuer beträgt die Reservenausschüttung 100% (Bruttomethode). ❶

Kauf eigener Beteiligungsrechte aus anderen Gründen
Werden eigene Beteiligungsrechte im Rahmen von OR 659 gekauft, ohne anschliessend das Kapital herabzusetzen (z. B. zur Kurspflege), so unterliegt die Differenz zwischen dem Erwerbspreis und dem einbezahlten Nennwert nur dann der Verrechnungssteuer, wenn die Beteiligungsrechte später doch noch zwecks Kapitalherabsetzung vernichtet oder nicht innerhalb von 6 Jahren ❷ wieder veräussert werden.

Da im Zeitpunkt des Erwerbs keine Verrechnungssteuer erhoben wird, entspricht die Reservenauszahlung einer Nettoausschüttung. Ist aus den genannten Gründen die Verrechnungssteuer später doch noch abzuliefern, beträgt für die Berechnung der Verrechnungssteuer die Reservenausschüttung 65% (Nettomethode).

---

❶ Siehe auch Carlen/Gianini/Riniker: Finanzbuchhaltung 3, Höhere Finanzbuchhaltung, Kapitel 6, Abschnitt 63, Sanierungsmassnahmen.
❷ Für die Abgeltung von Rechten aus Wandel- und Optionsanleihen sowie Mitarbeiterbeteiligungsplänen steht diese Frist bis zum Erlöschen dieser Rechte still, im Fall von Mitarbeiterbeteiligungsplänen jedoch längstens 6 Jahre.

Beispiel   **Erwerb, Verkauf und Vernichtung eigener Aktien**

Ausgangslage

Der Verwaltungsrat der Sanrocco SA beabsichtigt, eigene Aktien zu erwerben und in einem späteren Zeitpunkt, je nach Geschäftsgang, wieder zu verkaufen oder zu vernichten.

Buchungstatsachen

1   Erwerb von 200 Aktien (Fr. 200.– nom.) zum Kurs von Fr. 235.–
2   Verkauf (innert Jahresfrist) von 70 Aktien zum Kurs von Fr. 280.–
3   Vernichtung von 130 Aktien

Buchungen

1	Eigene Aktien ❶	/ Liquide Mittel	Kauf	47 000.–	(200 · 235.–)
	Freie Reserven	/ Reserven für eigene Aktien	Umbuchung Reserven	47 000.–	(200 · 235.–)
2	Bank	/ Eigene Aktien	Verkaufserlös	19 600.–	(70 · 280.–)
	Eigene Aktien	/ Wertschriftenertrag	Gewinn	3 150.–	(70 · 45.–)
	Reserven für eigene Aktien	/ Freie Reserven	Umbuchung Reserven	16 450.–	(70 · 235.–)
3	Aktienkapital	/ Eigene Aktien	Aktienkapitalherabsetzung	26 000.–	(130 · 200.–)
	Reserven für eigene Aktien	/ Freie Reserven	Umbuchung Reserven	30 550.–	(130 · 235.–)
	Freie Reserven	/ Eigene Aktien	Reserveausschüttung Nettodividende	4 550.–	(130 · 35.–) → 65%
	Freie Reserven	/ Kreditor VST	Verrechnungssteuer	2 450.–	← 35%

❶   Das OR schreibt für die eigenen Aktien kein eigenes Konto vor. Sie können z. B. auch im Konto Wertschriften entweder im Umlaufvermögen (mit Kurswert) oder im Anlagevermögen (ohne Kurswert) erfasst werden. Gemäss Swiss GAAP FER, IFRS und US GAAP müssen eigene Aktien als Abzugsposten beim Eigenkapital aufgeführt werden. Dies ist auch gemäss OR möglich.

Eigene Obligationen

Der Erwerb eigener, nicht fälliger Obligationen unterliegt keiner gesetzlichen Einschränkungen, da nicht das Eigenkapital (Risikokapital), sondern das Fremdkapital vermindert wird. Die eigenen Obligationen können aktiviert oder vernichtet werden.

Beispiel **Erwerb eigener Obligationen**

Ausgangslage

Die Cari-Holzhack AG hatte vor einigen Jahren eine Obligationenanleihe von Fr. 500 000.– (100 Obligationen zu Fr. 5000.– Nennwert) emittiert❶.

Die wichtigsten Bedingungen:
- Emissionspreis 100.–
- Zinssatz 5%
- Laufzeit 10 Jahre
- Zinstermin 30.09.

Das Konto Wertschriftenbestand wird zum Kurswert geführt.
Die Cari-Holzhack AG hat bis heute keine eigenen Obligationen gekauft.

Buchungstatsachen

1. a Erwerb von 20 eigenen Obligationen am 30.06. (Spesen nicht berücksichtigen)
   b Marchzins
2. Jahreszins der Obligationenanleihe

Buchungen

		Variante I: Aktivierung (Wertschriftengeschäft)	Variante II: Vernichtung (Vorzeitige Rückzahlung)
1 a	Kaufpreis – Unter pari, 99	Wertschriften- / Bank 99 000.– bestand	Obligationenanleihe / Bank 99 000.– Obligationenanleihe / A.o. Ertrag 1 000.–
	– Zu pari	Wertschriften- / Bank 100 000.– bestand	Obligationenanleihe / Bank 100 000.–
	– Über pari, 102	Wertschriften- / Bank 102 000.– bestand	Obligationenanleihe / Bank 100 000.– A.o. Aufwand / Bank 2 000.–
1 b	Marchzins	Wertschriften- / Bank 3 750.– ❷ ertrag	Obligationenzins- / Bank 3 750.– ❷ aufwand
2	Jahreszins	Obligationen- / Fällige Zinsen 20 000.– zinsaufwand Obligationen- / Wertschriften- 5 000.– Zinsaufwand ertrag	Obligationenzins- / Fällige 20 000.– aufwand Zinsen
		Fällige Zinsen / Kreditor VST 7 000.– ❸	Fällige Zinsen / Kreditor 7 000.– VST

❶ Emission von Obligationenanleihen, siehe Carlen/Gianini/Riniker: Finanzbuchhaltung 3, Höhere Finanzbuchhaltung, Kapitel 3, Abschnitt 33, Obligationenanleihen.
❷ Der Marchzins ist nicht verrechnungssteuerpflichtig.
❸ 35% von Fr. 20000.–, der Zins für eigene Obligationen ist nicht verrechnungssteuerpflichtig.

177 Wertschriftenrendite

Die Rendite entspricht dem während der Anlagedauer durchschnittlich erzielten Jahresertrag in Prozenten des eingesetzten (= investierten) Kapitals (= 100%).

$$\text{Rendite} = \frac{100 \cdot \text{Jahresertrag}}{\text{Eingesetztes Kapital}} = \frac{100 \cdot J}{K}$$

Folgende Faktoren beeinflussen die Rendite:

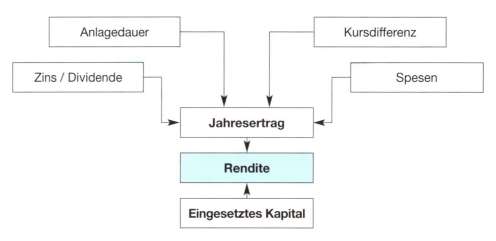

Der Jahresertrag besteht je nach Anlage aus dem Zins, der Dividende und der während der Anlagedauer[1] entstandenen Kursdifferenz. Die Kursdifferenz ergibt sich durch unterschiedliche Wertschriftenkurse (und evtl. Fremdwährungskurse) beim Kauf und Verkauf bzw. beim Verfall. Die Spesen für die Handänderung und die Verwaltung der Wertschriften wirken ertragsmindernd.

Beim eingesetzten Kapital kann auch das durchschnittlich investierte Kapital[2] verwendet werden.

In den folgenden Beispielen bleiben die Spesen unberücksichtigt, und das in der Formel eingesetzte Kapital entspricht dem beim Kauf investierten Betrag.

---

[1] Usanz für die Tageberechnung:
1 Jahr = 360 Tage
1 Monat = 30 Tage

[2] Durchschnitt aus dem Kapital beim Kauf und dem Kapital beim Verkauf bzw. beim Verfall

Beispiel 1 **Rendite von Aktien (mit Kursgewinn, Besitzdauer = 1 Jahr)**

Ausgangslage

Nominalwert je Aktie	50.–	Besitzdauer	1 Jahr
Kaufkurs je Aktie	540.–	Dividende	8%
Verkaufskurs je Aktie	630.–	Anzahl Aktien	1

Berechnung

Jahresertrag

Dividende	4.– ❶
+ Kursgewinn	90.–
Jahresertrag	94.– = J

Eingesetztes Kapital   540.– = K

Rendite $= \dfrac{100 \cdot 94}{540} = \underline{17{,}41\%}$ ❷

❶ 8% vom Nominalwert Fr. 50.–
❷ In der Regel werden die Renditen auf zwei Dezimalstellen genau berechnet.

Beispiel 2 **Rendite von Aktien (mit Kursverlust, Besitzdauer > 1 Jahr)**

Ausgangslage

Nominalwert je Aktie	300.–	Besitzdauer	2 Jahre 5 Monate
Kaufkurs je Aktie	1 620.–	Dividenden je Aktie	39.–, 33.– ❶
Verkaufskurs je Aktie	1 580.–	Anzahl Aktien	10 ❷

Berechnung

Jahresertrag

1. Dividende	39.–
2. Dividende	33.–
– Kursverlust	– 40.–
Ertrag für 29 Monate	32.–
∅ Ertrag für 12 Monate	13.24 = J ❸

Eingesetztes Kapital   1 620.– = K

Rendite $= \dfrac{100 \cdot 13{,}24}{1\,620} = \underline{0{,}82\%}$

❶ Die Dividende wird oft in Franken je Stück angegeben.
❷ Die Berechnung der Aktienrendite erfolgt einfachheitshalber für eine Aktie. Sie kann auch mit allen Aktien berechnet werden. Auf das Ergebnis hat dies keinen Einfluss.
❸ In der Regel wird der Jahresertrag auf zwei Dezimalstellen genau berechnet.

Beispiel 3 **Rendite von Obligationen bei Verkauf**
(mit Kursverlust, Besitzdauer = 1 Jahr)

Ausgangslage

Nominalwert je Obligation	5 000.– ❶	Besitzdauer	1 Jahr
Kaufkurs	103%	Zinssatz	6%
Verkaufskurs	102%	Nennwert total	30 000.– ❶

Berechnung

Jahresertrag	Jahreszins	6.– ❷
	– Jahreskursverlust	– 1.–
	Jahresertrag	5.– = J
Eingesetztes Kapital		103.– ❸ = K
Rendite	$= \dfrac{100 \cdot 5}{103}$	= 4,85%

❶ Die Berechnung der Obligationenrendite erfolgt einfachheitshalber mit Fr. 100.– Nominalwert. Sie kann auch mit dem Nominalwert je Obligation oder dem Nennwert total berechnet werden. Auf das Ergebnis hat dies keinen Einfluss.
❷ 6% vom Nominalwert Fr. 100.–
❸ Das eingesetzte Kapital beträgt 103% von Fr. 100.–.

Beispiel 4 **Rendite von Obligationen auf Verfall**
(mit Kursgewinn, Besitzdauer > 1 Jahr)

Ausgangslage

Nominalwert je Obligation	5 000.–	Besitzdauer	3 Jahre 170 Tage
Kaufkurs	99% am 10. 10. 01	Zinssatz	$4^{3}/_{4}$%
Rückzahlung	zu pari am 31. 03. 05	Nennwert total	70 000.–

Berechnung

Jahresertrag	Jahreszins	4.75
	+ Jahreskursgewinn	0.29 ❶
	⌀ Jahresertrag	5.04 = J
Eingesetztes Kapital		99.– = K
Rendite	$= \dfrac{100 \cdot 5.04}{99}$	= 5,09%

❶ Der Kursgewinn von Fr. 1.– wird während der ganzen Besitzdauer erzielt. Deshalb muss er auf ein Jahr umgerechnet werden.

$$\text{Jahreskursgewinn} = \frac{1 \cdot 360 \text{ Tage}}{1\,250 \text{ Tage}} = \text{Fr. } 0.29$$

18 Immobilien

181 Begriffe

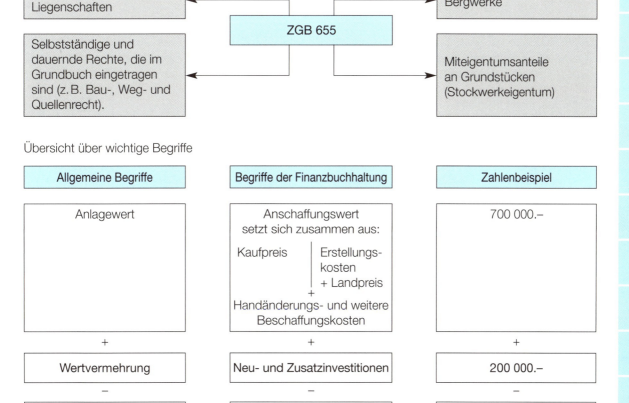

① Immobilien können auch mit anderem Fremdkapital finanziert werden.

182 Bewertung von Grundstücken

Buchwert

Der Buchwert spielt für die Bewertung meistens keine besondere Rolle, da er wegen den Höchstbewertungsvorschriften (OR 665) eher zu tief ausfällt.

Für die Bewertung von Grundstücken, deren Anschaffungswerte nicht mehr aktuell sind, sind folgende Werte wichtig:

Realwert

Der Realwert setzt sich zusammen aus Landwert, Bauwert (Gebäudewert) und Umgebungskosten.
Die Berechnung des Landwertes ist nicht immer einfach, da häufig Vergleichsmöglichkeiten fehlen (z.B. kürzlich getätigte Landkäufe in der Nachbarschaft). Wo diese fehlen, muss geschätzt werden.
Für die Berechnung des Bauwerts sind Kubikinhalt, Alter, Zustand und Ausstattung von Bedeutung.
Auch die Umgebung (z.B. besondere Gartengestaltung) ist zu berücksichtigen.

Beispiel
Landwert	Fr. 250 000.–
Bauwert	Fr. 900 000.–
Umgebungskosten	Fr. 50 000.–
Realwert	Fr. 1 200 000.–

Ertragswert

Der Ertragswert entspricht dem notwendigen Kapital, wenn eine gewünschte Rendite (= Kapitalisierungszinssatz) und ein bestimmter Ertrag erwartet werden.
Der Ertragswert ergibt sich hier durch die Kapitalisierung der Bruttomietzinsen.
Mit welchem Prozentsatz zu kapitalisieren ist, hängt von verschiedenen Faktoren ab (Hypothekarzinssatz, Zustand der Liegenschaft, Risiko einer eventuellen Mietzinsherabsetzung oder gar eines Mietzinsausfalls).
Je höher der Satz, umso geringer der Ertragswert und umgekehrt. Der Kapitalisierungszinsfuss liegt etwa zwischen 1,5 und 3% über dem Zinssatz für erste Hypotheken.

Beispiel
Mietzinsen	Fr. 120 000.–
Kapitalisierungszinssatz	8%

$$\text{Ertragswert} = \frac{120\,000 \cdot 100}{8} = \text{Fr. } 1\,500\,000.-$$

Verkehrswert

Der Verkehrswert entspricht dem möglichen Verkaufspreis. Bei der Verkehrswertberechnung spielen Realwert und Ertragswert eine wichtige Rolle. So wird häufig ein Mittel aus diesen beiden Werten ermittelt, wobei der Ertragswert bei Miethäusern oft stärker gewichtet wird.

Beispiel
Für die Ermittlung des Verkehrswertes soll der Ertragswert doppelt gewichtet werden.

$$\text{Verkehrswert} = \frac{2 \cdot \text{Ertragswert} + 1 \cdot \text{Realwert}}{3} = \frac{2 \cdot 1\,500\,000.- + 1\,200\,000.-}{3} = \text{Fr. } 1\,400\,000.-$$

Selbstverständlich handelt es sich beim ermittelten Verkehrswert nicht unbedingt um den effektiven Verkaufspreis. Auch auf dem Immobilienmarkt gilt das Gesetz von Angebot und Nachfrage.

Versicherungswert

Der Versicherungswert ist die Grösse, welche die kantonale Gebäudeversicherungsanstalt einem Gebäude beimisst. Er entspricht dem Neuwert des Gebäudes. Der Bodenwert wird dabei nicht eingeschlossen.
Gemäss OR 663b, Ziff. 4, sind Aktiengesellschaften verpflichtet, den Versicherungswert im Anhang anzugeben.

Amtlicher Wert

Der amtliche Wert ist die Grösse, welche die Schatzungsbehörde einem Grundstück beimisst. Er ist die Grundlage für die Berechnung der Liegenschaftssteuer.

In der Praxis existieren noch andere Bewertungsmethoden, z.B.
– Discounted Cashflow-Methode
– Hedonistische Methode.

183 Konten

Konten	Inhalt / Merkmale	Kontenart
Immobilien-bestand	Grundstücke, Gebäude	Aktivkonto
Wertberichtigung Immobilien	Kumulierte Abschreibungen bei indirekter Abschreibungsmethode	Minusaktivkonto
Baukonto	Abrechnungskonto, das während des Baus oder Umbaus alle Ausgaben und (Einnahmen) erfasst. Nach Vollendung des Baus wird das Konto aufgelöst: – Wertvermehrende Ausgaben auf Immobilienbestand – Nicht wertvermehrende Ausgaben auf Immobilienaufwand	Aktivkonto, sofern wertvermehrende Ausgaben oder Aufwandkonto, sofern nicht wertvermehrende Ausgaben
Baukredit	Während der Bauphase von der Bank gewährter Kontokorrentkredit mit Grundpfanddeckung. Nach Vollendung des Baus wird der Baukredit konsolidiert, d. h. in eine Hypothek umgewandelt.	Passivkonto
Hypothekarschuld	Grundpfandgesichertes Darlehen	Passivkonto
Immobilienerfolg[1] – Immobilienaufwand[2] – Immobilienertrag[2]	– Hypothekarzinsen – Abschreibungen – Übriger Immobilienaufwand – Fremdmiete – Geschäftsmiete – Eigenmiete	Erfolgskonto – betrieblich – ausserbetrieblich – nach Liegenschaften
Nebenkosten bzw. Heizkosten	Den Mietern separat verrechnete Heiz- bzw. Nebenkosten	Bestandeskonto (Abrechnungskonto)

[1] Wegen des Verrechnungsverbots (OR 662a/2, Ziffer 6) ist für Gesellschaften, die dem Aktienrecht unterstehen, die Zusammenfassung von Aufwand und Ertrag in einem Erfolgskonto nicht zulässig. Werden Aufwand und Ertrag trotzdem zusammengefasst, ist die Zusammensetzung des Erfolgs im Anhang der Jahresrechnung offenzulegen. Auch für andere Unternehmungsformen sind Erfolgskonten wegen des Prinzips der Klarheit (OR 959) problematisch.

[2] Eine weitere Unterteilung in einzelne Aufwand- und Ertragskonten ist möglich.

Beispiel 1 **Handänderung einer Liegenschaft**

Ausgangslage

Die Müller & Co. erwirbt von S. Steiner eine Liegenschaft. Nebst dem Kaufpreis gilt es bei der Handänderung noch weitere Kosten und Leistungen zu berücksichtigen.

Buchungstatsachen

1. Kaufpreis Fr. 1 200 000.–, Buchwert Fr. 900 000.–
2. Die Handänderungskosten von Fr. 14 000.– werden vom Käufer mit Bankcheck bezahlt. Der Verkäufer übernimmt die Hälfte.
3. Der Käufer übernimmt die Hypothek von Fr. 500 000.–.
   (Die Bank des Käufers überweist die Summe der Bank des Verkäufers gegen Aushändigung des Schuldbriefes.)
4. Die Bank belastet dem Verkäufer den aufgelaufenen Marchzins von Fr. 3 000.–.
5. Der Verkäufer gewährt dem Käufer eine weitere Hypothek von Fr. 150 000.–.
6. Die für den nächsten Monat bereits an den Verkäufer überwiesenen Mietzinsen von Fr. 20 000.– werden verrechnet.
7. Der Verkäufer hat die Versicherungsprämien und Gebühren von Fr. 6 000.– für das ganze Jahr bezahlt. Dem Käufer werden Fr. 4 000.– verrechnet.
8. Banküberweisung der Restschuld

Buchungen

	Käufer			Verkäufer		
1	Immobilien	/ Kreditoren❶	1 200 000.–	Debitoren❶	/ Immobilien	1 200 000.–
				Immobilien	/ A. o. Ertrag❸	300 000.–
2	Immobilien❷	/ Bank	7 000.–			
	Kreditoren	/ Bank	7 000.–	A. o. Ertrag❸	/ Debitoren	7 000.–
3	Kreditoren	/ Hypothekarschuld	500 000.–	Hypothekarschuld	/ Debitoren	500 000.–
4	keine Buchung			Immobilienaufwand	/ Bank	3 000.–
5	Kreditoren	/ Hypothekarschuld	150 000.–	Hypothekarguthaben	/ Debitoren	150 000.–
6	Kreditoren	/ Immobilienertrag	20 000.–	Immobilienertrag	/ Debitoren	20 000.–
7	Immobilien- aufwand	/ Kreditoren	4 000.–	Debitoren	/ Immobilien- aufwand	4 000.–
8	Kreditoren	/ Bank	527 000.–	Bank	/ Debitoren	527 000.–

❶ Die beiden Konten erfüllen die Funktion eines Abrechnungskontos. Sie erhöhen die Übersicht.
❷ Normalerweise aktiviert der Käufer die Handänderungskosten.
❸ Eine Aktiengesellschaft muss diese Beträge auf das Konto «Gewinn aus Verkauf von Liegenschaften» verbuchen (OR 663, Mindestgliederung der Erfolgsrechnung).

Beispiel 2 **Bau einer Liegenschaft**

Ausgangslage

Die Gesamtinvestition inklusive Boden beträgt gemäss Kostenvoranschlag Fr. 900 000.–. Die Bank setzt während der Bauphase eine Kreditlimite von Fr. 700 000.– auf dem Baukreditkonto fest. Es handelt sich um einen sozialen Wohnungsbau.

Buchungstatsachen

1. Der Boden im Wert von Fr. 200 000.– wird zulasten des Bankkontokorrents bezahlt.
2. Zulasten des Bankkontokorrents werden Fr. 100 000.– auf das Baukreditkonto übertragen.
3. Die Bank zahlt die Handwerkerrechnungen, Gebühren und das Architektenhonorar von Fr. 750 000.–.
4. Der Bund subventioniert diesen Bau und überweist Fr. 70 000.–.
5. Der Baukreditzins beträgt Fr. 45 000.–.
6. Der Baukredit wird nach Vollendung des Baus konsolidiert.
7. Übertrag des Baukontos:
   a 90% wird aktiviert.
   b Der Rest wird mit den Baureserven verrechnet.

Buchungen

1		Immobilien	/ Bankkontokorrent	200 000.–
2		Baukredit	/ Bankkontokorrent	100 000.–
3		Baukonto	/ Baukredit	750 000.–
4		Baukredit	/ Baukonto	70 000.–
5		Baukonto	/ Baukredit	45 000.–
6		Baukredit	/ Hypothek	625 000.–
7	a	Immobilien	/ Baukonto	652 500.– ❶
	b	Baureserven	/ Baukonto	72 500.–

❶ Steuerlich bessere Variante:
7	a	Immobilien	/ Baukonto	725 000.–
	b	Baureserven	/ Reserven	72 500.–
			(z. B. statutarische, freie usw.)	

Fussnoten zur Seite 187.
❶ Dieser Geschäftsfall kann auch während des Jahres vorkommen.
❷ Abrechnungskonto
❸ Konto Heizölvorrat ist auch möglich.

Beispiel 3   **Geschäftsfälle während des Jahres und beim Abschluss**

Die Einzelunternehmung B. Bossi führt eine gesonderte Liegenschaftenrechnung. Der Zahlungsverkehr wickelt sich durch die Bank ab.

Buchungstatsachen

Während des Jahres

1	Zahlung der Rechnung für die Treppenhausbeleuchtung	Fr. 1 000.–
2	Zahlung der Rechnung für den Stromverbrauch des Geschäfts	Fr. 4 000.–
3	Hypothekarzinsbelastung	Fr. 60 000.–
4	Abrechnung mit dem Abwart, der auch Mieter ist.	
a	Wohnungsmiete	Fr. 1 500.–
	Bruttolohn Fr. 800.–	
b	Arbeitnehmerbeitrag Fr. 52.40	
c	Nettolohn	– Fr. 747.60
d	Banküberweisung des Abwarts	Fr. 752.40

Beim Abschluss

5	Ausstehende Mietzinsen für den Monat Dezember	Fr. 12 000.–
6	Für den Monat Januar bereits zum Voraus erhaltene Mietzinsen	Fr. 48 000.–
7	Aufgelaufener Hypothekarzins	Fr. 25 000.–
8	Verrechnung der Wohnungsmiete für den Geschäftsinhaber	Fr. 18 000.– ❶
9	Abschreibung auf der Liegenschaft	Fr. 20 000.–
a	direkte Methode	
b	indirekte Methode	
10	Verrechnung der Miete für die geschäftlich genutzten Räume	Fr. 53 000.– ❶
11	Heizölvorrat	Fr. 5 000.–

Buchungen

1	Immobilienaufwand	/ Bank	1 000.–
2	Raumaufwand	/ Bank	4 000.–
3	Immobilienaufwand	/ Bank	60 000.–
4a	Konto Abwart ❷	/ Immobilienertrag	1 500.–
b	Immobilienaufwand	/ Kreditor Sozialversicherung	52.40
c	Immobilienaufwand	/ Konto Abwart	747.60
d	Bank	/ Konto Abwart	752.40
5	Transitorische Aktiven	/ Immobilienertrag	12 000.–
6	Immobilienertrag	/ Transitorische Passiven	48 000.–
7	Immobilienaufwand	/ Transitorische Passiven	25 000.–
8	Privat	/ Immobilienertrag	18 000.–
9a	Immobilienaufwand	/ Immobilien	20 000.–
b	Immobilienaufwand	/ Wertberichtigung Immobilien	20 000.–
10	Raumaufwand	/ Immobilienertrag	53 000.–
11	Transitorische Aktiven ❸	/ Immobilienaufwand	5 000.–

Beispiel 4   Nebenkostenabrechnung

Die Abrechnungsperiode dauert vom 1. Mai bis 30. April.

Daten	Buchungstatsachen	Nebenkosten- abrechnung	
01.01.	Anfangsbestand Fr. 200.–	200 ❶	
01.01.	Rückbuchung Heizölvorrat 4 300.–	4 300	
17.03.	Heizöleinkauf Fr. 7 000.– auf Kredit	7 000	
30.04.	Weitere Nebenkosten (Kaminfeger, Strom für Heizung, Liftwartung, Hauswart, Wartung Heizung usw.) Fr. 2 100.–	2 100	
30.04.	Akontozahlungen der Mieter Fr. 9 500.–		9 500
30.04.	Heizölvorrat Fr. 3 300.–		3 300
30.04.	Saldo		800 ❷
		13 600	13 600
01.05.	Saldovortrag	800	
01.05.	Rückbuchung Heizölvorrat Fr. 3 300.–	3 300	
31.05.	Nachzahlung der Mieter Fr. 800.–		800
30.09.	Heizöleinkauf Fr. 8 300.– auf Kredit	8 300	
28.10.	Zahlung von weiteren Nebenkosten Fr. 1 900.–	1 900	
31.10.	Akontozahlungen der Mieter Fr. 9 500.–		9 500
31.12.	Heizölvorrat 4 600.–		4 600
31.12.	Schlussbestand	600 ❸	
		14 900	14 900
01.01.	Anfangsbestand		600

Buchungen 01.05. – 31.12.

01.05.	Nebenkostenabrechnung	/ Bilanz	800.– ❹
01.05.	Nebenkostenabrechnung	/ Heizölvorrat oder Aktive Rechnungsabgrenzung	3 300.–
31.05.	Liquide Mittel	/ Nebenkostenabrechnung	800.–
30.09.	Nebenkostenabrechnung	/ Übrige Kreditoren	8 300.–
28.10.	Nebenkostenabrechnung	/ Liquide Mittel	1 900.–
31.10.	Liquide Mittel	/ Nebenkostenabrechnung	9 500.–
31.12.	Heizölvorrat oder Aktive Rechnungsabgrenzung	/ Nebenkostenabrechnung	4 600.–
31.12.	Nebenkostenabrechnung	/ Schlussbilanz	600.–

❶ Guthaben des Vermieters
❷ Guthaben des Vermieters
❸ Schuld des Vermieters
❹ oder keine Buchung

184 Immobilienrendite

Die Rendite ist ein übliches Mass, um verschiedene Kapitalanlagen miteinander zu vergleichen. Bei den Liegenschaften sind folgende Renditen von Bedeutung:

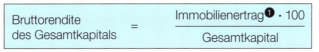

❶ = Mietertrag (= Fremd-, Geschäfts- und Eigenmiete)

Die Bruttorendite des Gesamtkapitals ermöglicht einen ersten groben Vergleich von verschiedenen Liegenschaften.

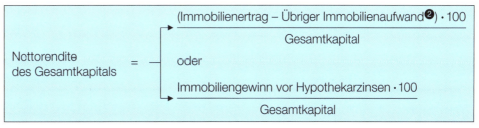

❷ = Liegenschaftsaufwand ohne Hypothekarzinsen

Die Nettorendite des Gesamtkapitals lässt – unabhängig von der Finanzierungsart – einen genaueren Vergleich von verschiedenen Liegenschaften zu.

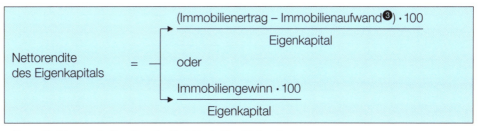

❸ = Gesamter Liegenschaftsaufwand, d.h. inklusiv Hypothekarzinsen

Die Nettorendite des Eigenkapitals zeigt die Verzinsung des eingesetzten Eigenkapitals.

Beispiel

Ausgangslage

Anlage und Finanzierung

Kaufpreis (Anlagewert)	Fr. 1 600 000.–
1. Hypothek zu 5½%	Fr. 960 000.–
2. Hypothek zu 6%	Fr. 400 000.–
Eigene Mittel	Fr. 240 000.–

Ertrag und Aufwand

Jährlicher Mietertrag	Fr. 116 000.–
Hypothekarzinsen:	
– 1. Hypothek	Fr. 52 800.–
– 2. Hypothek	Fr. 24 000.–
Abgaben, Versicherungen und Betriebsaufwand	Fr. 20 000.–
Reparaturen und Unterhalt	Fr. 2 400.–
Rückstellungen für Erneuerungen	Fr. 9 000.–
Immobiliengewinn	Fr. 7 800.–

Darstellung in Kontenform

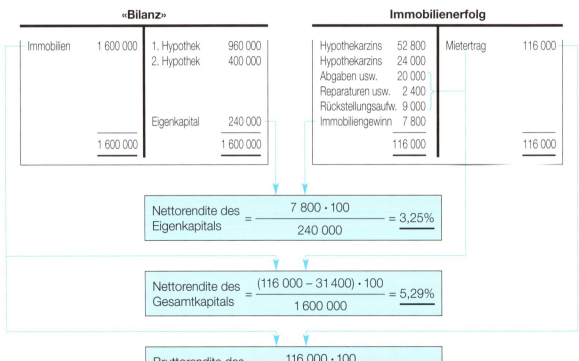

190

191

19 Personalaufwand

191 Allgemeines

Der Personalaufwand einer Unternehmung setzt sich wie folgt zusammen:

	Personalaufwand			
	Bruttolohn		Sozialaufwand = Arbeitgeber- beiträge	Übriger Personalaufwand
	Nettolohn	Arbeitnehmer- beiträge		
Erläuterung Beispiele	Effektive Lohnauszahlung	– AHV/IV/EO – ALV – PK – UV/NBU	– AHV/IV/EO – FAK – VK – ALV – PK – UV/BU	– Halbtax- abonnement – Ausbildungs- beiträge – Hochzeits- geschenke – Sportplätze usw.
Rechtliche Grundlage	Einzelarbeitsvertrag Gesamtarbeitsverträge Sozialversicherungsgesetze			
Empfänger	Arbeitnehmer	Sozialversicherungen		Arbeitnehmer

Löhne und Gehälter

Löhne werden vor allem an Arbeitnehmer entrichtet, die in der Produktion tätig sind (z.B. auf der Basis von Stunden- oder Akkordsätzen).
Gehälter sind meistens feste monatliche Entschädigungen an das Büro-, Verwaltungs- und technische Personal.

```
AHV = Alters- und Hinterlassenenversicherung
IV  = Invalidenversicherung
EO  = Erwerbsersatzordnung (= Lohnentschädigung bei Militärdienst)
FAK = Kantonale Familienausgleichskasse (= Kinderzulagen)
VK  = Verwaltungskostenbeitrag
ALV = Arbeitslosenversicherung
PK  = Pensionskasse (= PVE = Personalvorsorgeeinrichtung)
UV  = Unfallversicherung
NBU = Nichtberufsunfall
BU  = Berufsunfall
```

192 Sozialversicherungsbeiträge

Prämiensätze und Berechnungsgrundlage (Stand 2009)

Versicherungs-art	Prämiensätze für Arbeitnehmer	Prämiensätze für Arbeitgeber	Berechnungs-grundlage	Erläuterungen und Ergänzungen
AHV/IV/EO	5,05%	5,05%	Bruttolohn	Für Selbstständigerwerbende beträgt der Satz maximal 9,5%.
FAK	–	1,3–3%	Bruttolohn	Bei der Einzelunternehmung kann von der Bruttolohnsumme der Lohn des mitarbeitenden Ehegatten des Betriebsinhabers abgezogen werden. Kantonal verschiedene Sätze
VK	–	bis 3%	Arbeitnehmer- und Arbeitgeberbeiträge AHV/IV/EO	Abnehmender Satz bei grösseren Lohnsummen
ALV❶	1%	1%	Bruttolohn, höchstens aber vom maximal anrechenbaren Lohn	Der maximal anrechenbare Lohn beträgt Fr. 10 500.–/Monat (= Fr. 126 000.–/Jahr)
PK	5–8%	6–11%	Versicherter Lohn	Die Arbeitgeberbeiträge sind mindestens gleich hoch wie die Arbeitnehmerbeiträge. Der versicherte Monatslohn wird oft wie folgt berechnet: Bruttolohn – Koordinationsabzug❷ = Versicherter Lohn❸
UV	NBU 1–2%	BU rund 0,3–13,5%	Gleiche wie bei ALV❹	Die Berufsunfallsätze richten sich nach den Unfallrisiken der einzelnen Berufsgruppen. Einzelne Arbeitgeber übernehmen auch die Nichtberufsunfallprämie.

❶ Selbstständigerwerbende können sich bei der ALV nicht versichern lassen.
❷ = ⅞ der einfachen maximalen AHV-Rente.
   Maximale einfache AHV-Rente   Koordinationsabzug
   je Monat: Fr. 2 280.–   je Monat: ⅞ von Fr. 2 280.– = Fr. 1 995.–
   je Jahr: Fr. 27 360.–   je Jahr: ⅞ von Fr. 27 360.– = Fr. 23 940.–
❸ Genauere Angaben zum versicherten PK-Lohn siehe Carlen/Gianini/Riniker:
   Finanzbuchhaltung 2, Sonderfälle der Finanzbuchhaltung, Kapitel 7, Abschnitt 73, Das BVG im Überblick.
❹ Freiwillig kann jedoch mehr als Fr. 10 500.–/Monat versichert werden.

Beispiel 1 **Lohnabrechnung**

Abrechnungen

Lohnabrechnung			
Bruttolohn			6 000.–
AHV/IV/EO	5,05% von 6 000.–	303.–	
ALV	1 % von 6 000.–	60.–	
PK	8 % von 4 005.– ❶	320.40	
NBU	1 % von 6 000.–	60.–	
Total Arbeitnehmerbeiträge		743.40	– 743.40
Nettolohn			5 256.60
Kinderzulage			400.–
Halbtax-Abonnement			150.–
Auszahlung			5 806.60

Sozialleistungen (= Arbeitgeberbeiträge)			
AHV/IV/EO	5,05% von 6 000.–	303.–	
FAK	2 % von 6 000.–	120.–	
VK	3 % von 606.–	18.20	
ALV	1 % von 6 000.–	60.–	
PK	10 % von 4 005.– ❶	400.50	
BU	2 % von 6 000.–	120.–	
Total Arbeitgeberbeiträge		1 021.70	

Zusammensetzung des Personalaufwandes

Bruttolohn Fr. 6 000.–		Sozialaufwand =	Übriger Personalaufwand
Nettolohn Fr. 5 256.60	Arbeitnehmerbeiträge Fr. 743.40	Arbeitgeberbeiträge Fr. 1 021.70	Fr. 150.–
Personalaufwand Fr. 7 171.70			

❶ Bruttolohn Fr. 6 000.–
– Koordinationsabzug Fr. 1 995.–
= Versicherter Lohn Fr. 4 005.–

194

Variante I: Buchungen ohne Durchlaufkonto

Folgende Buchungen sind nötig für die

Lohnabrechnung

Keine Buchung

Lohnaufwand	/ Kreditor Ausgleichskasse ❶	303.–
Lohnaufwand	/ Kreditor Ausgleichskasse	60.–
Lohnaufwand	/ Kreditor PK	320.40
Lohnaufwand	/ Debitor UV ❷	60.–
Lohnaufwand	/ Liquide Mittel	5 256.60
Kreditor Ausgleichskasse	/ Liquide Mittel	400.–
Übriger Personalaufwand	/ Liquide Mittel	150.–

Sozialleistungen (= Arbeitgeberbeiträge)

Sozialaufwand ❸	/ Kreditor Ausgleichskasse ❶	303.–
Sozialaufwand	/ Kreditor Ausgleichskasse	120.–
Sozialaufwand	/ Kreditor Ausgleichskasse	18.20
Sozialaufwand	/ Kreditor Ausgleichskasse	60.–
Sozialaufwand	/ Kreditor PK	400.50
Sozialaufwand	/ Debitor UV ❷	120.–

Überweisung an die Ausgleichskasse

Kreditor Ausgleichskasse / Liquide Mittel   464.20

---

❶ Um die Abrechnung zu vereinfachen, kann die Ausgleichskasse eine periodische Akontozahlung verlangen (Buchung: Kreditor Ausgleichskasse / Liquide Mittel). Diese wird auf der Grundlage einer provisorisch festgelegten Lohnsumme berechnet. Ende Jahr wird eine mögliche Differenz verrechnet (siehe Beispiel 2).
❷ Die UV-Prämie wird Anfang Jahr für das ganze Jahr im Voraus auf der Grundlage einer provisorisch festgelegten Lohnsumme bezahlt (Buchung: Debitor UV / Liquide Mittel). Die endgültige Abrechnung erfolgt Ende Jahr aufgrund der effektiven Lohnsumme.
❸ oder Sozialversicherungsaufwand

Variante II: Buchungen mit Durchlaufkonto

In der Praxis wird für die Verbuchung der Lohnabrechnungen oft ein Durchlaufkonto benützt. Dies hat den Vorteil, dass der Bruttolohn nicht aufgeteilt werden muss. Zudem sieht man den ganzen Buchungsablauf auf dem Durchlaufkonto.
Bei dieser Variante sind die Abrechnungen gleich wie auf der Seite 194.

Dadurch ergeben sich folgende Buchungen für die

- **Lohnabrechnung**

Lohnaufwand	/ Personaldurchlauf	6 000.–
Personaldurchlauf	/ Kreditor Ausgleichskasse	303.–
Personaldurchlauf	/ Kreditor Ausgleichskasse	60.–
Personaldurchlauf	/ Kreditor PK	320.40
Personaldurchlauf	/ Debitor UV	60.–
Kreditor Ausgleichskasse	/ Personaldurchlauf	400.–
Übriger Personalaufwand	/ Personaldurchlauf	150.–
Personaldurchlauf	/ Liquide Mittel	5 806.60

- Sozialleistungen (= Arbeitgeberbeiträge)
  Gleiche Buchungen wie bei Variante I

- Überweisung an die Ausgleichskasse

Variante III: Buchungen mit Durchlaufkonto und Erfassung der Arbeitnehmer- und Arbeitgeberbeiträge auf dem Konto Sozialaufwand

Bei dieser Variante werden die Abrechnungen mit den Sozialversicherungen als Belege für die Verbuchung der Sozialversicherungsbeiträge verwendet.
In diesem Fall sieht die zweite Abrechnung auf Seite 194 wie folgt aus:

Beiträge an die Sozialversicherungen (Arbeitnehmer- und -geberbeiträge)			
AHV/IV/EO	10.1 % von	6 000.–	606.–
FAK	2 % von	6 000.–	120.–
VK	3 % von	606.–	18.20
ALV	2 % von	6 000.–	120.–
PK	18 % von	4 005.–	720.90
UV (NBU und BU)	3 % von	6 000.–	180.–
Total Beiträge			1 765.10

Dadurch ergeben sich folgende Buchungen für die

– Lohnabrechnung

Lohnaufwand	/ Personaldurchlauf	6 000.–
Personaldurchlauf	/ Sozialaufwand	303.–
Personaldurchlauf	/ Sozialaufwand	60.–
Personaldurchlauf	/ Sozialaufwand	320.40
Personaldurchlauf	/ Sozialaufwand	60.–
Kreditor Ausgleichskasse	/ Personaldurchlauf	400.–
Übriger Personalaufwand	/ Personaldurchlauf	150.–
Personaldurchlauf	/ Liquide Mittel	5 806.60

– Beiträge an die Sozialversicherungen

Sozialaufwand	/ Kreditor Ausgleichskasse	606.–
Sozialaufwand	/ Kreditor Ausgleichskasse	120.–
Sozialaufwand	/ Kreditor Ausgleichskasse	18.20
Sozialaufwand	/ Kreditor Ausgleichskasse	120.–
Sozialaufwand	/ Kreditor PK	720.90
Sozialaufwand	/ Debitor UV	180.–

– Überweisung an die Ausgleichskasse
  Gleiche Buchung wie bei Variante I

Die Aufgaben zum Kapitel 19 sind nach der Variante I zu lösen.

Beispiel 2 **AHV-Akontozahlungen**

Ausgangslage

Auf der Grundlage der provisorisch festgelegten Jahreslohnsumme ist der AHV-Ausgleichskasse jeden Monat eine Akontozahlung von Fr. 3800.– zu leisten. Im Dezember beträgt die Akontozahlung Fr. 7600.–.

AHV/ALV Arbeitnehmerbeitrag = 6,05% der Bruttolohnsumme
AHV/ALV Arbeitgeberbeitrag = 6,05% der Bruttolohnsumme

Bruttolohnsummen

Januar	30 000.–
Februar	32 000.–
März–Dez.	362 000.–

Buchungen

Kreditor Ausgleichskasse

Januar

			Soll	Haben
Akontozahlung	Kred. Ausgleichskasse	/ Bank	3 800	
AHV/ALV Arbeitnehmerbeiträge	Lohnaufwand	/ Kred. Ausgleichskasse		1 815
AHV/ALV Arbeitgeberbeiträge	Sozialaufwand	/ Kred. Ausgleichskasse		1 815

Februar

Akontozahlung	Kred. Ausgleichskasse	/ Bank	3 800	
AHV/ALV Arbeitnehmerbeiträge	Lohnaufwand	/ Kred. Ausgleichskasse		1 936
AHV/ALV Arbeitgeberbeiträge	Sozialaufwand	/ Kred. Ausgleichskasse		1 936

März–Dezember

Akontozahlungen	Kred. Ausgleichskasse	/ Bank	41 800 ❶	
AHV/ALV Arbeitnehmerbeiträge	Lohnaufwand	/ Kred. Ausgleichskasse		21 901
AHV/ALV Arbeitgeberbeiträge	Sozialaufwand	/ Kred. Ausgleichskasse		21 901
			49 400	51 304
Nachzahlung	Kred. Ausgleichskasse	/ Bank	1 904	
			51 304	51 304

Sollte das Konto Kreditor Ausgleichskasse einen Soll-Saldo aufweisen, müsste es korrekterweise als Debitor Ausgleichskasse bezeichnet werden.

❶ 9 · 3800.– + 1 · 7600.–

Beispiel 3   Lohnabrechnung mit Gehaltsnebenleistungen

Ausgangslage

In diesem Beispiel steht die Verbuchung der Gehaltsnebenleistungen, die im Lohnausweis der Schweizerischen Steuerkonferenz definiert sind, im Vordergrund. Deshalb werden nur die Arbeitnehmerbeiträge AHV/IV/EO und ALV berücksichtigt.

Lohnabrechnung für den Monat März

Bruttolohn (Geldlohn)		6 500.–
+ Nebenleistungen (Naturallohn)❶:		
Verpflegung	300.–❷	
Privatbenützung Geschäftswagen	280.–❸	580.–
= AHV-pflichtiger Bruttolohn		7 080.–
– AHV/IV/EO-Abzug 5,05%	357.55	
– ALV-Abzug 1%	70.80	– 428.35
= Nettolohn		6 651.65
– Naturallohn		– 580.–
= Auszahlung		6 071.65

❶ Der Naturallohn ist Bestandteil des AHV-pflichtigen Bruttolohnes.
❷ Kostenloses Mittagessen im Personalrestaurant des Arbeitgebers;
   Betrag gemäss Merkblatt N2 «Naturalbezüge von Arbeitnehmenden» der eidg. Steuerverwaltung
❸ Pauschal je Monat 0,8% des Kaufpreises des Fahrzeugs von Fr. 35 000.– ohne MWST;
   Prozentsatz gemäss Wegleitung zum Ausfüllen des Lohnausweises

Buchungen mit Berücksichtigung der MWST

Die Verpflegung und Privatbenützung Geschäftswagen sind MWST-pflichtig.

Lohnaufwand❹	/ Ertrag Personalrestaurant	300.– →	107,6%❺
Ertrag Personalrestaurant	/ Umsatzsteuer	21.20 ←	7,6%
Lohnaufwand	/ Privatanteil Fahrzeugaufwand	280.– →	100,0%❻
Übriger Personalaufwand	/ Umsatzsteuer	21.30 ←	7,6%
Lohnaufwand	/ Kreditor Ausgleichskasse	428.35	
Lohnaufwand	/ Bank	6 071.65	

❹ Das Konto Lohnaufwand enthält den AHV- und ALV-pflichtigen Bruttolohn.
❺ Die erbrachte Leistung des Personalrestaurants ist inklusiv MWST.
❻ Der Lohnbestandteil von Fr. 280.– wird vom Fahrzeugpreis ohne MWST berechnet.
   Deshalb ist dieser Betrag für die Berechnung der MWST 100%.

Beispiel 4   Mitarbeiteraktien

Ausgangslage

Als Mitglied des Kaders der Jopal AG erhält H. Oberle die Möglichkeit, 100 Jopal-Aktien zum Vorzugspreis von Fr. 200.– zu erwerben. Er nimmt das Angebot an und überweist den geschuldeten Betrag auf das Bankkonto der Jopal AG.

Die Aktien haben keine Sperrfrist, d.h. sie können nach dem Erwerb sogleich verkauft werden. Deshalb ist die ganze Differenz zwischen dem Vorzugspreis auf dem Börsenkurs AHV/ALV-pflichtig. ❶

Im Zeitpunkt des Aktienbezugs beträgt der Börsenkurs Fr. 360.–. Die Jopal AG liefert die Aktien, die sie seinerzeit zu einem Börsenkurs von Fr. 320.– gekauft hatte, aus den eigenen Beständen. Zu diesem Wert sind sie im Konto Eigene Aktien enthalten. In der Höhe des Anschaffungswertes wurde die Reserve für eigene Aktien gebildet.

Variante I: AHV- und ALV-Arbeitnehmerbeiträge zulasten des Arbeitnehmers

Berechnung des AHV-pflichtigen Bruttolohns und des AHV/ALV-Beitrages:
100 Aktien Jopal AG zum Vorzugspreis von Fr. 200.–   20 000.–
100 Aktien Jopal AG zum Börsenkurs von Fr. 360.–   36 000.–

AHV-pflichtiger Bruttolohn   16 000.– ⟶ 100%
6,05% AHV/ALV-Beitrag   968.– ⟵ 6,05%

Abrechnung über den Bezug der Mitarbeiteraktien:
100 Aktien Jopal AG zum Vorzugspreis von Fr. 200.–   20 000.–
6,05% AHV/ALV-Arbeitnehmerbeitrag von Fr. 16 000.–   968.–

Total   20 968.–

Buchungen

Bank	/ Eigene Aktien	Kaufpreis	20 000.–
Lohnaufwand❷	/ Eigene Aktien	Bruttolohn	16 000.–
Bank❸	/ Kreditor Ausgleichskasse	AHV/ALV AN-Beitrag	968.–
Sozialaufwand	/ Kreditor Ausgleichskasse	AHV/ALV AG-Beitrag	968.–
Eigene Aktien	/ Finanzertrag	Kursgewinn	4 000.–
Reserve für eigene Aktien	/ Freie Reserven	Reservenumbuchung	32 000.–

Variante II: AHV- und ALV-Arbeitnehmerbeiträge zulasten des Arbeitgebers

Berechnung des AHV-pflichtigen Bruttolohns und des AHV/ALV-Beitrages:
100 Aktien Jopal AG zum Vorzugspreis von Fr. 200.–   20 000.–
100 Aktien Jopal AG zum Börsenkurs von Fr. 360.–   36 000.–

Nettolohn   16 000.– ⟶ 93,95%
AHV-pflichtiger Bruttolohn   17 030.35 ⟵ 100%
6,05% AHV/ALV-Beitrag   1 030.35 ⟵ 6,05%

Abrechnung über den Bezug der Mitarbeiteraktien:
100 Aktien Jopal AG zum Vorzugspreis von Fr. 200.–   20 000.–

Buchungen

Bank	/ Eigene Aktien	Kaufpreis	20 000.–
Lohnaufwand❷	/ Eigene Aktien	Nettolohn	16 000.–
Lohnaufwand	/ Kreditor Ausgleichskasse	AHV/ALV AN-Beitrag	1 030.35
Sozialaufwand	/ Kreditor Ausgleichskasse	AHV/ALV AG-Beitrag	1 030.35
Eigene Aktien	/ Finanzertrag	Kursgewinn	4 000.–
Reserve für eigene Aktien	/ Freie Reserven	Reservenumbuchung	32 000.–

❶ Bei Aktien, die eine Sperrfrist haben, ist gemäss Wegleitung über den massgebenden Lohn nicht die ganze Differenz AHV/ALV-pflichtig.
❷ Das Konto Lohnaufwand enthält den AHV-pflichtigen Bruttolohn.
❸ Statt einer Einzahlung durch den Arbeitnehmer kann der Beitrag auch bei der Lohnabrechnung bzw. -auszahlung abgezogen werden (Lohnaufwand / Kreditor Ausgleichskasse).

Beispiel 5 **Selbständigerwerbende**

Allgemeines

Selbständigerwerbende müssen von ihrem Erwerbseinkommen einen nach der Einkommenshöhe abgestuften Prozentsatz an die Ausgleichskasse abliefern. Der Mindestbeitrag beträgt Fr. 460.– im Jahr, der Höchstbeitrag 9,5% vom beitragspflichtigen Jahreseinkommen (Stand 2009)❶.
Für die Berechnung des beitragspflichtigen Jahreseinkommens meldet die kantonale Steuerverwaltung der Ausgleichskasse das steuerbare Erwerbseinkommen aus selbständiger Tätigkeit sowie das im Betrieb eingesetzte Eigenkapital.

Ausgangslage

Anfang 20_7 erhält H. Egli, Inhaber der Einzelunternehmung H. Egli, Fischereiartikel, Baar, die Beitragsverfügung der Ausgleichskasse für das laufende Jahr. Aufgrund dieser Verfügung überweist er jedes Quartal eine Akontozahlung von Fr. 2800.–.
Im März 20_9 erstellt die Ausgleichskasse aufgrund der Meldungen der kantonalen Steuerverwaltung folgende definitive Abrechnung für das Jahr 20_7:

Beiträge für Selbständigerwerbende			
Steuerbares Einkommen aus selbständiger Tätigkeit vom 1.1.–31.12. 20_7			Fr. 133 100.–
Aufzurechnende persönliche Beiträge❷			Fr. 11 200.–
Total Erwerbseinkommen			Fr. 144 300.–
Investiertes Eigenkapital am 31.12. 20_7	Fr. 234 000.–		
– Zins auf dem investierten Eigenkapital		2.5%❸	Fr. 5 850.–
– Freibetrag für AHV-Altersrentner❹			–.–
Beitragspflichtiges Jahreseinkommen			Fr. 138 450.–
AHV/IV/EO-Beitrag für das Jahr 20_7		9.5%	Fr. 13 152.75
Verwaltungskostenbeitrag		3.0%	Fr. 394.60
Total Beitrag			Fr. 13 547.35
– Akontozahlungen			Fr. 11 200.–
Nachzahlung❺			Fr. 2 347.35

❶ Die Beitragstabelle finden Sie im Merkblatt 2.02 «Beiträge der Selbständigerwerbenden an die AHV/IV/EO».
❷ Falls in der Steuererklärung beim Einkommen aus selbständiger Tätigkeit AHV-Abzüge gemacht wurden, was in diesem Beispiel der Fall ist, werden die im Beitragsjahr bezahlten AHV/IV/EO-Beiträge aufgerechnet.
❸ Der Zinssatz wird jährlich neu festgelegt.
❹ Der Freibetrag ist Fr. 1400.– im Monat bzw. Fr. 16800.– im Jahr (Stand 2009).
Annahme: H. Egli ist noch nicht im AHV-Alter.
❺ Falls die Differenz zwischen dem definitiven Beitrag und den Akontozahlungen grösser ist als 25%, muss von dieser Differenz ab dem 1.1. 20_9 ein Verzugszins bezahlt werden. (Dies ist hier nicht der Fall.)

Buchungstatsachen

20_7

1 Die Akontozahlungen von Fr. 11 200.– erfolgen über das Bankkonto der Unternehmung und werden erfolgswirksam erfasst.

2 Am Jahresende wird eine Rückstellung von Fr. 2 200.– für eine mögliche Nachzahlung gebildet. (Dieser Betrag wird aufgrund des Geschäftsergebnisses des laufenden Jahres geschätzt.)

20_9

3 Nachzahlung und Verwendung der Rückstellung

Buchungen

20_7

1	Sozialversicherungsaufwand	/ Bank	AHV-Akontozahlungen	11 200.–
2	Sozialversicherungsaufwand	/ Rückstellung für AHV-Beiträge	Rückstellung für AHV-Nachzahlung	2 200.–

20_9

3	Sozialversicherungsaufwand	/ Rückstellung für AHV-Beiträge	Erhöhung Rückstellung 20_7	147.35
	Rückstellung für AHV-Beiträge	/ Bank	Verwendung Rückstellung	2 347.35

oder

Rückstellung für AHV-Beiträge	/ Bank	Verwendung Rückstellung	2 200.–
Sozialversicherungsaufwand	/ Bank	Zusätzlicher AHV-Aufwand	147.35

20 Überleitung eines Jahresabschlusses gemäss Aktienrecht auf Swiss GAAP FER

Da der Jahresabschluss auf der Grundlage des Aktienrechts (Handelsrechts) und des Steuerrechts die Bildung und Auflösung stiller Reserven (im Steuerrecht nur im Rahmen von steuerlich anerkannten stillen Reserven) erlaubt, ist es für Aussenstehende und Aktionäre kaum oder nicht möglich, sich ein den tatsächlichen Verhältnissen entsprechendes Bild der Vermögens-, Finanz- und Ertragslage der Gesellschaft zu machen.

Falls eine Unternehmung neben dem Jahresabschluss gemäss Aktienrecht einen Swiss GAAP FER-konformen Abschluss erstellen will, muss die Jahresrechnung wahrheitsgetreu auf der Grundlage des «True and fair view»-Prinzips erstellt werden.❶ Die Überleitung erfolgt ausserhalb der Buchhaltung.

Der Verwaltungsrat und die Geschäftsleitung entscheiden, wer den Swiss GAAP FER-Abschluss erhalten soll (z. B. Kreditgeber, insbesondere Banken). Ist die Gesellschaft jedoch an der Schweizer Börse kotiert, muss sie einen Abschluss nach Swiss GAAP FER (oder IFRS, US GAAP) publizieren.❶

Beispiel   **Überleitung vom Aktienrecht zu Swiss GAAP FER**

Ausgangslage

Die Tri AG erstellt den Jahresabschluss auf der Grundlage des Aktienrechts. Die Jahresrechnung 20_1 zeigt folgendes Bild (Bilanz mit Vorjahreszahlen):

Bilanzen gemäss Aktienrecht

	31.12.20_0	31.12.20_1		31.12.20_0	31.12.20_1
Umlaufvermögen			**Fremdkapital**		
Flüssige Mittel	170	100	Verbindlichk. aus L+L	200	160
Eigene Aktien	20	20	Kurzfr. Finanzverbindlichk.	380	270
Forderungen aus L+L❷	280	200	Langfr. Finanzverbindlichk.	145	40
Warenvorrat	360	300	Rückstellungen	35	60
Anlagevermögen			**Eigenkapital**		
Sachanlagen	450	420	Aktienkapital	400	400
Finanzanlagen	100	100	Allg. gesetzl. Reserve	61	76
			Res. für eigene Aktien	20	20
			Freie Reserven	29	34
			Jahresgewinn	110	80
	1 380	1 140		1 380	1 140

❶ Siehe Kapitel 1, Abschnitt 16, Rechnungslegungsnormen.
❷ L+L = Lieferungen und Leistungen

Erfolgsrechnung 20_1 gemäss Aktienrecht[1]

Warenertrag	3 000
Warenaufwand	1 400
Bruttogewinn	1 600
Personalaufwand	650
Übriger Betriebsaufwand	780
EBITDA	170
Abschreibungen	30
EBIT	140
Finanzaufwand	50
Finanzertrag	10
EBT	100
Direkte Steuern	20
Jahresgewinn	80

Angaben zur Überleitung

Um den Swiss GAAP FER-Abschluss zu erstellen, sind folgende Arbeiten vorzunehmen:

– Aufdeckung der stillen Reserven
– Umgliederung der Reserven in Kapitalreserven (= Einbezahlte Reserven, Agioreserven) und Gewinnreserven (= [Allg. gesetzliche Reserve – Agio-Einzahlung], Reserve für eigene Aktien, Freie Reserven und stille Reserven)[2]
– Ausweis der eigenen Aktien als Abzugsposten im Eigenkapital
– Berücksichtigung von latenten Steuerrückstellungen und latenten Ertragssteuern
  (Da für den Swiss GAAP FER-Abschluss andere als steuerrechtlich massgebende Bewertungsgrundsätze angewendet werden, entstehen Bewertungsdifferenzen [= steuerlich anerkannte stille Reserven].
  Auf dem Bestand der stillen Reserven ist eine latente Steuerrückstellung zu berücksichtigen. Die Veränderung der latenten Steuerrückstellung gegenüber dem Vorjahr ist erfolgswirksam zu erfassen.)[3]

Ergänzende Angaben zum Jahresabschluss 20_1

– Im Warenvorrat sind stille Reserven enthalten; Ende 20_0: 180 und Ende 20_1: 150.
– Der tatsächliche Wert der Sachanlagen beträgt Ende 20_0: 600 und Ende 20_1: 590.
– Die Rückstellungen enthalten stille Reserven Ende 20_0: 10 und Ende 20_1: 30.
– Alle stille Reserven sind steuerlich anerkannt.
– Der massgebende Ertragssteuersatz beträgt 20%.
– Die allgemeine gesetzliche Reserve beinhaltet Agioeinzahlungen von 40 (OR 671/2, Ziffer 1).

---

[1] Gliederung siehe Kapitel 2, Abschnitt 23, Kontenrahmen KMU.
[2] Siehe Kapitel 2, Abschnitt 25, Mindestgliederung durch Swiss GAAP FER, und Kapitel 12, Abschnitt 123, Gliederung der Reserven.
[3] Für eine vertiefte Behandlung der latenten Steuern siehe Gianini/Riniker: Konzernrechnung und Konzernrechnungslegung, Kapitel 6, Ertragssteuern.

Überleitung

Unter Berücksichtigung der Angaben ergibt sich folgende Überleitung aus dem aktienrechtlichen Jahresabschluss in den Swiss GAAP FER-Jahresabschluss für das Jahr 20_1.

Bilanz vom 31. 12. 20_1	Aktienrecht	Differenzen	Swiss GAAP FER
Umlaufvermögen			
Flüssige Mittel	100	–	100
Eigene Aktien	20	– 20 ❶	–
Forderungen aus L+L	200	–	200
Warenvorrat	300	+ 150 ❷	450
Anlagevermögen			
Sachanlagen	420	+ 170 ❸	590
Finanzanlagen	100	–	100
	1 140	+ 300	1 440
Fremdkapital			
Verbindlichk. aus L+L	160	–	160
Kurzfr. Finanzverbindlichk.	270	–	270
Langfr. Finanzverbindlichk.	40	–	40
Rückstellungen	60	– 30 ❹	30
Latente Steuerrückst.	–	+ 70 ❺	70
Eigenkapital			
Aktienkapital	400	–	400
Allg. gesetzl. Reserve	76	– 76 ❻	–
Reserve f. eigene Aktien	20	– 20 ❻	–
Freie Reserven	34	– 34 ❻	–
Kapitalreserven	–	+ 40 ❻	40
Eigene Aktien	–	– 20 ❶	– 20
Gewinnreserven	–	+ 362 ❻	362
Jahresgewinn	80	+ 8	88
	1 140	+ 300	1 440

Erfolgsrechnung 20_1	Aktienrecht	Differenzen	Swiss GAAP FER
Warenertrag	3 000	–	3 000
Warenaufwand	– 1 400	– 30 ❷	– 1 430
Bruttogewinn	1 600	– 30	1 570
Personalaufwand	– 650	–	– 650
Übriger Betriebsaufw.	– 780	+ 20 ❹	– 760
EBITDA	170	– 10	160
Abschreibungen	– 30	+ 20 ❸	– 10
EBIT	140	+ 10	150
Finanzaufwand	– 50	–	– 50
Finanzertrag	+ 10	–	+ 10
EBT	100	+ 10	110
Direkte Steuern	– 20	–	– 20
Latente Ertragssteuern	–	– 2 ❺	– 2
Jahresgewinn	80	+ 8	88

❶–❻ Vergleiche Erläuterungen.

Erläuterungen

❶ Eigene Aktien

Die eigenen Aktien werden im Eigenkapital als Abzugsposten aufgeführt. (Aus finanzwirtschaftlicher Sicht stellt der Erwerb eigener Aktien eine Rückzahlung des Eigenkapitals dar.)

❷ Warenvorrat

	Aktienrecht	Stille Reserven	Swiss GAAP FER
31. 12. 20_0	360	180	540
31. 12. 20_1	300	**150**	**450**
Veränderung	− 60	**− 30**	**− 90**

Der ausgewiesene Warenaufwand ist um 30 zu tief, da stille Reserven von 30 aufgelöst wurden.

❸ Sachanlagen

	Aktienrecht	Stille Reserven	Swiss GAAP FER
31. 12. 20_0	450	150	600
31. 12. 20_1	420	**170**	**590**
Veränderung	− 30	**+ 20**	**− 10**

Die ausgewiesenen Abschreibungen sind um 20 zu hoch, da stille Reserven von 20 gebildet wurden.

❹ Rückstellungen

	Aktienrecht	Stille Reserven	Swiss GAAP FER
31. 12. 20_0	35	10	25
31. 12. 20_1	60	**30**	**30**
Veränderung	+ 25	**+ 20**	**+ 5**

Der ausgewiesene Übrige Betriebsaufwand ist um 20 zu hoch, da stille Reserven von 20 gebildet wurden.

❺ **Latente Steuern**
– Bewertungsdifferenzen zwischen dem Aktienrecht und Swiss GAAP FER (= stille Reserven)

	Stille Reserven		
Position	31. 12. 20_0	Veränderung	31. 12. 20_1
Vorräte	180	– 30	150
Sachanlagen	150	+ 20	170
Rückstellungen	10	+ 20	30
Total	340	+ 10	350

– Latente Steuerrückstellung und latenter Steueraufwand
Durch die Bildung von stillen Reserven werden im aktien- bzw. steuerrechtlichen Abschluss der Jahresgewinn und das Eigenkapital vermindert. Dadurch werden direkte Steuern eingespart, die jedoch bei der Auflösung der stillen Reserven wieder geschuldet sind. Deshalb wird auf den stillen Reserven eine latente Steuerrückstellung gebildet.

		Latente Steuerrückstellung
31. 12. 20_0	20% von 340	68
31. 12. 20_1	20% von 350	**70**
Veränderung	20% von 10	**+ 2**

Da die Bewertungsdifferenzen (= stille Reserven) von insgesamt 340 auf 350 zugenommen haben, ist die latente Steuerrückstellung um 2 (20% von 10) zu erhöhen. Der latente Ertragssteueraufwand entspricht der Zunahme der latenten Steuerrückstellung.
(Die latente Kapitalsteuer wird in diesem Beispiel nicht berücksichtigt.)

❻ **Eigenkapital**

31. 12. 20_1	Aktienrecht	Überleitung						Swiss GAAP FER
Allgem. gesetzliche Reserve	76	– 40	– 36					–
Reserve für eigene Aktien	20		– 20					–
Freie Reserven	34			– 34				–
Jahresgewinn	80						+ 10 ❶ – 2 ❷	**88**
Kapitalreserven	–	+ 40						**40**
Gewinnreserven	–		+ 36	+ 20	+ 34	+ 340 ❸	– 68 ❹	**362**

❶ = Zunahme der stillen Reserven im Jahr 20_1: Um diesen Betrag ist der Swiss GAAP FER-Jahresgewinn grösser.
❷ = Zunahme der latenten Steuerrückstellung: Um diesen Betrag ist der Swiss GAAP FER-Jahresgewinn kleiner.
❸ = Bestand der stillen Reserven Ende 20_0: Um diesen Betrag ist das Swiss GAAP FER-Eigenkapital grösser.
❹ = Latente Steuerrückstellung Ende 20_0: Um diesen Betrag ist das Swiss GAAP FER-Eigenkapital kleiner, weil dieser Betrag im Swiss GAAP FER-Abschluss im Fremdkapital aufzuführen ist.

Aufgaben

Inhaltsverzeichnis

			Theorie	Aufgaben
1		**Das Rechnungswesen der Unternehmung**	**13**	**217**
	1.1	Aufgaben der Finanzbuchhaltung		217
	1.2	Allgemeine Buchführungsvorschriften		217
	1.3	Besondere Buchführungsvorschriften		218
	1.4	Buchführungsgrundsätze		218
2		**Kontenrahmen und Kontengliederung**	**29**	**220**
	2.1	Allgemeines zum Kontenrahmen		220
	2.2	Kontenziffern (Kontenrahmen Käfer und KMU)		220
	2.3	Kontenklassen (Kontenrahmen Käfer und KMU)		221
	2.4	Kontenrahmen KMU		222
	2.5	Buchungstatsachen und Kontierung gemäss Kontenrahmen KMU		223
	2.6	Bilanzgliederung nach Aktienrecht		224
	2.7	Erfolgsrechnung einer Warenhandelsunternehmung		225
	2.8	Erfolgsrechnung einer Transportunternehmung		225
	2.9	Erfolgsrechnung einer Fabrikationsunternehmung		226
	2.10	Dreistufige Erfolgsrechnung einer Warenhandelsunternehmung		226
	2.11	Erfolgsrechnung einer Industrieunternehmung		227
	2.12	Erfolgsrechnung nach dem Gesamt- und Umsatzkostenverfahren gemäss Swiss GAAP FER		227
3		**Zeitliche Abgrenzung**	**49**	**229**
	3.1	Ausstehende Mieterträge		229
	3.2	Aufgelaufener Darlehenszins		229
	3.3	Abgrenzung Werbematerialverbrauch		230
	3.4	Abgrenzungsbuchungen in einer Warenhandelsunternehmung		230
	3.5	Abgrenzungsbuchungen in einer Industrieunternehmung		231
	3.6	Jubiläumsrückstellungen		231
	3.7	Rückstellungen für Garantieleistungen		232
	3.8	Vergleich verschiedener Konten		232
	3.9	Abschluss einer Fabrikationsunternehmung		234
4		**Geschäftsverkehr mit Kunden und Lieferanten**	**60**	**236**
	4.1	Bar- und Kreditgeschäfte in der Offenposten-Buchhaltung		236
	4.2	Abschluss Offenposten-Buchhaltung		237

	4.3	Endgültige und mutmassliche Verluste		238
	4.4	Debitorenverluste, Delkredere und Debitoren		238
	4.5	Debitorenverkehr		239
	4.6	Buchungen und Text		240
	4.7	Delkredereanpassung		240
	4.8	Typische Buchungstatsachen		241
	4.9	Dubiose Debitoren		241
	4.10	Anzahlungen		242
	4.11	Anzahlungen/Zwei Rechnungsperioden		243
5	**Warenhandel und Fabrikationsbetrieb**		**68**	**244**
	5.1	Konten im Warenhandel		244
	5.2	Dreikontenmethode ohne/mit laufende(r) Inventur		244
	5.3	Materialkonten ohne laufende Inventur		245
	5.4	Rohmaterialaufwand ohne laufende Inventur		245
	5.5	Materialkonten mit laufender Inventur		246
	5.6	Kontengruppen		246
	5.7	Halb- und Fertigfabrikate		247
6	**Abschreibungen**		**74**	**248**
	6.1	Aufgaben, Ursachen, Arten		248
	6.2	Verkauf und Abschreibung		248
	6.3	Eintausch und Abschreibung		248
	6.4	Demontage- und Entsorgungskosten		249
	6.5	Berechnung von Abschreibungsbeträgen bei verschiedenen Abschreibungsverfahren		250
	6.6	Vergleich von Abschreibungsverfahren und -methoden		250
	6.7	Eignung von Abschreibungsverfahren		250
	6.8	Abschreibungstabelle		250
	6.9	Abschreibung vom Wiederbeschaffungswert (Tageswert)		252
	6.10	Behandlung der Wiederbeschaffungsrückstellung am Ende der Nutzungsdauer		253
	6.11	Anlagespiegel		254
7	**Bewertung**		**85**	**256**
	7.1	Bewertungsvorschriften und -probleme		256
	7.2	Bewertung von Bilanzpositionen		257
	7.3	Verschiedene Bewertungsmethoden von Materialvorräten		258
8	**Stille Reserven**		**93**	**260**
	8.1	Geeignete Bilanzpositionen		260
	8.2	Wirkung auf den Unternehmungserfolg		260

	8.3	Stille Reserven auf Anlagevermögen		260
	8.4	Stille Reserven auf Debitoren		261
	8.5	Stille Reserven auf Materialvorrat		262
	8.6	Stille Reserven auf Warenlager		263
	8.7	Übersicht über die stillen Reserven		264
	8.8	Verbesserung des Geschäftsergebnisses		266
	8.9	Ableitung der internen Jahresrechnung und der Steuerjahresrechnung aus der externen Jahresrechnung		267
9	**Übersicht über verschiedene Rechtsformen**		**104**	**269**
	9.1	Juristische Personen		269
	9.2	Handelsgesellschaften und Genossenschaft		269
	9.3	Kontenzuordnung		269
10	**Einzelunternehmung**		**107**	**270**
	10.1	Typische Geschäftsfälle		270
	10.2	Ausgewählte Geschäftsfälle		270
	10.3	Gewinn, Eigenlohn und Eigenzins		271
	10.4	Erfolgs- und Einkommensberechnung		272
	10.5	Bestimmung des Jahreserfolges		272
11	**Personengesellschaften**		**110**	**273**
	11.1	Erweiterung einer Personengesellschaft und Aufnahme eines Kommanditärs		273
	11.2	Abschluss einer Kollektivgesellschaft		275
	11.3	Abschluss einer Kommanditgesellschaft		276
12	**Aktiengesellschaft**		**113**	**279**
	12.1	Gewinnverwendung		279
	12.2	Zuweisung an die allgemeine gesetzliche Reserve		280
	12.3	Berechnung des offiziell auszuweisenden Gewinns		281
	12.4	Gewinnverwendung und Berechnung des offiziellen Gewinns		281
	12.5	Gewinnverwendung mit Prioritätsaktienkapital		282
	12.6	Verlustdeckung		283
	12.7	Gewinnverbuchung		283
	12.8	Verlustverbuchung und Ausschüttung von freien Reserven		284
	12.9	Dividendenkonto		284
	12.10	Abschluss einer Aktiengesellschaft		285
	12.11	Verschiedene Unterbilanzarten		286
	12.12	Analyse von Aussagen zum Anhang		288
	12.13	Ausserbilanzgeschäfte		290

13	**Gesellschaft mit beschränkter Haftung**		131	291
	13.1	Abschluss einer GmbH		291
	13.2	Gewinnverwendung bei der GmbH		292
	13.3	Verlustdeckung und Nachschüsse		293

14	**Genossenschaft**		133	294
	14.1	Gewinnverwendung bei einer Landwirtschaftsgenossenschaft		294
	14.2	Abschluss einer Lebensmittelgenossenschaft		295
	14.3	Abschluss der Auto-Teilet-Genossenschaft		296
	14.4	Abschluss einer Konsumgenossenschaft		298
	14.5	Gewinnverwendung bei einer Einkaufsgenossenschaft		299
	14.6	Verlustdeckung bei einer Genossenschaft		300

15	**Mehrwertsteuer (MWST)**		137	301
	15.1	Nettomethode/Vereinbartes Entgelt		301
	15.2	Vergleich von Netto- und Bruttomethode/Vereinbartes Entgelt		301
	15.3	Vergleich der Abrechnungsmethoden		302
	15.4	Bruttomethode/Vereinnahmtes Entgelt		303
	15.5	Quartalsabrechnung; Bruttomethode/Vereinbartes Entgelt		304
	15.6	Nettomethode/Vereinbartes Entgelt		305
	15.7	Saldo-Steuersatz 2,3%		307
	15.8	Saldo-Steuersatz 3,5%		307
	15.9	Materialkonten mit laufender Inventur		308
	15.10	Anzahlungen		309
	15.11	Warenkonten mit laufender Inventur und weitere Geschäftsfälle		310

16	**Fremde Währungen**		151	312
	16.1	Abschluss Vierspalten-Fremdwährungskonto		312
	16.2	Vierspalten-Fremdwährungskonto, Ordentliche Erfassung und Offenposten-Buchhaltung (Kundenguthaben)		313
	16.3	Vierspalten-Fremdwährungskonto, Ordentliche Erfassung und Offenposten-Buchhaltung (Lieferantenschuld)		314
	16.4	Vierspalten-Fremdwährungskonto (Anzahlungen an Lieferanten)		315
	16.5	Vierspalten-Fremdwährungskonto (Anzahlungen von Kunden)		316
	16.6	Vierspalten-Fremdwährungskonto (Fremdwährungsbankkonto EUR)		317

	16.7	Vierspalten-Fremdwährungskonto (Fremdwährungsbankkonto GBP)		318
	16.8	Offenposten-Buchhaltung		319
	16.9	Abschluss einer Fabrikationsunternehmung		320
17		**Wertschriften und Beteiligungen**	**159**	**322**
	17.1	Wertpapiere, Wertschriften und Effekten		322
	17.2	Kontenwahl		322
	17.3	Handelsrechtliche Bewertung		323
	17.4	Wertschriftenkauf nach verschiedenen Buchungsmethoden		324
	17.5	Wertschriftenverkauf nach verschiedenen Buchungsmethoden		324
	17.6	Abschluss der Konten		325
	17.7	Wertschriftenbestand zum Kaufpreis bzw. Börsenwert		325
	17.8	Wertschriftenverkehr bei einer Aktiengesellschaft		326
	17.9	Berechnung und Verbuchung des Bezugsrechts		327
	17.10	Analyse des Kurserfolges (Aktien und Obligationen)		328
	17.11	Analyse des Kurserfolges (Obligationen)		329
	17.12	Ausweis der realisierten und nicht realisierten Kurserfolge in der Buchhaltung		329
	17.13	Erwerb eigener Wertschriften		331
	17.14	Beteiligung an einer ausländischen Unternehmung		332
	17.15	Rendite von Aktien		333
	17.16	Rendite von Obligationen		333
	17.17	Obligationenrendite auf Verfall		334
	17.18	Rendite auf Verfall von Obligationen in fremder Währung		334
	17.19	Durchschnittsrendite für verschiedene Wertschriftenarten		335
	17.20	Durchschnittsrendite für verschiedene Aktientitel		335
18		**Immobilien**	**181**	**336**
	18.1	Handänderung		336
	18.2	Bau einer Liegenschaft		337
	18.3	Sozialer Wohnungsbau		338
	18.4	Typische Geschäftsfälle		339
	18.5	Nebenkostenabrechnung		340
	18.6	Brutto- und Nettorendite		342
	18.7	Mietertrag und Nettorendite		342
	18.8	Finanzierung einer Liegenschaft		342
19		**Personalaufwand**	**192**	**343**
	19.1	Lohnabrechnung		343
	19.2	Typische Geschäftsfälle		344
	19.3	Lohnabrechnung 1. Quartal und Sonderfälle		346

20	**Überleitung eines Jahresabschlusses gemäss Aktienrecht auf Swiss GAAP FER**	204	348
	20.1 Überleitung vom Aktienrecht zu Swiss GAAP FER (Jahresrechnung 20_2)		348
	20.2 Überleitung vom Aktienrecht zu Swiss GAAP FER (Jahresrechnung 20_3)		350

1 Das Rechnungswesen der Unternehmung

1.1 Aufgaben der Finanzbuchhaltung

Aufgaben

- [A] Nennen Sie wichtige Aufgaben der Finanzbuchhaltung.
- [B] Für welche weiteren Rechnungen sind die Zahlen der Finanzbuchhaltung die Grund- oder Ausgangslage?
- [C] Nennen Sie die für einen Kapitalgeber wichtigen Informationen, die er der Bilanz, Erfolgsrechnung und dem Anhang❶ entnehmen kann.
- [D] Die Bilanz wird als Zeitpunkt- und die Erfolgsrechnung als Zeitraumrechnung bezeichnet. Erläutern Sie kurz diese Begriffe.

1.2 Allgemeine Buchführungsvorschriften

Aufgaben

Beantworten Sie folgende Fragen mit dem OR.
1. OR 957: Welche Informationen muss die Buchhaltung mindestens liefern?
2. OR 958: Welche Rechnungen müssen auf Ende eines Geschäftsjahres erstellt werden?
3. OR 958: Nennen Sie die zwei in der Praxis üblichen Begriffe für die Betriebsrechnung.
4. OR 962: Weshalb beträgt die Aufbewahrungspflicht 10 Jahre?
5. OR 962: Welche Belege sind im Original aufzubewahren?
6. OR 963: Was versteht man unter der Editionspflicht?

---

❶ Siehe OR 663b und Kapitel 12, Abschnitt 121, Mindestinhalt des Anhangs.

1.3 Besondere Buchführungsvorschriften

Aufgabe: Bestimmen Sie die Ziele folgender OR-Artikel (Zutreffendes ankreuzen).

OR-Artikel	Gläubigerschutz	Vorsichtige Bewertung	Beschränkung der Gewinnausschüttung	Schutz der Gesellschafter	Information für Interessierte
OR 659 Abs. 1 und 659a Abs. 2					
OR 662–663h					
OR 666					
OR 669					
OR 671					
OR 680					
OR 697a–g					
OR 725					
OR 728					
OR 805					
OR 860 Abs. 1					

1.4 Buchführungsgrundsätze

Aufgabe: Gegen welche Buchführungsgrundsätze verstossen folgende Tatbestände (Zutreffendes ankreuzen)?

Tatbestände	Vollständigkeit, Richtigkeit	Klarheit	Wesentlichkeit	Vorsicht	Fortführung	Stetigkeit (Kontinuität)	Verrechnungsverbot	Periodengerechtigkeit (Verursacherprinzip)
1 Zusammenfassung von Bankkontokorrent- und Hypothekarschulden in einem Posten «Übriges Fremdkapital»								
2 Aktivieren von Grundlagenforschungskosten								

218

Buchführungsgrundsätze / Tatbestände	Vollständigkeit, Richtigkeit	Klarheit	Wesentlichkeit	Vorsicht	Fortführung	Stetigkeit (Kontinuität)	Verrechnungsverbot	Periodengerechtigkeit (Verursacherprinzip)
3 Aufführen von fiktiven Debitoren in der Bilanz								
4 Zusammenfassung von Lieferantenschulden mit einer durchschnittlichen Laufzeit von drei Monaten und der Obligationenanleihe in einem Posten «Langfristiges Fremdkapital»								
5 Für gefährdete Debitoren wird kein Delkredere gebildet.								
6 Die Erfolgsrechnung enthält einen Posten «Immobilienerfolg».								
7 Das Abschreibungsverfahren wird gewechselt. Statt vom Anschaffungswert wird neu vom Buchwert abgeschrieben unter Beibehaltung des Abschreibungssatzes.								
8 Der Hypothekarzins wird beim Abschluss nie abgegrenzt.								
9 Die Erfolgsrechnung beginnt mit dem Posten «Bruttogewinn».								
10 Bei einem Handelsbetrieb wird kein Wareninventar gemacht. Es wird jedes Jahr ungefähr der gleiche Betrag in die Bilanz eingesetzt, obwohl der Vorrat erheblich schwanken kann.								
11 Eine Maschine wird Ende des ersten Jahres auf Fr. 1.– abgeschrieben, obwohl man mit einer Nutzungsdauer von fünf Jahren rechnet.								

2 Kontenrahmen und Kontengliederung

Für die Lösung der Aufgaben siehe auch Auszüge aus den Kontenrahmen Käfer und KMU am Schluss des Aufgabenteils.

2.1 Allgemeines zum Kontenrahmen

Aufgaben

[A] Nennen Sie den Hauptunterschied zwischen einem Kontenrahmen und einem Kontenplan.

[B] Was bezweckt ein Kontenrahmen?

[C] Ist der Aufwand im Kontenrahmen nach Arten oder nach Stellen gegliedert?

[D] Welche Vorteile bieten Branchenkontenrahmen (z.B. für Banken, Versicherungen) gegenüber branchenunabhängigen Kontenrahmen?

[E] In welche (Unter-)Gruppen wird das Anlagevermögen üblicherweise unterteilt?

2.2 Kontenziffern (Kontenrahmen Käfer und KMU)

Aufgaben

[A] Bestimmen Sie für folgende Bestandeskonten die zwei ersten Ziffern gemäss
- Kontenrahmen Käfer
- Kontenrahmen KMU.

1. Warenbestand
2. Fahrzeuge
3. Dividende
4. Hypothekarschuld
5. Aktienkapital
6. Rückstellungen
7. Reserven
8. Delkredere (Wertberichtigung Debitoren)
9. Nicht einbezahltes Aktienkapital
10. Aktivierte Gründungskosten

[B] Bestimmen Sie für folgende Erfolgskonten die zwei ersten Ziffern gemäss
- Kontenrahmen Käfer
- Kontenrahmen KMU.

1. Wareneinkauf (Warenaufwand)
2. Warenverkauf (Warenertrag)
3. Personalaufwand
4. Immobilienaufwand (betriebsfremd)
5. Abschreibungen von betrieblichen Anlagen
6. Einkauf von Dienstleistungen
   (z.B. durch Reisebüro eingekaufte Charterflugsitzplätze; direkte Kosten)
7. Ertrag aus Dienstleistungen
8. Betrieblicher Zinsaufwand
9. Betrieblicher Zinsertrag
10. Bestandesänderung Halb- und Fertigfabrikate
11. Eigenleistungen

2.3 Kontenklassen (Kontenrahmen Käfer und KMU)

Die folgenden Teilaufgaben sind sowohl für den Kontenrahmen Käfer wie auch für den Kontenrahmen KMU zu lösen.

Aufgaben

A Bestimmen Sie bei den folgenden Buchungen die Ziffer der Kontenklasse.

1. Zinsaufwand / Post
2. Rohmaterialeinkauf / Kreditoren
3. Debitoren / Erlös aus Arbeiten
4. Werbeaufwand / Post
5. Mobilien / Kreditoren
6. Post / Immobilienertrag (betriebsfremd)
7. Dividende / Bankschuld
8. Wareneinkauf / Kreditoren
9. Warenbestand / Wareneinkauf
10. Bankguthaben / Aktienkapital
11. Abschreibungen / Wertberichtigung Mobilien

B Aus welchen Klassen ermitteln Sie

1. die Schlussbilanz?
2. den Betriebserfolg?
3. den Unternehmungserfolg?

C Aus welcher Kontengruppe (Käfer) bzw. Kontenhauptgruppe (KMU) ersehen Sie die Rechtsform der Unternehmung?

D Nennen Sie die Kontenklasse, der Sie das Erfolgskonto für folgende Geschäftsfälle entnehmen:

1. Kauf von Rohmaterialien
2. Löhne durch Post bezahlt
3. Eine Maschine, die bereits seit zwei Jahren vollständig abgeschrieben ist, kann noch für Fr. 3 000.– verkauft werden.
4. Obligationenzinsen (betriebsfremder Ertrag)
5. Fracht bei Rohmaterialeinkauf bezahlt.
6. Ein Kunde zieht Skonto ab.
7. Mieter in der gesondert abgerechneten betriebsfremden Liegenschaft zahlen die Wohnungsmiete.
8. Abschreibung auf einer Beteiligung bei einer Holdinggesellschaft
9. In einer Aktiengesellschaft werden Gewinn- und Kapitalsteuern durch Postgiro bezahlt.
10. Rechnung für den Ausflug und das Bankett für das 100-Jahr-Jubiläum der Unternehmung
11. Rechnung für eine ordentliche Reparatur an einer Maschine
12. Rechnung für die Reparatur am Dach der separat abgerechneten Geschäftsliegenschaft
13. Prämie für die Versicherung des Geschäftsmobiliars
14. Kursgewinn auf der Rechnung an einen ausländischen Kunden
15. Den Kunden verrechnete Verpackungen und Gebinde.
16. Der von der Versicherung nicht übernommene Teil eines Brandschadens
17. Für eigene betriebliche Zwecke selbst hergestellte Maschinen

2.4 Kontenrahmen KMU

Aufgabe **A**

1. Sie sind an einer Einkaufsgenossenschaft beteiligt. Verbuchen Sie die Genossenschaftsanteile in der Kontengruppe 100, 140 oder 190?

2. In welche Kontengruppe gehört das Konto Wertberichtigung Produktionsmaschinen bei indirekter Abschreibung?

3. Welchen drei Kontengruppen kann das nicht einbezahlte Aktienkapital zugeordnet werden?

4. Weshalb gehören Anzahlungen bzw. Vorauszahlungen an Lieferanten der Kontengruppe 120, 150 oder 160 und nicht der Kontengruppe 200 als Minusposten an?

5. Weshalb dürfen Anzahlungen bzw. Vorauszahlungen von Kunden beim Abschluss nicht mit den Forderungen gegenüber Kunden (Kontengruppe 110) verrechnet werden? Zu welcher Kontengruppe gehören sie?

6. Sie haben einem Warenlieferanten wegen verspäteter Zahlung Verzugszinsen zu entrichten. Verbuchen Sie diese in der Klasse 4 oder 6? Welche Kontengruppe ist dafür vorgesehen?

7. Gehören Versicherungsprämien auf dem Warenlager in die Kontenklasse 4 oder 6? Welche Kontengruppe ist dafür vorgesehen?

8. In welchen Fällen verbuchen Sie Verkaufsprovisionen in der Kontenklasse 5? In welchen Fällen in der Kontenklasse 3 als Ertragsminderung?

9. In welcher Kontengruppe verbuchen Sie den Hypothekarzins für eine Liegenschaft, wenn
   a. sie ausschliesslich für Geschäftszwecke benützt und keine gesonderte Liegenschaftsrechnung geführt wird?
   b. eine gesonderte Liegenschaftsrechnung geführt wird?

10. In welchen Kontengruppen sind die Gegenbuchungen zur Kontengruppe 370 (Eigenleistungen) möglich?

11. In welcher Kontengruppe befindet sich das Gegenkonto zur Kontengruppe 371 (Eigenverbrauch)?

12. In welche Kontengruppe gehört das immaterielle Anlagevermögen?

Zusatzaufgaben

B Nennen Sie für die Fälle 1–12 die Kontengruppen für die Bilanzkonten bzw. die Kontengruppen für die Erfolgskonten gemäss Kontenrahmen Käfer.

C Nennen Sie Beispiele, die zum immateriellen Anlagevermögen gehören.

2.5 Buchungstatsachen und Kontierung gemäss Kontenrahmen KMU

Buchungstatsachen

Geschäftsfälle bei der Maschinenfabrik Thomi AG (T AG):

1. Rechnung eines Lieferanten von Fr. 34 000.– für gelieferte Rohmaterialien.
2. a) Die Pro-Bank gewährt der T AG ein langfristiges Darlehen von Fr. 200 000.– für die Finanzierung einer neuen Produktionsanlage. Die Pro-Bank schreibt den Betrag dem Kontokorrentkonto der T AG gut. (Die T AG hat bereits ein Guthaben auf diesem Bankkonto.)
   b) Die T AG verpfändet der Pro-Bank dafür Wertschriften im Wert von Fr. 250 000.–.
3. Vor einiger Zeit hat U. Hadorn eine Maschine für Fr. 41 000.– bestellt und eine Anzahlung von Fr. 15 000.– geleistet. Vor kurzem wurde die Maschine geliefert und eine weitere Zahlung von Fr. 15 000.– geleistet. Nun ist U. Hadorn plötzlich gestorben. Sein Geschäft wird aufgelöst. Auf Gesuch wird die Maschine zurückgenommen und mit den Erben wie folgt abgerechnet:

Verkaufspreis der Maschine	Fr. 41 000.–
– Abschreibung für Benützung	Fr. 6 000.–
Rücknahmepreis der Maschine	Fr. 35 000.–

   Zu buchen sind die Rücknahme der Maschine und die Banküberweisung an die Erben.
4. Nach der dritten Mahnung wird der Kunde R. Rufer betrieben. Die T AG überweist dem Betreibungsamt den Kostenvorschuss von Fr. 25.– durch die Post und belastet R. Rufer diesen Betrag.
5. Um zukünftige Verpflichtungen fristgerecht erfüllen zu können, verbessert die T AG die Liquidität durch eine Eigen- und Fremdkapitalerhöhung.
   a) Das Aktienkapital wird durch Ausgabe von 10 000 Aktien zu Fr. 50.– Nennwert erhöht. Der Ausgabepreis beträgt Fr. 80.–. Die Aktionäre überweisen die Fr. 800 000.– auf das Konto der T AG bei der Pro-Bank. Die Emissionskosten von Fr. 12 800.– werden durch Banküberweisung beglichen und mit dem Agio (Aufgeld) von Fr. 300 000.– verrechnet. Der Rest des Agios wird der allgemeinen gesetzlichen Reserve zugewiesen.
   b) Ein bestehender Kontokorrentkredit bei der Kredit-Bank wird um Fr. 150 000.– erhöht. Die T AG begleicht zulasten dieses Kredits verschiedene Lieferantenrechnungen von insgesamt Fr. 43 000.–.
6. Die Seiffert AG besorgt als Wiederverkäuferin von Maschinen der T AG auch die Garantiearbeiten. Dafür werden ihr Fr. 18 000.– durch die Post überwiesen. Drei Viertel dieses Betrages betreffen Maschinen, die im laufenden Jahr verkauft wurden. Für den Rest wird eine in früheren Jahren gebildete Rückstellung verwendet. Es handelt sich um ordentliche Garantiearbeiten.
7. Für einen nicht versicherten Wasserschaden bezahlt die T AG durch Postüberweisung Fr. 44 000.–.
8. Die Rückstellung für Garantiearbeiten wird um Fr. 20 000.– erhöht.
9. Eine selber hergestellte Maschine wird mit Fr. 130 000.– aktiviert.

Aufgaben

A Wie lauten die Buchungen mit Kontenbezeichnungen und Betrag?

B Kontieren❶ Sie mithilfe des Kontenrahmens KMU die Buchungen.
(Bilanzkonten 3-ziffrig, [= Kontengruppen], Erfolgskonten 2-ziffrig [= Kontenhauptgruppen] gemäss Kontenrahmen KMU im Anhang)

❶ Kontieren heisst, die Buchungen mit Kontennummern angeben.

2.6 Bilanzgliederung nach Aktienrecht

Ausgangslage

Folgende ungeordnete Angaben einer Schlussbilanz II in Kurzzahlen sind bekannt:

Allgemeine gesetzliche Reserve	230	Partizipationskapital	200
Beteiligungen	200	Liegenschaft	300
Kundendebitoren	135	Gewinnvortrag	2
Kontokorrentschuld bei Bank C	16	Lieferantenkreditoren	138
Post	23	Maschinen und Mobiliar	893
Obligationenanleihe	200	Aktienkapital	800
Vorauszahlungen an Lieferanten	3	Lizenzen	27
Rohmaterialvorrat	210	Wertberichtigung auf Maschinen	
Fahrzeuge	281	und Mobiliar	510
Transitorische Passiven	2	Fertigfabrikatevorrat	486
Baureserve	50	Wertberichtigung auf Fahrzeugen	150
Darlehensschuld bei Bank A		Übrige Kreditoren (AHV, MWST usw.)	14
(Laufzeit 10 Jahre)	140	Rückstellung für Garantie-	
Wertschriften (leicht realisierbar,		leistungen (kurzfristig)	27
Liquiditätsreserve)	32	Hypothekarschuld	240
Wertberichtigung Debitoren		Anzahlungen von Kunden	7
(Delkredere)	11	Dividenden	61
Kontokorrentguthaben bei Bank A	17	Kontokorrentguthaben bei Tochter-	
Kontokorrentguthaben bei Bank B	83	gesellschaft X	60
Kasse	11	Kassenobligationen	
Vorrat an Halbfabrikaten	27	(Laufzeit 6 Jahre)	10

Aufgabe Erstellen Sie eine gut gegliederte Bilanz nach dem Aktienrecht (OR 663a). Weisen Sie die Zwischensummen der Kontengruppen sowie der Untergruppen aus.

2.7 Erfolgsrechnung einer Warenhandelsunternehmung

Ausgangslage

Folgende Salden der Erfolgskonten (Kurzzahlen) der Wahoo AG sind bekannt:
Abschreibungen 40, Immobilienaufwand 35, Personalaufwand 270, Immobilienertrag 85, Raumaufwand 70, Übriger Betriebsaufwand 180, Übriger Betriebsertrag 15, Warenertrag 1500, Warenaufwand 990, Wertschriftenerfolg Habenüberschuss 24 (darin sind 21 Aufwand für Depotgebühren und Kursverluste verrechnet), Zinsaufwand 30, Ausserordentlicher Aufwand 5 (darin ist ein Gewinn von 2 aus dem Verkauf von Anlagevermögen verrechnet)
Die Immobilien und Wertschriften sind betriebsfremd.

Aufgabe Erstellen Sie eine dreistufige Erfolgsrechnung gemäss Käfer nach den aktienrechtlichen Bestimmungen (OR 663) in
1 Kontenform
2 Berichtsform.

2.8 Erfolgsrechnung einer Transportunternehmung

Ausgangslage

Folgende Salden der Erfolgskonten (Kurzzahlen) der C. Rea-AG sind bekannt:
Abschreibungen 300, Mietaufwand 400, Beteiligungsertrag 40, Personalaufwand 1200, Übriger Betriebsaufwand 650, Versicherungsaufwand 80, Transporterlös 3120, Immobilienaufwand 120, Werbeaufwand 150, Betrieblicher Finanzaufwand 110, Ausserordentliche Abschreibungen 30 (darin ist ein Verlust von 10 aus dem Verkauf eines Lastwagens enthalten), Immobilienertrag 182, Fahrzeugunterhalt und Betriebsstoffe 250, Ausserordentlicher Immobilienertrag 490 (Verkaufsgewinn einer Liegenschaft), Betrieblicher Finanzertrag 40. Die Immobilien sind betriebsfremd.

Aufgabe Erstellen Sie in Berichtsform eine
1 zweistufige Erfolgsrechnung gemäss Käfer
2 mehrstufige Erfolgsrechnung gemäss KMU

nach den aktienrechtlichen Bestimmungen.

2.9 Erfolgsrechnung einer Fabrikationsunternehmung

Ausgangslage

Folgende ungeordnete Angaben in Fr. 1000.– der Fabrica SA sind bekannt:

Rohmaterialverbrauch	1 305
Hilfs- und Betriebsmaterialaufwand	325
Personalaufwand (Produktion 410, übriger 450)	860
Übriger Betriebsaufwand	568
Raumaufwand	270
Abschreibungen	155
Fabrikateerlös	3 625
Beteiligungserfolg (Aufwandüberschuss, betriebsfremd)	75
Zinsaufwand (betrieblich)	85
Liegenschaftserfolg (Ertragsüberschuss, betriebsfremd)	57
Ausserordentlicher Ertrag	163
Abnahme Halb- und Fertigfabrikate	150
Eigenleistungen	40
Direkte Steuern	32

Aufgabe Erstellen Sie in Berichtsform eine

1. zweistufige Erfolgsrechnung gemäss Käfer nach den aktienrechtlichen Bestimmungen.
2. mehrstufige Erfolgsrechnung gemäss KMU nach den aktienrechtlichen Bestimmungen.
3. Erfolgsrechnung nach den Swiss GAAP FER-Normen❶ nach dem Gesamtkostenverfahren.

2.10 Dreistufige Erfolgsrechnung einer Warenhandelsunternehmung

Ausgangslage

Folgende ungeordnete Angaben der Warenhandelsgesellschaft Sanibag sind bekannt:
Ordentliche Abschreibungen auf Mobilien 25, Inserate für Werbung 5, Licht- und Kraftstrom zulasten des Betriebs 10, Warenversandspesen (Ertragsminderung) 40, Lieferantenrechnungen 2200, Bruttoverkaufserlös Hauptgeschäft 3351, Gehälter 550, betriebliche Darlehens- und Kontokorrentzinsen 8, Unterhalt und Reparatur von Mobiliar 3, Rabatte an Kunden 130, Fracht und Zoll bei Wareneinkauf 180, Unterhalt und Reparatur von Betriebsfahrzeugen 9, Büromaterialien 11, Warenrücksendungen von Kunden 120, Debitorenverluste 15, durch Lieferanten verrechnete Gebinde 90, Verzugszinsen 3 (an Lieferanten bezahlt), Rücksendungen von Gebinde durch Kunden 100, Kursverluste bei Wareneinkauf 10, Bruttoverkaufserlös der Filiale 410, Lieferantenskonti 36, Telefon, Fax 19, Wasserverbrauch zulasten des Betriebes 2, Verbandsbeiträge 3, Dekorationskosten 7, übrige Büro- und Verwaltungsspesen 3, den Kunden verrechnete Gebinde 105, Rücksendungen an Warenlieferanten 10, Hypothekarzinsen 40, dem Betrieb verrechnete Miete in den eigenen Räumlichkeiten 75, übriger Mietertrag (aus Vermietung von Räumen an Dritte) 30, ordentliche Abschreibung auf Betriebsfahrzeugen 30, Werbedrucksachen 8, ausserordentliche Abschreibungen auf Anlagevermögen 12, Treibstoff für Betriebsfahrzeuge 41, Lieferantenrabatte 94, AHV-, ALV- und Pensionskassenbeiträge 85, Abschreibung auf der Liegen-

---

❶ Vergleiche Kapitel 2, Abschnitt 25, Mindestgliederung durch Swiss GAAP FER.

schaft 10, Mietaufwand für in der Nachbarschaft gemietete Lagerräumlichkeiten 12, Rücksendung von Gebinde an Lieferanten 100, Verkaufsprovisionen an unsere Angestellten 60, Gewinn- und Kapitalsteuern zu Lasten der Unternehmung 45, Kunden gewährte Skonti 65, übrige Sozialleistungen 12, Porti der Verwaltung 7, Bemusterung 4, sonstiger Liegenschaftsaufwand 25, sonstiger Betriebsaufwand 18, Versicherungsprämien für Maschinen und Mobiliar 21, Reisespesen der Vertreter 2

Aufgabe Erstellen Sie eine dreistufige Erfolgsrechnung in Kontenform gemäss Käfer. Verschiedene zusammengehörende Konten sind in Kontengruppen zusammenzufassen.

2.11 Erfolgsrechnung einer Industrieunternehmung

Ausgangslage

Die dargestellte Erfolgsrechnung der Industrie AG enthält formelle und rechnerische Fehler (Kurzzahlen).

Fakturierter Verkaufserlös der Lieferungen und Leistungen		2 970
Versandspesen und andere Erlösminderungen		630
Nettoverkaufsertrag		2 340
Herstellkosten der verkauften Produkte und Leistungen		1 835
Rohergebnis		505
Zins- und Wertschriftenerträge (betrieblich)		150
Verschiedene Erträge (betrieblich)		125
		780
Übriger Betriebsaufwand:		
Direkte Steuern	84	
Verwaltungsaufwand	240	
Vertriebsaufwand	105	
Zinsaufwand	60	
Restlicher Betriebsaufwand	15	504
		276
Ausserordentliche Erträge:		
Gewinn aus Grundstückverkauf	3	
Andere ausserordentliche Erträge	18	21
		255
Rückstellungsaufwand (ausserordentlich)		130
Unternehmungserfolg		125

Aufgaben

[A] Erstellen Sie eine Erfolgsrechnung nach den Swiss GAAP FER-Normen❶ nach dem Umsatzkostenverfahren.

[B] Welche Positionen sind bei der Wahl des Umsatzkostenverfahrens im Anhang gesondert auszuweisen?❶

[C] Weshalb entspricht diese Erfolgsrechnung nach dem Umsatzkostenverfahren nicht den aktienrechtlichen Bestimmungen?❷

❶ Vergleiche Kapitel 2, Abschnitt 25, Mindestgliederung durch Swiss GAAP FER.
❷ Vergleiche Kapitel 2, Abschnitt 24, Mindestgliederung im Aktienrecht.

2.12 Erfolgsrechnung nach dem Gesamt- und Umsatzkostenverfahren gemäss Swiss GAAP FER

Von der Fabrikations AG ist Folgendes bekannt (Beträge in Fr. 1000.–)

Nettoerlös		10 620
Materialaufwand		
– Produktion	2 363	
– Entwicklung	320	2 683
Personalaufwand		
– Produktion	2 120	
– Verwaltung	1 120	
– Vertrieb	487	
– Entwicklung	430	4 157
Abschreibungen auf Sachanlagen		
– Produktion	564	
– Verwaltung	85	
– Vertrieb	180	
– Entwicklung	93	922
Übriger Betriebsaufwand		
– Produktion	892	
– Verwaltung	198	
– Vertrieb	211	
– Entwicklung	130	1 431
Finanzaufwand		224
Finanzertrag		34
Steueraufwand (Direkte Steuern)		254
Abnahme Fertigfabrikate		148 zu Herstellkosten
Zunahme Halbfabrikate		78 zu Herstellkosten
Eigenleistungen		23 zu Herstellkosten
Ausserordentlicher Aufwand		88
Ausserordentlicher Ertrag		72
Liegenschaftsertrag (Ertragsüberschuss, betriebsfremd)		81

Aufgabe Erstellen Sie die Erfolgsrechnung in Berichtsform nach dem

1 Gesamtkostenverfahren
2 Umsatzkostenverfahren

gemäss den Swiss GAAP FER-Normen.

3 Zeitliche Abgrenzung

3.1 Ausstehende Mieterträge

Ausgangslage

Von der Wobau AG ist Folgendes bekannt:

	1. Jahr	2. Jahr	3. Jahr
Mietzinseinnahmen: Jan.–Dez.	198 000.–	203 400.–	202 800.–
Noch ausstehende Mieten beim Jahresabschluss	7 600.–	4 300.–	6 400.–

Aufgaben

A Führen Sie die Konten Transitorische Aktiven und Mietertrag für die drei Jahre. Das transitorische Konto ist nach der Wiedereröffnung auszugleichen.

B Führen Sie die Konten Mietguthaben und Mietertrag für die drei Jahre. Das Konto Mietguthaben ist
– beim Jahresabschluss nur anzupassen
– nach der Wiedereröffnung nicht auszugleichen.

3.2 Aufgelaufener Darlehenszins

Ausgangslage

Bei der Rain AG ist über das zu 4% zu verzinsende Darlehen Folgendes bekannt:

	1. Jahr	2. Jahr	3. Jahr
Aufnahme	200 000.–		
Rückzahlung		20 000.–	20 000.–
Zinszahlungen		8 000.–	7 200.–
Marchzins am Jahresende	6 000.–	5 400.–	4 800.–

Aufgaben

A Führen Sie die Konten Transitorische Passiven und Zinsaufwand für die drei Jahre. Das transitorische Konto ist nach der Wiedereröffnung auszugleichen.

B Führen Sie die Konten Zinsschuld und Zinsaufwand für die drei Jahre. Das Konto Zinsschuld ist ruhend zu führen.

3.3 Abgrenzung Werbematerialverbrauch

Ausgangslage

Die Canix AG kaufte 20_1 eine grössere Menge Werbematerial. Die Rechnung wurde sofort bezahlt und wie folgt verbucht: Werbematerialaufwand/Liquide Mittel Fr. 41000.–. Dieses Werbematerial steht der Unternehmung für drei Jahre zur Verfügung und wird wie folgt verbraucht:

	20_1	20_2	20_3
Werbematerialaufwand	11 000.–	21 000.–	9 000.–

Aufgaben

A Führen Sie das transitorische Konto und das Konto Werbeaufwand für die drei Jahre.

B Führen Sie die Konten Werbematerialbestand und Werbeaufwand für die drei Jahre.

C Wie lauten die jährlichen Buchungen, wenn das Werbematerial beim Kauf aktiviert wurde?

3.4 Abgrenzungsbuchungen in einer Warenhandelsunternehmung

Ausgangslage

Bei der Händy & Co. sind noch folgende Geschäftsfälle beim Jahresabschluss vom 31. 12. zu berücksichtigen (Kurzzahlen):

Buchungstatsachen

1 Der jeweils am 30. November und am 31. Mai im Voraus zu entrichtende halbjährliche Mietzins beträgt 48.

2 Vom Lieferant Künzli ist ein Umsatzbonus von 8 auf den Warenbezügen zu erwarten. Die Gutschrift ist noch nicht eingetroffen.

3 Vor einem Jahr wurde ein zu 6% verzinsliches Darlehen von 300 aufgenommen (Zinstermine 30. April und 31. Oktober).

4 Die Frachtrechnung von 1 für die Warenbezüge vom Dezember ist eingetroffen.

5 Der Grosskunde Mandi erhält einen Umsatzbonus von ungefähr 2 auf den im laufenden Jahr getätigten Käufen. Die genaue Abrechnung und Gutschrift erfolgt im Januar.

Aufgaben

A Wie lauten die Buchungen?

B Welche transitorische Buchung stellt ein(e) Leistungsguthaben/-schuld oder Geldguthaben/-schuld dar?

3.5 Abgrenzungsbuchungen in einer Industrieunternehmung

Ausgangslage

Bei der Metallica SA sind noch folgende Geschäftsfälle für den Quartalsabschluss vom 31. März zu berücksichtigen (Kurzzahlen).

Buchungstatsachen

1. Die Versicherungsprämien von 18 für die Geschäftsfahrzeuge wurden Anfang Januar für ein Jahr im Voraus bezahlt.
2. Im März wurde eine Schweissmaschine repariert. Die erwartete Rechnung von 4 ist noch nicht eingetroffen.
3. Die Rechnung für Werbematerial ist noch ausstehend. Vom geschätzten Betrag von 16 geht ¼ zulasten des zweiten Quartals.
4. Der im Voraus für den April erhaltene Mietzins beträgt 2.
5. Das Darlehensguthaben von 400 wird zu 6% nachschüssig verzinst (Zinstermine 30. April, 31. Oktober). Das transitorische Konto wurde Anfang Jahr aufgelöst.

Aufgabe   Wie lauten die Abgrenzungsbuchungen?

3.6 Jubiläumsrückstellungen

Ausgangslage

20_4 feiert die L. Pacioli SA ihr 50-Jahr-Jubiläum. Seit 3 Jahren nimmt sie Rückstellungen für dieses Fest vor. Am 1. 1. 20_3 beträgt die Jubiläumsrückstellung Fr. 180 000.–. Die Abrechnung Ende 20_4 ergibt effektive Gesamtkosten von Fr. 210 000.–.

Buchungstatsachen

20_3
1. Erhöhung der Jubiläumsrückstellungen um Fr. 60 000.–

20_4
2. a Banküberweisung für die gesamten Festaufwendungen
   b Auflösung der nicht benötigten Rückstellungen

Aufgaben   A   Wie lauten die Buchungen?

B   Wie lauten die Buchungen im 4. Jahr, wenn die Gesamtkosten Fr. 265 000.– betragen?

3.7 Rückstellungen für Garantieleistungen

Ausgangslage

Die 20_1 gegründete S. Lohri AG, Küchengeräte, gewährt den Kunden auf ihren Produkten eine einjährige Garantiefrist.
Folgende Konten stehen zur Verfügung:
Bank, Rückstellungen für Garantiearbeiten, Eigenleistungen für Garantiearbeiten (Ertragskonto), Garantieaufwand, Ausserordentlicher Aufwand

Buchungstatsachen (Kurzzahlen)

20_1

1   Ende Jahr werden die zu erwartenden Garantiearbeiten auf den Verkäufen des Jahres 20_1 auf 20 geschätzt.

20_2

2   Der Aufwand für die von der Lohri AG selber ausgeführten Garantiearbeiten (Lohn, Material usw.) beträgt 12.
3   Ein Kunde führt Garantiearbeiten selber aus. Die Lohri AG überweist ihm durch die Bank 1.
4   Ende Jahr werden die zu erwartenden Garantiearbeiten auf den Verkäufen des Jahres 20_2 auf 24 geschätzt.

20_3

5   Der Aufwand für die von der Lohri AG selber ausgeführten Garantiearbeiten beträgt 30.
6   Ende Jahr werden die zu erwartenden Garantiearbeiten auf den Verkäufen des Jahres 20_3 auf 21 geschätzt.
    Wegen eines Fabrikationsfehlers sind zusätzlich ausserordentliche Garantiearbeiten von 60 zu erwarten.

Aufgaben

A
1   Wie lauten die Buchungen, wenn das Konto Rückstellungen für Garantiearbeiten als ruhendes Konto geführt wird?
2   Führen Sie das Konto Rückstellungen für Garantiearbeiten für die drei Jahre.

B
1   Wie lauten die Buchungen, wenn die erbrachten Garantieleistungen laufend dem Konto Rückstellungen für Garantiearbeiten belastet werden?
2   Führen Sie das Konto Rückstellungen für Garantiearbeiten für die drei Jahre.

3.8 Vergleich verschiedener Konten

Ausgangslage

Beim Fabrikationsbetrieb Orit & Co. sind beim Jahresabschluss folgende Geschäftsfälle zu klären:

1   Durch die in diesem Jahr erbrachten Leistungen ist in den kommenden Jahren mit Garantiearbeiten zu rechnen.
2   Aufgelaufener Marchzins auf Hypothekarschulden

3	Noch nicht ausgestellte Gutschrift für gewährte Mengenrabatte auf Warenverkäufen
4	Eventuell in den nächsten Jahren zu zahlende Prozesskosten in einem hängigen Verfahren
5	Eingetroffene Rechnung für Werbung im abgelaufenen Jahr
6	Ausstehende Rechnung für Werbung im abgelaufenen Jahr (genau feststehender Betrag)
7	Ausstehende Rechnung für Werbung im abgelaufenen Jahr (geschätzter Betrag)
8	Im abgelaufenen Jahr durch einen Angestellten verdiente, aber noch nicht abgerechnete Provisionen
9	Wertberichtigung für gefährdete Guthaben
10	Zurückbehaltene ausgewiesene Gewinne
11	Geschätzte Steuer auf dem laufenden Gewinn
12	Ausstehende Mengenrabatte auf den Rohmaterialbezügen

Aufgabe Beantworten Sie für jeden Geschäftsfall folgende Fragen, indem Sie das Zutreffende ankreuzen.

1 Auf welches der vorgegebenen Konten ist zu buchen?
2 Wie wird dieser Vorgang bezeichnet? (Eine Antwort ist nicht in jedem Fall möglich.)
3 Welche Wirkung ergibt sich für die Unternehmung und auf den Erfolg?

Nr.	Konten					Vorgang				Wirkung für Unternehmung				Wirkung auf Erfolg
	Wertberichtigung	Kreditoren	Transitorische Passiven	Rückstellungen	Reserven	Aufwandsvortrag	Ertragsvortrag	Aufwandsnachtrag	Ertragsnachtrag	Leistungsguthaben	Leistungsschuld	Geldguthaben	Geldschuld	+ Zunahme 0 keine − Abnahme
1														
2														
3														
4														
5														
6														
7														
8														
9														
10														
11														
12														

3.9 Abschluss einer Fabrikationsunternehmung

Ausgangslage

Bei der Steam SA ist vor den Nachtragsbuchungen folgende provisorische Probebilanz vom 31. 12. 20_5 bekannt:

Konten	Soll	Haben
Kasse	215	210
Post	532	521
Bank	1 613	1 520
Debitoren	1 652	1 542
Delkredere		10
Transitorische Aktiven	–	
Vorräte	324	
Maschinen	522	21
Fahrzeuge	155	15
Liegenschaft	600	
Gründungskosten	6	
Kreditoren	671	732
Transitorische Passiven		–
Anzahlungen von Kunden		7
Rückstellungen für Garantiearbeiten	5	9
Hypotheken		400
Aktienkapital		1 000
Allgemeine gesetzliche Reserve		17
Gewinnvortrag		2
Rohmaterialaufwand	529	17
Lohnaufwand	387	10
Zinsaufwand	20	10
Abschreibungen	–	
Unterhalt und Reparaturen	15	
Sonstiger Fabrikationsaufwand	214	16
Debitorenverluste	10	
Verwaltungsaufwand	82	2
Bestandesdifferenz Halb- und Fertigfabrikate	–	–
Verkaufserlös	72	1 552
Sonstiger Betriebsertrag	1	9
Wertschriftenaufwand	14	
Wertschriftenertrag		17
Ausserordentlicher Aufwand	–	
	7 639	7 639

Buchungstatsachen

1 Abschreibungen:
   Fahrzeuge 40
   Maschinen 120
   Liegenschaft 10 (Es wird keine besondere Liegenschaftsrechnung geführt.)
   Gründungskosten 6

2 Die Rückstellungen für ordentliche Garantiearbeiten werden um 5 erhöht.

3 Das Konto Anzahlungen von Kunden wird als ruhendes Konto geführt. Anzahlungen von Kunden werden im Laufe des Jahres über das Konto Verkaufserlös verbucht. Beim Abschluss betragen die erhaltenen Anzahlungen 5.

4
Vorräte	Jahresanfang	Jahresende
Rohmaterial	112	127
Halb- und Fertigfabrikate	212	175
	324	302

5 Marchzins auf der Hypothek 8

6 Eine Rechnung für die Reparaturen an einer Maschine ist noch ausstehend. Dafür sind 7 zu berücksichtigen.

7 Von einem Rohmateriallieferanten wird auf den Bezügen dieses Jahres ein Mengenrabatt gewährt. Die Gutschrift von ungefähr 10 wird erst im nächsten Jahr eintreffen.

Gewinnverwendung

Zuweisung an die gesetzlichen Reserven 31
(Darin sind alle gesetzlichen Mindestzuweisungen enthalten.)
Dividenden, so viele ganze Prozente wie möglich
Rest: neuer Gewinnvortrag

Aufgaben

A Wie lauten die Nachtragsbuchungen?

B Erstellen Sie die Erfolgsrechnung und die Schlussbilanz vor Gewinnverteilung.

C Erstellen Sie den Gewinnverteilungsplan.

D Wie lauten die Eröffnungs- und Rückbuchungen für die transitorischen Posten?

4 Geschäftsverkehr mit Kunden und Lieferanten

4.1 Bar- und Kreditgeschäfte in der Offenposten-Buchhaltung

Ausgangslage

Die Insterburg & Co., Detailhandel, erfasst den Kreditverkehr nach der Offenposten-Buchhaltungs-Methode. Gemäss OP-Liste❶ vom 1. Dezember sind folgende Bestände bekannt:

Kreditoren   Fr. 7000.–   Debitoren   Fr. 9000.–

Buchungstatsachen im Dezember

1 a Rechnung von A. Amberg für Warenlieferung von Fr. 3300.–
  b Gutschrift von A. Amberg für zurückgesandte Waren von Fr. 300.–
  c Rechnung des Spediteurs B. Blitz von Fr. 170.– für die Warenlieferung von A. Amberg

2   Barkauf von Waren für Fr. 500.–

3 a Rechnung von C. Corti für gelieferte Waren von Fr. 5280.–
  b Gutschrift von C. Corti für Mängel an den gelieferten Waren von Fr. 480.–
  c Bankzahlung der Rechnung von C. Corti unter Abzug von 2% Skonto

4 a Kreditverkauf von Waren an S. Schibli für Fr. 12000.–
  b Mit S. Schibli wurde Frankolieferung vereinbart. Die Rechnung des Transporteurs T. Tommer für die Versandkosten beträgt Fr. 250.–

5   Barverkauf von Waren für Fr. 900.–

6 a Rechnung an R. Rickli für verkaufte Waren von Fr. 8750.–
  b Gutschrift an R. Rickli für zurückgenommene Waren von Fr. 750.–
  c Nachträglich gewährter Rabatt an R. Rickli von 4%

7   Banküberweisung von Fr. 1843.– nach Abzug von 3% Skonto durch den Kunden O. Oetterli. Die Kundenrechnung ist im Anfangsbestand vom 1. Dezember enthalten.

8   Abschluss

Aufgaben

A Nennen Sie Buchungen für die Buchungstatsachen 1–7.
B Bestimmen Sie die Schlussbestände vom 31. 12. gemäss OP-Liste.
C Nennen Sie die Korrektur- und Abschlussbuchungen.

❶ Inventar über die offenen Posten (= unbezahlte Rechnungen)

4.2 Abschluss Offenposten-Buchhaltung

Ausgangslage

Die Lehmann AG, Warenhandel, erfasst den Kreditverkehr nach der Offenposten-Buchhaltungs-Methode. Für die Jahre 20_1 und 20_2 sind der Anfangsbestand vom 01. 01. und der Schlussbestand vom 31. 12. aller Kundenguthaben und Lieferantenschulden bekannt. Zudem sind für das Jahr 20_2 die Banküberweisungen von Kunden und an Lieferanten als Gesamtbetrag bekannt.

Buchungstatsachen

20_1
1	01.01.	Offene Ausgangsrechnungen	Fr.	15 800.–
	31.12.	Offene Ausgangsrechnungen	Fr.	13 300.–
2	01.01.	Unbezahlte Eingangsrechnungen	Fr.	6 600.–
	31.12.	Unbezahlte Eingangsrechnungen	Fr.	11 200.–

20_2
3	01.01.	Kundenguthaben	Fr.	13 300.
	Jan.–Dez.	Kundenzahlungen	Fr.	180 000.–
	31.12.	Kundenguthaben	Fr.	17 300.–
4	01.01.	Lieferantenschulden	Fr.	11 200.–
	Jan.–Dez.	Lieferantenzahlungen	Fr.	85 000.–
	31.12.	Lieferantenschulden	Fr.	8 200.–

Aufgaben

A Nennen Sie Buchungen (inkl. Eröffnungs- und Abschlussbuchungen) für die beiden Jahre.

Zusatzaufgabe

B Erfassen Sie den folgenden Geschäftsfall in der Offenposten-Buchhaltung.
Anfang April 20_2 hat die Lehmann AG dem Kunden M. Mayers Waren für Fr. 3 000.– geliefert. Ende Oktober wird das Konkursverfahren gegen M. Mayers mangels Aktiven eingestellt.

4.3 Endgültige und mutmassliche Verluste

Nachfolgend finden Sie den zusammengefassten Debitorenverkehr für zwei aufeinander folgende Jahre (Kurzzahlen). Der Zahlungsverkehr wickelt sich durch die Bank ab.

Buchungstatsachen

20_2
1 Eröffnung: Debitoren 60, Delkredere 3
2 Kundenrechnungen 850
3 Kundenzahlungen 810
4 Kunde X ist in Konkurs geraten. Der definitive Verlust beträgt 20.
5 Abschluss: Die mutmasslichen Verluste auf den Kundenguthaben betragen 5%.

20_3
1 Eröffnung
2 Kundenrechnungen 910
3 Kundenzahlungen 927
4 Kunde Z hatten wir für 13 Waren auf Kredit geliefert. Heute gewähren wir ihm einen Forderungsnachlass von 9. Den Rest überweist er.
5 Abschluss: Die mutmasslichen Verluste sind kleiner als im Vorjahr. Deshalb bewerten wir die Debitoren neu mit 98%.

Aufgaben A Nennen Sie die Buchungen.

B Führen Sie die Konten Debitoren, Delkredere und Debitorenverluste.

4.4 Debitorenverluste, Delkredere❶ und Debitoren

Aufgaben A Welche der nachfolgenden Buchungen sind erfolgswirksam?

1 Dubiose Debitoren / Debitoren
2 Debitorenverluste / Debitoren
3 Debitorenverluste / Dubiose Debitoren
4 Debitoren / Debitorenverluste
5 Debitorenverluste / Delkredere

B Mit welchem der folgenden Konten ist das Delkredere zu vergleichen?

1 Rückstellungen
2 Wertberichtigung Mobilien
3 Reserven
4 Debitorenverluste

C Warum ist der Ausdruck Delkredererückstellungen falsch?

D Gehört eine pfandgesicherte Forderung gegenüber einem Kunden, der betrieben werden muss, zum Konto Debitoren oder Dubiose Debitoren?

E Warum werden am Jahresende die mutmasslichen Debitorenverluste indirekt abgeschrieben?

❶ Andere Bezeichnung = Wertberichtigung Debitoren

4.5 Debitorenverkehr

Nachstehend finden Sie den zusammengefassten Geschäftsverkehr für zwei aufeinander folgende Jahre der Handels AG.

Buchungstatsachen

20_2
1. Eröffnung: Debitoren Fr. 80 000.– und Delkredere Fr. 6 000.–
2. Kundenrechnungen Fr. 1 250 000.–
3. Gegen K. Kaufmann, der uns Fr. 10 000.– schuldet, leiten wir die Betreibung ein und überweisen einen Spesenvorschuss von Fr. 100.– durch die Bank.
4. Kundenzahlungen auf das Bankkonto Fr. 1 220 000.–
5. L. Lauper ist in Konkurs geraten. Für unsere Forderung von Fr. 2 100.– erhalten wir einen Verlustschein.
6. Abschluss: Die mutmasslichen Verluste auf den ausstehenden Kundenforderungen schätzen wir prozentual gleich hoch wie letztes Jahr.

20_3
1. Eröffnung
2. Kundenrechnungen Fr. 1 350 000.–
3. L. Lauper ist durch Erbschaft zu Vermögen gekommen. Wir lösen den Verlustschein ein und erhalten die Bankgutschrift.
4. F. Fischer hat sich ins Ausland abgesetzt. Wir schreiben die Forderung von Fr. 1 000.– ab.
5. Die Betreibung gegen K. Kaufmann ist abgeschlossen. Der Gesamtbetrag seiner Schuld und Fr. 200.– Verzugszinsen werden auf unser Bankkonto überwiesen.
6. Kundenzahlungen auf das Bankkonto Fr. 1 340 200.–
7. Mit M. Meier schliessen wir einen Nachlassvertrag ab. Er übergibt uns Möbel zum Eigengebrauch im Wert von Fr. 4 000.–. Fr. 4 700.– schreiben wir endgültig ab.
8. N. Niederer, der uns Fr. 2 000.– schuldet, gerät in Konkurs. Wir erhalten eine Konkursdividende von 10% auf unser Bankkonto und einen Verlustschein.
9. F. Fischer, der im Ausland eine reiche Amerikanerin kennen gelernt hat, kehrt in die Schweiz zurück und begleicht seine Schuld mit Banküberweisung.
10. Abschluss: Wir bewerten die Debitoren mit 95%.

Aufgaben

A Nennen Sie die Buchungen.
B Führen Sie die Konten Debitoren, Delkredere, Debitorenverluste.

4.6 Buchungen und Text

Aufgabe Vervollständigen Sie die Aufstellung, indem Sie die Buchung oder den Text eintragen.

Nr.	Buchung		Text
1	Delkredere	Schlussbilanz	
2			Eröffnung Debitoren
3			Endgültige Abschreibung einer Forderung
4	Delkredere	Debitorenverluste	
5	Kasse	Debitorenverluste	
6	Kasse	Ausserordentlicher Ertrag	
7			Erhöhung Delkredere
8			Abschluss Debitorenverluste (Soll-Saldo)
9	Schlussbilanz	Debitoren	
10			Kreditverkauf

4.7 Delkredereanpassung

Aufgabe Vervollständigen Sie die Tabelle, indem Sie die Beträge und die vor dem Abschluss zu treffende Buchung eintragen. Im Jahr 20_2 wird erstmals ein Delkredere gebildet.

Jahr	Debitorenbestand Ende Jahr	Delkredere in % des Debitorenbestandes	Saldo Delkredere Ende Jahr	Buchung		Betrag
20_2	70 000.–	5				
20_3	60 000.–	6				
20_4		5	3 200.–			

4.8 Typische Buchungstatsachen

Aufgabe Nennen Sie die Buchungen für die folgenden Geschäftsfälle:

1. Schuldner Z. Ziegel wurde fruchtlos gepfändet. Wir schreiben unsere Forderung von Fr. 4000.– ab.
2. Mit dem Kunden X. Xaver schliessen wir einen Nachlassvertrag ab. Wir schreiben Fr. 1600.– definitiv ab.
3. Das Delkredere soll von Fr. 2000.– auf Fr. 2700.– erhöht werden.
4. Das Betreibungsamt überweist Fr. 800.– auf unser Postkonto und stellt uns für die ungedeckten Fr. 1900.– einen Verlustschein aus.
5. Das Konkursverfahren gegen K. Müller wird mangels Aktiven eingestellt. Wir schreiben unsere Forderung von Fr. 3300.– ab.
6. Wir leiten die Betreibung gegen N. Nauer über Fr. 1200.– ein. Wir überweisen den Kostenvorschuss von Fr. 8.–, den wir dem Kunden belasten, durch die Post.
7. Das Betreibungsamt überweist uns auf das Postkonto den Kostenvorschuss zurück und teilt uns mit, dass der Kunde sich nach Südamerika abgesetzt hat. Wir schreiben die Forderung ab.
8. Das Delkredere beträgt Fr. 4000.– und wird neu beim Jahresabschluss auf Fr. 3000.– geschätzt.
9. Kunde S. Sauber, dessen Forderungen wir im letzten Jahr vollständig abgeschrieben haben, überweist uns nachträglich Fr. 700.– auf unser Bankkonto.
10. Kunde O. Orfeil gerät in Konkurs. Unsere Forderungen betrugen Fr. 9000.–. Die Konkursdividende von 20% wird auf unser Postkonto überwiesen. Für den Rest erhalten wir einen Verlustschein.
11. Kunde R. Rahmen wird Nachlass gewährt. Er überweist Fr. 450.– (ein Drittel unserer Forderungen) durch die Bank.

4.9 Dubiose Debitoren

Ausgangslage

Aus der Eröffnungsbilanz der Monticelli SA sind folgende Bestände bekannt:
Debitoren Fr. 87 000.–, Dubiose Debitoren Fr. 9700.–, Delkredere Fr. 9200.–.

Buchungstatsachen

1. a Der Kunde M. Schuler wird betrieben. Die Forderung von Fr. 12 000.– übertragen wir auf das Konto Dubiose Debitoren.
   b Wir überweisen den Kostenvorschuss von Fr. 40.–.
2. a Im Nachlassverfahren der Tipp AG werden uns Fr. 2700.– überwiesen.
   b Die restlichen Fr. 3000.– sind verloren.
3. Über unseren Kunden H. Minder ist der Konkurs eröffnet worden. Wir übertragen die Forderung von Fr. 6900.– auf das Konto Dubiose Debitoren.
4. Das Betreibungsverfahren gegen M. Schuler musste mangels Aktiven eingestellt werden. Wir schreiben die Forderung ab.

5 Vor zwei Jahren haben wir eine Forderung von Fr. 4 200.– abgeschrieben. Heute vergütet uns P. Blumer diesen Betrag.

6 Wir haben unseren Kunden B. Kaufmann erfolglos gemahnt. Nun ergibt sich, dass eine Betreibung nutzlos wäre. Wir schreiben die Forderung von Fr. 100.– endgültig ab.

7 Wider Erwarten überweist uns B. Kaufmann die Fr. 100.–.

8 Weitere Umsätze bei den Debitoren: Soll Fr. 820 000.–, Haben Fr. 797 000.–.

9 Die Wertberichtigung auf den Debitoren soll beim Abschluss
– 50% der dubiosen Forderungen und
– 5% der übrigen Forderungen
betragen.

10 Abschluss

11 Wiedereröffnung

Aufgaben

A Führen Sie die Konten Debitoren, Dubiose Debitoren, Delkredere, Debitorenverluste, Ausserordentlicher Ertrag.

B Wie hoch ist das vermutlich realisierbare Kundenguthaben Ende Jahr?

C
1 Welches Konto muss zusätzlich geführt werden, wenn auf dem Konto Debitorenverluste nur die endgültigen Verluste erfasst werden?
2 Wie lautet jetzt die Buchung für die Buchungstatsache 9?
3 Welche Vorteile bringt das bei **C** 1 zusätzlich eingeführte Konto?

4.10 Anzahlungen

Ausgangslage

Am 15. März bestellt die Bau SA bei der Maschinenfabrik AG drei Maschinen für insgesamt Fr. 750 000.–. Der Zahlungsverkehr wickelt sich durch die Bank ab.

Folgende Zahlungs- und Lieferbedingungen wurden vereinbart:
– Anzahlung von ⅓ des Kaufpreises bei Bestellung
– Lieferung der Maschine am 31. 07. und Zahlung von einem weiteren Drittel des Kaufpreises
– Restzahlung zwei Monate nach Lieferung

Buchungstatsachen

1 Die Maschinenfabrik AG sendet die Rechnung über die vereinbarte Anzahlung von Fr. 250 000.–, welche die Bau SA sofort begleicht.

2 Die Maschinenfabrik AG liefert die Maschinen:
– Die Rechnung lautet auf Fr. 500 000.– (Kaufpreis – Anzahlung).
– Die geleistete Anzahlung wird umgebucht.
– Das zweite Drittel wird bezahlt.

3 Der Restbetrag wird überwiesen.

Aufgabe **A** Nennen Sie die Buchungen bei der Bau SA und der Maschinenfabrik AG.

Zusatzaufgabe

B In welche Kontengruppen und Kontenuntergruppen gehören folgende Konten gemäss Kontenrahmen KMU?
- Anzahlungen an Lieferanten
- Anzahlungen für Handelswaren
- Anzahlungen für Maschinen
- Anzahlungen von Kunden

4.11 Anzahlungen/Zwei Rechnungsperioden

Ausgangslage

Mitte Oktober 20_7 bestellt die Gitter AG (Herstellerin von Armierungsgittern) bei der Schlatter SA eine Gitterschweissanlage für 1,74 Mio. Franken.
Der Zahlungsverkehr wickelt sich durch die Bank ab.

Im Kaufvertrag wurde Folgendes vereinbart:
15. 10. 20_7: Anzahlung von ⅓ des Kaufpreises
15. 04. 20_8: Lieferung der Produktionsanlage und Zahlung von einem weiteren Drittel des Kaufpreises
15. 07. 20_8: Restzahlung

Buchungstatsachen

15.10. Rechnung über die vereinbarte Anzahlung von Fr. 580 000.– und sofortige Begleichung

31.12. Abschlussbuchungen der Anzahlungskonten
(Nur diese Konten sind verlangt.)

01.01. Wiedereröffnungsbuchungen der Anzahlungskonten

15.04. Lieferung der Produktionsanlage:
- Rechnungsbetrag Fr. 1 160 000.– (Kaufpreis – Anzahlung)
- Umbuchung geleistete Anzahlung
- Überweisung des zweiten Drittels

15.07. Zahlung des Restbetrages

Aufgabe Nennen Sie die Buchungen bei der Gitter AG und der Schlatter SA.

5 Warenhandel und Fabrikationsbetrieb

5.1 Konten im Warenhandel

Ausgangslage

Warenverkehr der Amtrax AG (Sammelposten, Kurzzahlen):
Anfangsbestand 80, Lieferantenrechnungen 510, Rechnungen an Kunden zu Einstandspreisen 490 und zu Verkaufspreisen 690, Rücksendungen an Lieferanten 8, Bezugsspesen 15, Skonti und Rabatte an Kunden 9, Skonti und Rabatte von Lieferanten 6, Rücknahmen von Kunden zu Einstandspreisen 5 und zu Verkaufspreisen 7, Endbestand gemäss Inventar zu Einstandspreisen 100

Aufgaben

A Führen Sie das Warenkonto bzw. die Warenkonten nach der
1. Einkontenmethode.
2. Dreikontenmethode ohne laufende Inventur.
3. Dreikontenmethode mit laufender Inventur.

B Wie gross ist bei den drei Methoden der
1. Warenertrag (Nettoerlös)?
2. Warenaufwand?
3. Bruttogewinn?

C Nennen Sie Gründe für die Inventardifferenz bei der Dreikontenmethode mit laufender Inventur.

D Wo ist die Inventardifferenz bei der Dreikontenmethode ohne laufende Inventur?

E Nennen Sie den OR Artikel, der einer Aktiengesellschaft die Einkontenmethode für den normalen Warenverkehr verbietet.

5.2 Dreikontenmethode ohne/mit laufende(r) Inventur

Ausgangslage

Die Yoho & Co. erfasst den Warenverkehr in einem Konto.

Anfangsbestand	100	1 570	Kundenrechnungen
Lieferantenrechnungen	900	40	Rabatte von Lieferanten
Bezugsspesen	75	86	Schlussbestand
Rabatte an Kunden	30		
Rücknahmen von Kunden	25		
Bruttogewinn	566		
	1 696	1 696	

Weitere Angaben:
Kundenrechnungen, bewertet zu Einstandspreisen	962
Rücknahmen von Kunden, bewertet zu Einstandspreisen	15
Inventardifferenz (Lagerverlust)	2

Aufgaben

A Führen Sie die Warenkonten nach der Dreikontenmethode
  1 ohne laufende Inventur.
  2 mit laufender Inventur.

B Bestimmen Sie den
  1 Nettoerlös der verkauften Waren.
  2 Einstandswert der eingekauften Waren.
  3 Einstandswert der verbrauchten Waren.
  4 Einstandswert der verkauften Waren.

C Gegen welche beiden Buchführungsprinzipien verstösst die Einkontenmethode?

5.3 Materialkonten ohne laufende Inventur

Ausgangslage

Angaben über den Materialverkehr der Jasper AG (Kurzzahlen, Sammelposten):
Anfangsbestand 450, Lieferantenrechnungen 2 460, Bezugsspesen 75, Skonti und Rabatte von Lieferanten 145, Schlussbestand 300

Aufgaben

A Führen Sie die Konten Materialbestand (als ruhendes Konto) und Materialeinkauf.

B Berechnen Sie den Materialeinkauf und -aufwand.

5.4 Rohmaterialaufwand ohne laufende Inventur

Aufgaben

A Weshalb wird der Rohmaterialaufwand bei einer Abnahme des Rohmaterialbestandes grösser?

B Was zeigt der Saldo des Kontos Rohmaterialeinkauf
  1 zu irgendeinem Zeitpunkt im Verlaufe des Jahres?
  2 beim Jahresabschluss vor der Bestandeskorrektur?
  3 beim Jahresabschluss nach der Bestandeskorrektur?

5.5 Materialkonten mit laufender Inventur

Ausgangslage

Die Neptun GmbH baut Segelschiffe und produziert Schiffszubehör. Sie führt die Materialkonten mit laufender Inventur, d.h. das eingekaufte Material wird aktiviert und erst beim Verbrauch als Aufwand erfasst. Zu diesem Zweck führt sie eine Materialbuchhaltung, die unter anderem die Einstandspreise aller Materialpositionen enthält.

Ausgewählte Geschäftsfälle

1. Rechnung der Gall AG von Fr. 820.– für geliefertes Material
2. Materialverbrauch für die Produktion gemäss Materialbezugsscheinen von Fr. 3840.–
3. Für Ausstellungszwecke wird Material von Fr. 2350.– aus dem Lager genommen. Dieses Material wird nach der Ausstellung entsorgt, da es nicht mehr zu gebrauchen ist.
4. Nachträgliche Rabattgutschrift der Gall AG von Fr. 123.–. Das Material ist noch am Lager. Der Einstandspreis wird in der Materialbuchhaltung entsprechend reduziert.
5. Durch einen Wasserschaden wird Material im Lager im Betrag von Fr. 4500.– zerstört. Da die Neptun GmbH unterversichert ist, kann sie nur mit einer Versicherungsentschädigung von Fr. 3500.– rechnen.
6. Beim Jahresabschluss beträgt der Materialvorrat gemäss
   – Konto Materialvorrat Fr. 48 700.–
   – Inventar Fr. 47 300.–

Aufgaben

A Verbuchen Sie die Geschäftsfälle 1–6.
B Wie lautet die Buchung für den Geschäftsfall 4, falls das Material nicht mehr am Lager ist?

5.6 Kontengruppen

Aufgabe

Zu welcher Kontengruppe gehören gemäss Kontenrahmen Käfer und KMU folgende Konten?

1. Rohmaterialbestand
2. Rohmaterialeinkauf bzw. -aufwand
3. Bestand an Halb- und Fertigfabrikaten
4. Bestandesänderung Halb- und Fertigfabrikate
5. Büromaterialeinkauf bzw. -aufwand

5.7 Halb- und Fertigfabrikate

Ausgangslage

Von der Hot-Springs AG sind folgende Angaben bekannt:

Halb- und Fertigfabrikatebestand
- Anfangsbestand 1 100
- Schlussbestand 750

Verkaufserlös	7 630
Materialaufwand	2 440
Personalaufwand	1 950
Eigenleistungen	20
Abschreibungen	360
Raumaufwand	610
Direkte Steuern	295
Finanzaufwand (betrieblich)	110
Finanzertrag (betrieblich)	25
Übriger Betriebsaufwand	970

Aufgaben

A Führen Sie die Konten Halb- und Fertigfabrikatebestand, Bestandesänderung Halb- und Fertigfabrikate.

B Erstellen Sie die Erfolgsrechnung nach dem Gesamtkostenverfahren (Produktionserfolgsrechnung). Die Erfolgsrechnung muss die aktienrechtlichen und die Swiss GAAP FER-Vorschriften[1] erfüllen.

---

[1] Siehe Kapitel 2, Abschnitte 24, Mindestgliederung im Aktienrecht, und Abschnitt 25, Mindestgliederung durch Swiss GAAP FER.

6 Abschreibungen

6.1 Aufgaben, Ursachen, Arten

Aufgaben

A Wie können Ersatzinvestitionen mit Abschreibungen finanziert werden?

B Weshalb ist auf einer Maschine, die während einer Rechnungsperiode nie benutzt wird, trotzdem eine Abschreibung nötig?

C Eine Produktionsanlage mit einer geschätzten Nutzungsdauer von fünf Jahren wird im ersten Jahr bis auf den «Erinnerungsfranken» abgeschrieben.
Welchen Buchführungsgrundsätzen widerspricht diese Einmalabschreibung?

D 1 In welchen drei Fällen ist der Abschreibungsaufwand einem Konto der Klasse 8 (gemäss Kontenrahmen KMU) zu belasten?
2 Geben Sie je ein Beispiel.

6.2 Verkauf und Abschreibung

Ausgangslage

Anfangsbestände:

Maschinen	Fr. 310 000.–
Wertberichtigung Maschinen	Fr. 230 000.–

Buchungstatsachen

1 Verkauf der Maschine X-20c (Anfang Jahr)
– Verkaufserlös Fr. 8 000.–
– Anschaffungswert Fr. 29 000.–
– Buchwert Fr. 2 000.–
2 Jahresabschreibung 30% vom Buchwert
3 Abschluss der Konten
4 Wiedereröffnung der Konten

Aufgabe Nennen Sie die Buchungen, und führen Sie die nötigen Bestandeskonten nach der
1 indirekten Methode.
2 direkten Methode.

6.3 Eintausch und Abschreibung

Ausgangslage

Anfangsbestände:

Fahrzeuge	Fr. 497 000.–
Wertberichtigung Fahrzeuge	Fr. 310 000.–

Buchungstatsachen

1. Kauf eines Lieferwagens (Anfang Jahr)
   Abrechnung des Verkäufers:

Neuer Lieferwagen	Fr. 48 000.–
Eintauschpreis alter Lieferwagen	– Fr. 3 000.–
Rechnungsbetrag	Fr. 45 000.–
Zahlung innert 30 Tagen: 2% Skonto	

   – Anschaffungswert des alten Lieferwagens Fr. 32 000.–
   – Buchwert des alten Lieferwagens Fr. 7 000.–

2. Zahlung der Rechnung mit 2% Skontoabzug
3. Ein Fahrzeug, das letztes Jahr vollkommen abgeschrieben wurde, allerdings noch immer in der Buchhaltung aufgeführt ist, wird dem Schrotthändler übergeben.
   – Anschaffungspreis Fr. 23 000.–
   – Entsorgungskosten bar bezahlt Fr. 300.–
4. Abschreibung 20% vom Anschaffungswert
5. Abschluss der Konten

Aufgaben

A Nennen Sie die Buchungen, und führen Sie die Konten Fahrzeuge und Wertberichtigung Fahrzeuge.

B Nennen Sie die Buchungen, und führen Sie das Konto Fahrzeuge (direkte Abschreibung).

C Wie kann man auch bei der direkten Abschreibung über den Anschaffungswert und über die bereits vorgenommenen Abschreibungen orientiert sein?

6.4 Demontage und Entsorgungskosten

Ausgangslage

Von einer Produktionsanlage sind folgende Daten bekannt:
Nutzungsdauer 8 Jahre
Geschätzte Demontage- und Entsorgungskosten Fr. 12 000.–

Aufgaben

A Wie können die zukünftig anfallenden Demontage- und Entsorgungskosten gleichmässig auf die ganze Nutzungsdauer verteilt werden?

B Wie lautet die jährliche Buchung?

C Welche positive Wirkung hat dieses Vorgehen auf die Finanzierung der Entsorgungskosten?

6.5 Berechnung von Abschreibungsbeträgen bei verschiedenen Abschreibungsverfahren

Ausgangslage

Die Anschaffungskosten einer neuen Ladeneinrichtung betragen Fr. 160 000.–. Sie soll innert 10 Jahren abgeschrieben werden.
Im ersten Jahr wird eine ganze Jahresabschreibung vorgenommen.

Aufgaben

A Wie gross ist bei degressiv-arithmetischer Abschreibung der Degressionsbetrag (auf ganze Franken runden)?

B Wie gross ist der Abschreibungsbetrag im dritten Jahr bei
1 linearer Abschreibung?
2 degressiv-geometrischer Abschreibung, wenn der Abschreibungssatz doppelt so hoch ist wie bei der linearen Abschreibung?
3 degressiv-arithmetischer Abschreibung?

6.6 Vergleich von Abschreibungsverfahren und -methoden

Ausgangslage

Am Ende des dritten Jahres (vor der Jahresabschreibung) beträgt in einem Fitness-Center der Buchwert der Fitness-Geräte Fr. 48 000.–. Sie werden degressiv-geometrisch und direkt abgeschrieben. Der Abschreibungssatz beträgt 25%. Im ersten Jahr wurde eine ganze Jahresabschreibung vorgenommen.

Aufgaben

A Wie gross ist der Abschreibungsbetrag im dritten Jahr?

B 1 Wie gross ist der Abschreibungsbetrag im dritten Jahr, wenn während der ganzen Nutzungsdauer jährlich linear 12,5% abgeschrieben wird?
2 Führen Sie für das dritte Jahr die Konten Fitness-Geräte, Wertberichtigung Fitness-Geräte und Abschreibung, wenn linear und indirekt abgeschrieben wird.

6.7 Eignung von Abschreibungsverfahren

Aufgabe

Nennen Sie Gründe, die für folgende Abschreibungsverfahren sprechen:
1 lineare Abschreibung
2 degressive Abschreibung
3 leistungsorientierte Abschreibung

6.8 Abschreibungstabelle

Ausgangslage

Die folgende Aufstellung zeigt den Kauf und den Verkauf von Maschinen in einem Fabrikationsbetrieb.
Im Hinblick auf die Berechnung der Abschreibungsbeträge in der Aufgabe B werden jeweils neben dem Anschaffungswert auch die voraussichtliche Nutzungsdauer, der voraus-

sichtliche Restwert am Ende der Nutzungsdauer und die voraussichtlichen Demontagekosten zu unseren Lasten angegeben.

1. Jahr:	Kauf von Maschine A	Neuwert Fr. 10 000.– Nutzungsdauer 10 Jahre Restwert Fr. 1000.– Demontagekosten beim Verkauf Fr. 500.–
	Kauf von Maschine B	Neuwert Fr. 50 000.– + Fr. 4 000.– Installationskosten Nutzungsdauer 20 Jahre Restwert Fr. 2 000.– Demontagekosten beim Verkauf Fr. 1000.–
	Kauf von Maschine C	Neuwert Fr. 18 000.– Nutzungsdauer 15 Jahre Restwert 0 keine Demontagekosten
2. Jahr:	Kauf von Maschine D	Neuwert Fr. 25 000.– + Fr. 3 000.– Installationskosten Nutzungsdauer 10 Jahre Restwert Fr. 1500.– Demontagekosten beim Verkauf Fr. 500.–
3. Jahr:	Verkauf von Maschine A	Verkaufserlös Fr. 4 000.– Demontagekosten Fr. 1200.–
	Kauf von Maschine E (als Ersatz von A)	Neuwert Fr. 18 000.– Nutzungsdauer 15 Jahre Restwert Fr. 2 000.– Demontagekosten beim Verkauf Fr. 500.–
4. Jahr:	Kein Kauf, kein Verkauf	

Jede Maschine wird bereits im Anschaffungsjahr mit einem ganzen Jahresanteil abgeschrieben.

Abschreibungstabelle für die Aufgaben A und B (Muster)

Jahr	Text	A	B	C	D	E	Total
1	Anschaffungswert	10 000.–					
	– Abschreibung						
	Restwert						
2	+ Anschaffung						
	– Abschreibung						
	Restwert						
3	+ Anschaffung						
	– Abschreibung						
	Erlös (netto)						
	Restwert						
4	– Abschreibung						
	Restwert						

Aufgaben
A Ergänzen Sie die Tabelle.
Der Abschreibungssatz beträgt für alle Maschinen 25% vom Buchwert (Abschreibungsbeträge auf ganze Franken runden).

B Ergänzen Sie die Tabelle.
Alle Maschinen werden linear abgeschrieben. Der jährliche Abschreibungsbetrag ist für jede Maschine einzeln zu berechnen. Restwert und Demontagekosten sind dabei zu berücksichtigen (Abschreibungsbeträge auf ganze Franken runden).

6.9 Abschreibung vom Wiederbeschaffungswert (Tageswert)

Ausgangslage

Von einem Brennofen sind folgende Daten bekannt:

Historischer Anschaffungswert vor 4 Jahren	Fr. 40 000.–
Tageswert am 31. 12. 20_4	Fr. 50 000.–
Abschreibungsmethode	indirekt
Abschreibungsverfahren	vom Tageswert (mit Nachholabschreibungen)
Abschreibungssatz	10%
Geschätzte Nutzungsdauer	10 Jahre
Restwert nach Ablauf der Nutzungsdauer	0

Situation Ende 20_4 vor der Jahresabschreibung:

Brennofen		Wertberichtigung Brennofen		Wiederbeschaffungsrückstellung		Abschreibung Brennofen	
40 000			12 000		2 100		

Aufgaben
A Was stellt der Betrag von Fr. 12 000.– dar?
B Was stellt der Betrag von Fr. 2 100.– dar?
C Wie gross ist der Abschreibungsbetrag im 4. Jahr?
D Wie lauten die Buchungen für die Abschreibung im 4. Jahr?
E Welchen Zweck verfolgt man mit der Abschreibung vom Wiederbeschaffungswert in der
   1 Betriebsbuchhaltung/Kalkulation?
   2 Finanzbuchhaltung?
F Die Steuerverwaltung duldet nur die Abschreibung des Anschaffungswertes. Wie wird sie sich in diesem Fall verhalten?

6.10 Behandlung der Wiederbeschaffungsrückstellung am Ende der Nutzungsdauer

Ausgangslage

Am Ende der geplanten Nutzungsdauer nach der letzten Abschreibung weisen die drei Konten folgende Salden aus:

Hubstapler	Wertberichtigung Hubstapler	Wiederbeschaffungs-rückstellung
60 000	60 000	20 000

Eintausch

Der alte Hubstapler wird gegen einen neuen eingetauscht. Die Abrechnung des Lieferanten lautet wie folgt:

Neuer Hubstapler	Fr. 82 000.–
Entschädigung für alten Hubstapler	– Fr. 3 000.–
Rechnungsbetrag netto	Fr. 79 000.–

Aufgabe Nennen Sie die Buchungen für den Eintausch.

6.11 Anlagespiegel

Ausgangslage

Aus dem Jahresabschluss der Hohlstein AG 20_6 sind folgende Informationen bekannt:

Bilanz	31.12.20_5	31.12.20_6
Sachanlagen	455	518
Immaterielle Werte	596	719

Erfolgsrechnung	20_6
Abschreibungen	198

Anlagespiegel Sachanlagen

	Unbebaute Grundstücke	Grundstücke und Bauten	Anlagen und Einrichtungen	Übrige Sachanlagen	Total
Nettobuchwerte Stand 31.12.20_5	40	166	137	112	455
Anschaffungswerte bzw. Herstellungskosten					
Stand 31.12.20_5	53	415	597	480	1 545
Zugänge	3	40	67	43	153
Abgänge	0	– 1	– 4	– 3	– 8
Umbuchungen	0	1	0	– 1	0
Stand 31.12.20_6	56	455	660	519	1 690
Kumulierte Abschreibungen					
Stand 31.12.20_5	– 13	– 249	– 460	– 368	– 1 090
Planmässige Abschreibung	0	– 12	– 24	– 40	– 76
Wertbeeinträchtigungen	0	0	– 12	0	– 12
Abgänge	0	1	3	2	6
Stand 31.12.20_6	– 13	– 260	– 493	– 406	– 1 172
Nettobuchwerte Stand 31.12.20_6	43	195	167	113	518

Anlagespiegel Immaterielle Werte

	Patente	Marken	Übrige immaterielle Werte	Total
Nettobuchwerte Stand 31.12. 20_5	382	0	214	596
Anschaffungswerte bzw. Herstellungskosten Stand 31.12. 20_5 Zugänge Abgänge	546 98 0	0 27 0	382 108 0	928 233 0
Stand 31.12. 20_6	644	27	490	1 161
Kumulierte Abschreibungen Stand 31.12. 20_5 Planmässige Abschreibung Abgänge	– 164 – 78 0	0 0 0	– 168 – 32 0	– 332 – 110 0
Stand 31.12. 20_6	– 242	0	– 200	– 442
Nettobuchwerte Stand 31.12. 20_6	402	27	290	719

Aufgaben

A Wie gross sind in den vier Kategorien der Sachanlagen per Ende 20_6 die Anschaffungswerte, die Wertberichtigungen und die Buchwerte?

B Wie hoch waren die Abschreibungen bei den unbebauten Gründstücken?

C Wurden Marken gekauft?

D Worauf könnte der Zugang von 67 bei den Anlagen und Einrichtungen zurückzuführen sein?

E Wie wurde der Buchwert bei den Sachanlagen am 31.12. 20_6 berechnet?

F Wie setzt sich der gesamte Abschreibungsbetrag von 198 zusammen?

G Erklären Sie die Abgänge von 8 und 6 bei den Sachanlagen.

H Worin liegt der Hauptunterschied zwischen der planmässigen Abschreibung von 24 und der Wertbeeinträchtigung von 12 bei den Anlagen und Einrichtungen?

Zusatzaufgabe

I 1 Berechnen Sie für die Kategorie Anlagen und Einrichtungen per Ende 20_6:
– Anlageabnutzungsgrad in % (Kumulierte Abschreibungen : Anschaffungswert · 100)
– Abschreibungsquote in % (Jahresabschreibung : Anschaffungswert · 100)

2 Beurteilen Sie die beiden Ergebnisse.

7 Bewertung

7.1 Bewertungsvorschriften und -probleme

Aufgaben

A Für welche Rechtsformen gelten für die Bewertung ausschliesslich die Bestimmungen von OR 960?

B Weshalb darf eine Aktiengesellschaft eine Liegenschaft nicht über dem Anschaffungswert bilanzieren?

C Weshalb sind im Steuerrecht (im Gegensatz zum OR) die Abschreibungssätze nach oben begrenzt?

D Das Steuerrecht (direkte Bundessteuer) gestattet 25% jährliche Abschreibung auf dem Buchwert des Geschäftsmobiliars. Wie viele Prozent sind bei Abschreibung vom Anschaffungswert höchstens gestattet?

E Welche zwei Bewertungsprobleme können sich bei den Debitoren ergeben?

F Welches ist nach den aktienrechtlichen Vorschriften der höchstzulässige Bilanzwert von kotierten Aktien, wenn sie als

1 Liquiditätsreserven
2 Beteiligung

gehalten werden?

G Welche Genossenschaften unterliegen den aktienrechtlichen Bewertungsvorschriften?

H Wie hoch ist der Anschaffungswert einer Maschine unter den folgenden Bedingungen?

Rechnungsbetrag des Lieferanten inkl. 7,6% Mehrwertsteuer Fr. 34 970.–
Rechnung des Spediteurs inkl. 7,6% Mehrwertsteuer Fr. 2 367.20
Montagekosten inkl. 7,6% Mehrwertsteuer Fr. 3 873.60

I Zu welchem kg-Preis darf eine Aktiengesellschaft einen Artikel ihres Materiallagers höchstens bilanzieren, unter folgenden Bedingungen (alle Preise ohne MWST)?

– Bruttopreis des Lieferanten beim Kauf Fr. 20.– je kg, Rabatt 5%, Bezugsspesen je kg Fr. –.50, Bruttogewinn 50% des Einstandspreises.
– Bruttopreis des Lieferanten für denselben Artikel am Bilanztag Fr. 22.– je kg. Die restlichen Bedingungen sind gleich.

J Welcher kg-Preis darf gemäss **I** für die Bilanzierung höchstens eingesetzt werden, wenn der Bruttopreis des Lieferanten am Bilanztag Fr. 18.– beträgt, unter sonst gleichen Bedingungen?

K Welche jährliche Kontrolle schreibt das OR für den Warenvorrat vor?

L Welche Vermögenswerte werden bei den aktienrechtlichen Bewertungsvorschriften gleich behandelt wie die Sachanlagen?

M Die Malefix AG besitzt stimmen- und kapitalmässig 30% des Aktienkapitals der Allegro AG (3 000 börsenkotierte Namenaktien).

Werte der Allegro-Namenaktie:
- Kurs am Bilanzstichtag 31.12.   Fr. 800.–
- Durchschnittskurs des Monats Dezember   Fr. 780.–
- Kaufkurs   Fr. 700.–

1. Zu welchem Wert dürfen die 3 000 Aktien höchstens bilanziert werden?
2. Begründen Sie Ihre Antwort.
3. Zu welchem Wert dürften die 3 000 Aktien höchstens bilanziert werden, wenn der Kaufkurs Fr. 1 000.– betragen hätte?

N Das Warenlager einer AG setzt sich aus drei Artikeln zusammen. Das Inventar zeigt Folgendes:

Artikel	Bezahlter Einstandspreis	Realisierbarer Nettoveräusserungswert am Bilanzstichtag
X	15 000.–	9 000.–
Y	20 000.–	24 000.–
Z	18 000.–	21 000.–
Total	53 000.–	54 000.–

Kreuzen Sie den Wert an, zu dem das Warenlager höchstens bilanziert werden darf, und begründen Sie Ihre Lösung.

☐ 47 000.– (9 000.– + 20 000.– + 18 000.–)

☐ 53 000.–

☐ 54 000.–

☐ 60 000.– (15 000.– + 24 000.– + 21 000.–)

7.2 Bewertung von Bilanzpositionen

Ausgangslage

Am Ende des Geschäftsjahres ist von den einzelnen Bilanzposten der FABAG SA Folgendes bekannt (Kurzzahlen):

Lieferantenkreditoren 160, Guthaben auf dem Bankkonto 50, Darlehensschuld 250 (in zwei Jahren fällig), Aktienkapital 700, Guthaben auf Postkonto 48, Allgemeine gesetzliche Reserve 40, Übrige Kreditoren 9, Dividenden 3, Gewinnvortrag 2, Festgeld bei der Bank 100 (Restlaufzeit 2 Monate), Hypothekarschuld 300

Vorrat an Halb- und Fertigfabrikaten zu Herstellkosten 150; das Lager wird entsprechend den steuerrechtlichen Möglichkeiten um $1/3$ unterbewertet.

Kundenguthaben Inland 100, Kundenguthaben Ausland 50, Delkredere auf Debitoren Inland 2%, auf Debitoren Ausland 6%.

Kotierte Wertschriften: Anschaffungswert 28, Durchschnittskurs im Monat vor dem Bilanzstichtag 30.
Rohmaterial zu Anschaffungskosten gemäss Inventar 100. Am Bilanzstichtag liesse sich dieses Rohmaterial um 10% günstiger beschaffen.

Die folgenden Zahlen entsprechen den Buchwerten zu Beginn des Jahres:
Geschäftsmobiliar 60, Patente 10, Maschinen zu Produktionszwecken 400 (davon $3/4$ im Schichtbetrieb eingesetzt), Geschäftsliegenschaft 500 (davon $4/5$ für Fabrikation und $1/5$ für Büros, Boden im Baurecht auf 99 Jahre), Werkstatt- und Lagereinrichtungen 100, Autos 120, Werkzeuge 80.
Für die Bilanzierung sind noch die Abschreibungen zu berücksichtigen, und zwar die nach Bundessteuerrecht höchstmöglichen Abschreibungssätze vom Buchwert. (Siehe Kapitel 7, Abschnitt 73, Steuerrechtliche Vorschriften, Merkblatt der Eidg. Steuerverwaltung).

Aufgabe Erstellen Sie eine gut gegliederte Schlussbilanz I gemäss OR 663a. Setzen Sie, sofern nicht etwas anderes steht, die handelsrechtlichen Höchstwerte ein.

7.3 Verschiedene Bewertungsmethoden von Materialvorräten

Ausgangslage

Die Kollag AG (Fabrikationsbetrieb) führt eine Lagerbuchhaltung. Für den Bestandteil Y sind der Anfangsbestand, die eingekauften und die verbrauchten Mengen bereits in der Lagerkarte eingetragen.

Aufgaben A Ergänzen Sie die Lagerkarte

1 nach der Durchschnittspreismethode.

Datum	Eingänge + / Rücksendungen –		Verbrauch		Bestand		
	Menge	Preis	Menge	Preis	Menge	Durchschnittspreis	Wert
01.01.					500	11.–	5 500.–
04.03.			200				
07.04.	+ 700	12.50					
09.07.			150				
12.08.			650				
15.10.	+ 600	14.–					
17.10.			400				
20.10.	– 100	14.–					
11.11.	+ 400	12.–					

258

2 nach der First-in, first-out-Methode.

Datum	Eingänge + / Rücksendungen –		Verbrauch		Bestand		
	Menge	Preis	Menge	Preis	Menge	Preis	Wert
01.01.					500	11.–	5500.–
04.03.			200				
07.04.	+700	12.50					
09.07.			150				
12.08.			650				
15.10.	+600	14.–					
17.10.			400				
20.10.	–100	14.–					
11.11.	+400	12.–					

B Die Kollag AG führt ihre Materialkonten nach der Dreikontenmethode mit laufender Inventur❶. Wie lauten die Buchungen für die Lagerbewegungen vom 15.10., 17.10. und 20.10. (Fifo-Methode)?

C Zu welchem Wert dürfen die Y-Bestandteile Ende Jahr gemäss OR 666 höchstens bilanziert werden, wenn der Marktpreis am 31.12.

1   Fr. 12.–
2   Fr. 14.–

beträgt?

❶ Siehe Kapitel 5, Abschnitt 51, Konten im Warenhandel.

8 Stille Reserven

8.1 Geeignete Bilanzpositionen

Aufgaben **A** Welche Bilanzpositionen können stille Reserven enthalten?

1	Kasse	6	Maschinen
2	Postguthaben	7	Lieferantenkreditoren
3	Bankkontokorrentguthaben	8	Aktienkapital
4	Delkredere	9	Gesetzliche Reserven
5	Vorräte	10	Rückstellungen

B Erklären Sie, wie diese stillen Reserven gebildet werden.

8.2 Wirkung auf den Unternehmungserfolg

Ausgangslage

Aus der Finanzbuchhaltung einer Fabrikationsunternehmung ist Folgendes bekannt:
Die Erfolgsrechnung weist einen Verlust von 12 aus.
Auf den Maschinen wurden in diesem Jahr erstmals stille Reserven von 4 gebildet.
Der Bestand an stillen Reserven auf den Rohmaterialien von 5 bleibt unverändert.
Auf den Halb- und Fertigfabrikaten wurden zusätzliche stille Reserven von 6 gebildet. Sie betragen damit insgesamt 15.

Aufgaben **A** Wie gross wäre der ausgewiesene Erfolg, wenn man in diesem Jahr keine neuen stillen Reserven gebildet hätte?

B Wie gross wäre der ausgewiesene Erfolg, wenn alle bestehenden stillen Reserven aufgelöst würden?

8.3 Stille Reserven auf Anlagevermögen

Ausgangslage

Von der Maschine XP2 ist Folgendes bekannt:

Anschaffungswert	Fr. 60 000.–
Geschätzte Nutzungsdauer	6 Jahre
Abschreibungsmethode	linear
Angenommener Restwert am Ende der Nutzungsdauer	0

In der Finanzbuchhaltung soll die Maschine in 4 Jahren auf Null abgeschrieben werden.

Aufgaben **A** Erstellen Sie eine Tabelle über die sechs Jahre (20_1 bis 20_6) mit folgenden Kolonnen:

Jahr	Ausgewiesene Werte		Tatsächliche Werte		Stille Reserven	
	Abschrei-bungsbetrag	Buchwert Ende Jahr	Abschrei-bungsbetrag	Restwert Ende Jahr	Bestand Ende Jahr	Veränderung

B Berechnen Sie den tatsächlichen Erfolg in den folgenden Jahren unter der Annahme, dass keine weiteren stillen Reserven vorhanden sind.

1. 20_2: Ausgewiesener Reingewinn   Fr. 23 000.–
2. 20_3: Ausgewiesener Reingewinn   Fr. 19 000.–
3. 20_4: Ausgewiesener Reinverlust   Fr. 3 000.–
4. 20_5: Ausgewiesener Reingewinn   Fr. 30 000.–
5. 20_6: Ausgewiesener Reinverlust   Fr. 7 000.–

C Über die sechs Jahre betrachtet, ist der Einfluss auf den Erfolg gleich Null. Die Bildung und die Auflösung von stillen Reserven heben sich gegenseitig auf. Welche Gründe sprechen trotzdem für eine externe Abschreibung innerhalb von vier Jahren?

D Wie sollten die jährlichen Abschreibungen festgelegt werden, damit sie die Steuern und/oder die Gewinnausschüttung optimal beeinflussen?

E Die Maschine wird Anfang 20_7 für Fr. 3 000.– bar verkauft. Wie lauten die Buchungen bei direkter Abschreibung?

8.4 Stille Reserven auf Debitoren

Ausgangslage

Aus den Debitoreninventaren der Herzog AG ist Folgendes bekannt:

	31. 12. 20_8	31. 12. 20_9
Total Debitoren	350 000.–	290 000.–
Mutmassliche Verluste	10 000.–	12 000.–
Sichere Debitoren	340 000.–	278 000.–

In der Finanzbuchhaltung wird auf dem gesamten Debitorenbestand jedes Jahr eine pauschale Wertberichtigung von 5% vorgenommen.

Aufgaben **A** Weisen Sie den Anfangs- und den Schlussbestand und die Veränderung der stillen Reserven auf dem Delkredere für das Jahr 20_9 in einer Tabelle❶ nach.

B Wie lautet die Buchung für die Veränderung des Delkrederekontos?

C Wie gross ist der tatsächlich erzielte Gewinn, wenn der ausgewiesene Fr. 20 000.– beträgt?

❶ Siehe Kapitel 8, Abschnitt 85, Stille Reserven auf dem Anlagevermögen.

8.5 Stille Reserven auf Materialvorrat

Ausgangslage

In der Bauunternehmung Forza SA wird der Materialvorrat für die externe Rechnung um einen Drittel vom Einstandswert unterbewertet. Die Bestandeskonten werden ruhend geführt.

Buchungstatsachen (Kurzzahlen)

1	Anfangsbestand gemäss externer Eröffnungsbilanz am 1. 1. 20_2	600
2	Materialeinkäufe im Jahre 20_2	4 100
3	Schlussbestand gemäss Inventar vom 31. 12. 20_2 bewertet zu Einstandspreisen	1 080

Variante I

Die Kontrolle der stillen Reserven geschieht in einer Tabelle❶ ausserhalb der Buchhaltung. Die Veränderung der stillen Reserven wird direkt im Konto Materialvorrat erfasst.

Variante II

Die Kontrolle der stillen Reserven ist in die Buchhaltung integriert. Die stillen Reserven werden auf Wertberichtigungskonten erfasst.

Aufgaben

A Variante I

1 Weisen Sie den Bestand und die Veränderung der stillen Reserven in einer Tabelle❶ nach.
2 Führen Sie die Konten Materialvorrat und Materialeinkauf mit den externen Werten.
3 Wie lauten die Buchungen mit Text?

B Variante II

1 Führen Sie die Konten Materialvorrat und Materialeinkauf mit den internen Werten sowie die Konten Wertberichtigung Materialvorrat❷ und Veränderung Wertberichtigung Materialvorrat.❸
2 Wie lauten die Buchungen mit Text?
3 Wie kann verhindert werden, dass die Wertberichtigungskonten in der externen Erfolgsrechnung und Bilanz erscheinen?

C Wie gross ist der

1 ausgewiesene Materialaufwand?
2 tatsächliche Materialaufwand zu Einstandspreisen?

---

❶ Siehe Kapitel 8, Abschnitt 86, Stille Reserven auf dem Umlaufvermögen.
❷ Dieses Konto enthält den Bestand der stillen Reserven.
❸ Dieses Konto ist ein Erfolgskonto und enthält die Veränderung der stillen Reserven.

8.6 Stille Reserven auf Warenlager

Ausgangslage

Von der am 1.1. 20_1 gegründeten Handelsunternehmung Flumag ist Folgendes bekannt:

	Lagerbestand		Stille Reserven	
	ausgewiesen 66⅔%	tatsächlich 100%	Bestand 33⅓%	Veränderung
31.12. 20_1	200	300	100	+ 100
31.12. 20_2	120	180	60	− 40
31.12. 20_3	240	360	120	+ 60

	Wareneinkäufe	Warenverkäufe
20_1	900	1 150
20_2	900	1 800
20_3	700	1 040

Aufgaben

A Führen Sie für die drei Jahre die Konten Warenvorrat, Wertberichtigung Warenvorrat[1], Wareneinkauf und Veränderung Wertberichtigung Warenvorrat.[2]

B Berechnen Sie für jedes Jahr den
1. ausgewiesenen Warenaufwand.
2. tatsächlichen Warenaufwand.
3. ausgewiesenen Bruttogewinn.
4. tatsächlichen Bruttogewinn.

C Im Jahre 20_3 beträgt der ausgewiesene Verlust 50.
1. Wie gross ist der tatsächliche Erfolg, wenn sich keine anderen stillen Reserven verändert haben?
2. Wie gross wäre der ausgewiesene Erfolg für das Jahr 20_3, wenn Ende Jahr die Wertberichtigung auf dem Warenlager nur 10% betragen würde?
3. Warum verändert sich der tatsächliche Erfolg im Jahr 20_3 nicht?

[1] Dieses Konto enthält den Bestand an stillen Reserven.
[2] Dieses Konto enthält die Veränderung der stillen Reserven.

8.7 Übersicht über die stillen Reserven

Ausgangslage

Die externe Bilanz der Aktiengesellschaft P. Floyd zeigt folgende Zahlen (Kurzzahlen).

Bilanz vom 31. 12. 20_0

Umlaufvermögen		Fremdkapital	
Kasse, Post, Bank	178	Kreditoren	856
Wertschriften	7	Rückstellungen	136
Debitoren	750	Obligationen, Hypotheken	1 400
Vorauszahlungen	72		
Vorräte	760	**Eigenkapital**	
		Aktienkapital	3 000
Anlagevermögen		Allgemeine gesetzliche Reserven	317
Wohngebäude	546		
Fabrikgebäude	1 100	**Passive Berichtigungsposten**	
Maschinen	1 500	Delkredere	62
Auto	300	Wertberichtigung Fabrikgebäude	462
Darlehen	100	Wertberichtigung Maschinen	500
Beteiligungen	1 500	Wertberichtigung Auto	80
	6 813		6 813

Ergänzende Angaben für 20_0

Wertschriften	Die Bewertung ergibt 12.
Delkredere	Betrieblich notwendig ist eine Wertberichtigung von 4% vom Debitorenbestand.
Vorräte	Die stillen Reserven betragen ⅓ des Einstandswertes.
Wohngebäude	Es bestehen stille Reserven von 300.
Fabrikgebäude	Die Bewertung ergibt einen objektiven Wert von 764.
Maschinen	Der objektive Abschreibungssatz beträgt 12,5% vom Anschaffungswert (Alter aller Maschinen: 2 Jahre).
	Der Abschreibungssatz für externe Zwecke beträgt 16⅔% vom Anschaffungswert.
Auto	Der objektive Abschreibungssatz beträgt 20% vom Anschaffungswert (Alter der Fahrzeuge: 1 Jahr).
Beteiligungen	Auf diesen Wertschriften bestehen stille Reserven von 100.
Rückstellungen	Die betriebsnotwendigen Rückstellungen betragen 100.

Ergänzende Angaben für 20_1

Wertschriften	Der Bestand ist durch einen Kauf um 8 vergrössert worden. Bei der Bewertung am Jahresende ergibt sich, dass sich die stillen Reserven betragsmässig nicht verändert haben.
Delkredere	Betrieblich notwendig ist eine Wertberichtigung von 4% vom Debitorenbestand von 800. Die stillen Reserven sollen prozentual nicht verändert werden (runden).
Vorräte	Der Bestand hat gemäss Inventar um 60 zugenommen. Die stillen Reserven betragen weiterhin ⅓ des Einstandspreises.
Wohngebäude	Es erfolgten weder Käufe noch Verkäufe. Die stillen Reserven werden betragsmässig unverändert übernommen. Die Abschreibung beträgt 1,5% vom Bilanzwert (runden).

	Fabrikgebäude	Es wurde ein Gebäude für 150 gekauft. Ende Jahr werden 3,5% vom Anschaffungswert aller Gebäude abgeschrieben (runden). Die stillen Reserven sind zudem um 10 zu erhöhen.
	Maschinen	Eine während 2 Jahren gebrauchte und jährlich mit 16⅔% bzw. 12,5% vom Anschaffungswert abgeschriebene Maschine wurde auf den 1.1. für 80 verkauft. Der Anschaffungswert betrug 120. Als Ersatz wurde Anfang Jahr eine neue Maschine für 420 gekauft. Ende Jahr werden wieder 16⅔% bzw. 12,5% vom Anschaffungswert abgeschrieben. Der Bestand an stillen Reserven Ende Jahr beträgt 190.
	Auto	Während des Jahres wurde ein Auto für 30 gekauft. Die stillen Reserven werden betragsmässig nicht verändert.
	Beteiligungen	Wegen Kursrückgängen bestehen Ende 20_1 keine stillen Reserven mehr.
	Rückstellungen	Die betriebsnotwendigen Rückstellungen betragen 50. Die ausgewiesenen Rückstellungen werden nicht verändert.

Aufgaben **A** Zeigen Sie mithilfe dieser Tabelle die Veränderung der stillen Reserven für das Jahr 20_1.

Konten	31.12. 20_0			31.12. 20_1			20_1
	ausgewiesener Wert	tatsächlicher Wert	Bestand an stillen Reserven	ausgewiesener Wert	tatsächlicher Wert	Bestand an stillen Reserven	Veränderung der stillen Reserven
Wertschriften							
Delkredere							
Vorräte							
Wohngebäude							
Fabrikgebäude							
Maschinen							
Auto							
Beteiligungen							
Rückstellungen							
Total							

B Der ausgewiesene Gewinn im Jahr 20_1 beträgt 30. Wie gross ist der tatsächliche Gewinn?

8.8 Verbesserung des Geschäftsergebnisses

Ausgangslage

Die provisorische Schlussbilanz I und Erfolgsrechnung der Aktiengesellschaft B. Rosenstock zeigt Folgendes (Kurzzahlen; gewisse Konten sind zusammengefasst):

Konten	Aktiven	Passiven	Aufwand	Ertrag
Kasse, Post, Debitoren	516			
Delkredere	– 5			
Warenbestand	160			
Mobilien	90			
Wertberichtigung Mobilien	– 20			
Immobilien	282			
Kreditoren, Bank, Darlehen		400		
Hypotheken		190		
Aktienkapital		400		
Reserven		40		
Warenaufwand			890	
Löhne			100	
Zinsaufwand			7	
Debitorenverluste			6	
Abschreibungen			12	
Übriger Betriebsaufwand			103	
Warenertrag				1 104
Immobilienaufwand			20	
Immobilienertrag				27
Verlust	7			7
	1 030	1 030	1 138	1 138

Buchungstatsachen

Der Verwaltungsrat entschliesst sich, das Jahresergebnis durch folgende Korrekturen zu verbessern:

1. Die mutmasslichen Verluste auf den ausstehenden Kundenguthaben betrugen Ende letzten Jahres 5. Am Ende des laufenden Geschäftsjahres werden sie auf 3 geschätzt. Das Delkredere ist anzupassen.
2. Auf dem Warenlager wurden beim provisorischen Abschluss 4 stille Reserven gebildet. Diese sind aufzulösen.
3. Die Mobilien wurden dieses Jahr übermässig abgeschrieben. Die Abschreibungen sind um 2 zu kürzen.
4. Die diesjährigen Abschreibungen auf den Immobilien werden um 1 gekürzt.
5. Gegen Jahresende wurde ein Werbefeldzug gestartet und dafür eine Rechnung von 4 bezahlt und als Aufwand gebucht. Ein Viertel davon ist der nächsten Rechnungsperiode zu belasten.
6. Die Schulden in fremder Währung bei Warenlieferanten sind seit mehreren Jahren unverändert überbewertet. Die stillen Reserven von 2 sind aufzulösen.

Aufgaben

A Wie lauten die Buchungen? (Neue Konten sind gestattet.)

B Erstellen Sie die definitive Schlussbilanz I und Erfolgsrechnung.

8.9 Ableitung der internen Jahresrechnung und der Steuerjahresrechnung aus der externen Jahresrechnung

Ausgangslage

Die Marabu AG erstellt zusätzlich zur Jahresrechnung Ende Jahr eine Übersicht über die stillen Reserven. Mit Hilfe dieser Übersicht leitet sie von der externen Erfolgsrechnung und Bilanz die interne Erfolgsrechnung und Bilanz sowie die Steuererfolgsrechnung und Steuerbilanz ab.

Übersicht über die stillen Reserven am 31. 12. 20_0

	Anschaffungswert	ausgewiesener Wert (extern)	versteuerter Wert	tatsächlicher Wert (intern)	Stille Reserven in den externen Rechnungen ❶		versteuerte stille Reserven ❷	
					Bestand	Veränderung	Bestand	Veränderung
Wertschriften	80	80	80	95	15	Nicht bekannt, weil die Vorjahreszahlen fehlen	0	Nicht bekannt, weil die Vorjahreszahlen fehlen
Warenvorrat	330	220	220	300	80		0	
Mobilien	290	120	220	220	100		100	
Beteiligungen	500	500	500	650	150		0	
Delkredere	–	– 80	– 40	– 20	60		40	
Rückstellungen	–	–140	0	– 50	90		140	
Total	1 200	700	980	1 195	495		280	

Übersicht über die stillen Reserven am 31. 12. 20_1

	Anschaffungswert	ausgewiesener Wert (extern)	versteuerter Wert	tatsächlicher Wert (intern)	Stille Reserven in den externen Rechnungen ❶		versteuerte stille Reserven ❷	
					Bestand	Veränderung	Bestand	Veränderung
Wertschriften	100	100	100	140	40	+25	0	0
Warenvorrat	390	260	260	350	90	+10	0	0
Mobilien	290	80	160	160	80	–20	80	–20
Beteiligungen	460	460	460	600	140	–10	0	0
Delkredere	–	– 70	– 35	– 18	52	– 8	35	– 5
Rückstellungen	–	– 70	0	0	70	–20	70	–70
Total	1 240	760	945	1 232	472	–23	185	–95

❶ Tatsächlicher Wert – ausgewiesener Wert
❷ Versteuerter Wert – ausgewiesener Wert

Externe Erfolgsrechnung 20_1

Warenaufwand	1 200	Verkaufserlös	1 800
Personalaufwand	400	Wertschriftenertrag	5
Abschreibung Mobilien	40	Beteiligungsertrag	42
Debitorenverluste	50	Ausserordentlicher Ertrag	70 ❶
Übriger Betriebsaufwand	150		
Ausserordentlicher Aufwand	40		
Reingewinn	37		
	1 917		1 917

❶ Auflösung stille Reserven auf Rückstellungen

Externe Schlussbilanz I vom 31. 12. 20_1

Umlaufvermögen			**Fremdkapital**	
Liquide Mittel		35	Kreditoren	488
Wertschriften		100	Rückstellungen	70
Debitoren	700			
– Delkredere	70	630	**Eigenkapital**	
Warenvorrat		260	Aktienkapital	500
Anlagevermögen			Reserven	450
Mobilien		80	Gewinnvortrag	20
Beteiligungen		460	Reingewinn	37
		1 565		1 565

Aufgaben

A Erstellen Sie die interne Erfolgsrechnung und Schlussbilanz I.

B Erstellen Sie die Steuererfolgsrechnung und Steuerbilanz I.

9 Übersicht über verschiedene Rechtsformen

9.1 Juristische Personen

Aufgabe Bestimmen Sie durch Ankreuzen die juristischen Personen.

- ❏ Einzelunternehmung
- ❏ Aktiengesellschaft
- ❏ Kollektivgesellschaft
- ❏ Einfache Gesellschaft
- ❏ Genossenschaft
- ❏ Verein
- ❏ GmbH

9.2 Handelsgesellschaften und Genossenschaft

Aufgaben

A Warum gehört gemäss OR die Genossenschaft nicht zu den Handelsgesellschaften?

B Nennen Sie zwei wesentliche Unterschiede zwischen einer Personen- und einer Kapitalgesellschaft.

9.3 Kontenzuordnung

Aufgabe Ordnen Sie durch Ankreuzen die folgenden Konten der zutreffenden Kontengruppe und der Rechtsform zu, in der sie vorkommen können.

	Kontengruppe			Rechtsform				
	Kurzfristiges Fremdkapital	Langfristiges Fremdkapital	Eigenkapital	Einzelunternehmung	Kollektivgesellschaft	Aktiengesellschaft	GmbH	Genossenschaft
Aktienkapital								
Kapital Müller								
Dividende								
Rückstellung								
Reserven								
Anteilscheinkapital								
Stammkapital								

10 Einzelunternehmung

10.1 Typische Geschäftsfälle

Bei der Einzelunternehmung C. Albisser sind folgende Geschäftsfälle zu erfassen (Kurzzahlen):

1. Der Anfangsbestand des Kontos Eigenkapital beträgt 160.
2. C. Albisser übergibt der Unternehmung seine Liegenschaft von 800 und die darauf lastende Hypothek von 500.
3. Verschiedene Privatrechnungen von insgesamt 55 werden zulasten des Geschäftsbankkontos beglichen.
4. C. Albisser bezieht für sich Waren zum Einstandspreis von 13.
5. Vom Bankkonto des Geschäftes hebt er für private Zwecke 6 ab.
6. Für die Wohnung von C. Albisser in der Geschäftsliegenschaft werden 30 verrechnet.
7. Dem Inhaber werden
   a 72 Eigenlohn
   b 28 Eigenzins
   gutgeschrieben.
8. C. Albisser übernimmt für seine Tochter einen Personalcomputer, der indirekt abgeschrieben wurde, zum Buchwert (Anschaffungswert 8, kumulierte Abschreibungen 6).
9. Das Privatkonto ist auszugleichen.
10. Der Jahresverlust beträgt 8.
11. Das Konto Eigenkapital ist abzuschliessen.

Aufgaben A Wie lauten die Buchungen?
B Führen Sie die Konten Eigenkapital und Privat.

10.2 Ausgewählte Geschäftsfälle

Vorbemerkungen

Die Kreditkäufe und -verkäufe werden nach der Offenposten-Methode verbucht.❶ Der Zahlungsverkehr wird durch die Bank abgewickelt. Die Geschäftsfälle sind voneinander unabhängig.

Buchungstatsachen

1. Der Inhaber bringt bei der Gründung sein privates Warenlager von Fr. 70 000.– in das Geschäft ein.
2. Für die private Benützung des Geschäftsautos werden dem Inhaber Fr. 1 200.– belastet.

❶ Bei der Offenposten-Buchhaltung werden die Rechnungen nicht verbucht, sondern nur die Zahlungen. Das Debitoren- und das Kreditorenkonto werden als ruhende Konten geführt. Deshalb müssen sie beim Jahresabschluss angepasst werden.
(Vergleiche Kapitel 4, Abschnitt 42, Zwei Erfassungsmethoden der Kreditgeschäfte.)

3   Die Tochter des Inhabers erhält für Gelegenheitsarbeiten Fr. 500.– ausbezahlt.
4   Wareneinkäufe auf Kredit für Fr. 12 000.–
5   Der Inhaber bezieht für sich privat Waren (Verkaufspreis Fr. 375.–, Einstandspreis Fr. 250.–).
6   Warenverkäufe auf Kredit für Fr. 18 000.–
7   Der Inhaber bezahlt für das Geschäft eine Lieferantenrechnung von Fr. 350.– durch sein privates Bankkonto.
8   Einem Kunden wird ein Mängelrabatt von Fr. 120.– gewährt. Er erhält dafür eine Gutschrift.
9   Der Inhaber stellt dem Geschäft einen Raum seiner Privatliegenschaft zur Verfügung. Er verrechnet Fr. 4 000.– Miete.
10 Kunden zahlen Rechnungen von Fr. 3 000.–. Der Skontoabzug beträgt Fr. 60.–.
11 Vom Warenlager werden Kundengeschenke im Einstandswert von Fr. 340.– bezogen.
12 Zahlung von Lieferantenrechnungen von Fr. 15 000.–
13 Der Sohn des Inhabers kauft dem Geschäft ein vollständig abgeschriebenes Auto ab. Er überweist Fr. 2 000.– durch die Bank.
14 Das Geschäft zahlt von der Hypothek auf der Privatliegenschaft des Inhabers Fr. 80 000.– zurück (Kapitalrückzug).
15 Das Geschäft bezahlt die Steuerrechnung des Inhabers:
    Steuerbetrag   Fr. 22 000.–
    – Verrechnungssteuer   Fr. 3 000.–
    Banküberweisung   Fr. 19 000.–

    Vom Verrechnungssteueranspruch betreffen Fr. 1000.– Wertschriften des Geschäftsvermögens. Der Verrechnungssteueranspruch wurde seinerzeit gebucht.
16 Ein Mitarbeiter führt an der Privatliegenschaft des Inhabers Unterhaltsarbeiten aus. Dafür werden Fr. 2 000.– verrechnet.
17 Gemäss Inventar ergeben sich folgende Bestände:

		Anfangsbestand am 1.1.	Schlussbestand am 31.12.
a	Debitoren	68 000.–	71 000.–
b	Kreditoren	54 500.–	48 500.–
c	Waren	99 000.–	94 500.–

Aufgaben   **A** Wie lauten die Buchungen?

B Nennen Sie je einen Vor- und einen Nachteil der Offen-Posten-Buchhaltung.

10.3 Gewinn, Eigenlohn und Eigenzins

Aufgaben   **A** 1 Tragen Sie die folgenden Zahlen (Kurzzahlen) in die Konten Eigenkapital, Privat und Erfolgsrechnung ein:
   a Barbezüge zu privaten Zwecken des Geschäftsinhabers aus dem Geschäft 72
   b Betriebsaufwand 2 425, darin sind unter anderem enthalten:
      Lohngutschrift für den Geschäftsinhaber 80,
      Zinsgutschrift für den Geschäftsinhaber 40.

c Betriebsertrag 2 450
d Einlage des Geschäftsinhabers ins Geschäft 1000
e Übrige Zahlungen des Geschäfts für den Einzelunternehmer privat 41
f Abschluss und Wiedereröffnung der Konten
2 Berechnen Sie das Unternehmereinkommen.

B 1 Führen Sie die drei Konten nochmals, aber ohne Verbuchung von Eigenlohn und Eigenzins.
2 Berechnen Sie das Unternehmereinkommen.

10.4 Erfolgs- und Einkommensberechnung

Ausgangslage

Privat		Eigenkapital		Erfolgsrechnung	
63	63	63	300	348	418
		307	70	70	
63	63	370	370	418	418

Dem Geschäftsinhaber wurden weder Eigenlohn noch Eigenzins gutgeschrieben.

Aufgaben

A Wie gross ist das Unternehmereinkommen?

B Wie gross ist
1 der Erfolg,
2 der Saldo des Kontos Eigenkapital,
3 das Unternehmereinkommen,
wenn dem Geschäftsinhaber 60 Eigenlohn und 12 Eigenzins gutgeschrieben werden?

C Welche Variante ist steuerlich besser?

10.5 Bestimmung des Jahreserfolges

Ausgangslage

Vom Privat- und Kapitalkonto der Einzelunternehmung Z. Gürber sind folgende Zahlen bekannt:

Privatkonto	Sollumsatz bis 31. 12.	130
	Habenumsatz bis 31. 12.	104
Kapitalkonto	Anfangsbestand am 1. 1.	312
	Kapitaleinlagen/-rückzüge	keine
	Schlussbestand am 31. 12.	279
	(nach allen Buchungen)	

Aufgabe Wie gross ist der Jahreserfolg?

11 Personengesellschaften

11.1 Erweiterung einer Personengesellschaft und Aufnahme eines Kommanditärs

Ausgangslage

Die Gesellschafter der M. Rigonalli & Co. beschliessen, ihre Unternehmung zu erweitern und Darlehensgeber T. Thöni als Kommanditär aufzunehmen.

Bilanz der Kollektivgesellschaft M. Rigonalli & Co.

Liquide Mittel	17 000	Kreditoren	19 000
Debitoren	32 000	Privat Rigonalli	4 000
Waren	79 000	Marchzins auf Darlehen	1 000
Mobilien	30 000	Darlehen Thöni	30 000
Fahrzeuge	46 000	Kapital Rigonalli	100 000
		Kapital Gehrig	50 000
	204 000		204 000

Buchungstatsachen

1 Gehrig erhöht seine Kapitaleinlage durch Überweisung von Fr. 50 000.– auf das Bankkonto.
2 a Thöni wird als nicht mitarbeitender Kommanditär mit einer Beteiligung von Fr. 100 000.– in die Gesellschaft aufgenommen.
  b Er bringt sein Darlehen samt Marchzins sowie
  c Wertschriften von Fr. 60 000.– ein.
  d Den Restbetrag überweist er auf das Bankkonto.

Aufgaben

A Wie lauten die Buchungen?
(Verwenden Sie für den Fall 2 ein Einbringungskonto als Abrechnungskonto.)

B Erstellen Sie die Eröffnungsbilanz der Kommanditgesellschaft.

Auszug aus dem Gesellschaftsvertrag

– Jahresgehalt für Rigonalli und Gehrig je Fr. 72 000.–
– Zinssatz für das Eigenkapital 7%
– Gewinnverteilung: $2/5$ Rigonalli, $2/5$ Gehrig, $1/5$ Thöni
– Für Rigonalli und Gehrig werden Privatkonten geführt. Thöni wird der Zins und der Gewinnanteil sofort ausbezahlt.
– Weitere Bestimmungen gemäss OR

Buchungstatsachen im 1. Jahr der Kommanditgesellschaft

1 Anfangsbestände
2 Gehaltsgutschriften für Rigonalli und Gehrig

3   Zinsgutschriften für die Kapitaleinlagen
4   Privatbezüge: Rigonalli Fr. 80 000.–, Gehrig Fr. 85 000.–
5   Jahresverlust: Fr. 25 000.–
6   Abschluss

Buchungstatsachen im 2. Jahr der Kommanditgesellschaft

1   Anfangsbestände
2   Gehaltsgutschriften für Rigonalli und Gehrig
3   Zinsgutschriften für die Kapitaleinlagen
4   Privatbezüge: Rigonalli Fr. 90 000.–, Gehrig Fr. 83 000.–
5   Jahresgewinn: Fr. 40 000.–
6   Abschluss

Aufgaben

C   Führen Sie die Kapital- und Privatkonten für das erste und zweite Jahr.

D   Wie gross ist das Unternehmereinkommen des Gesellschafters Gehrig im ersten und im zweiten Jahr?

E   Beurteilen Sie eine allfällige Zinszahlung an Kommanditär Thöni im ersten Jahr gemäss OR 611.

11.2 Abschluss einer Kollektivgesellschaft

Ausgangslage

Die Kollektivgesellschaft Fritz und Bruno Tanner führt Autotransporte durch.

Die vertraglich vereinbarte Kapitaleinlage beträgt für beide Gesellschafter je 300. Am Ende des letzten Geschäftsjahres wurde den beiden Kapitalkonten je ein Verlust von 20 belastet.

Provisorische Probebilanz vom 31. Dezember 20_8 (Kurzzahlen):

Konten	Soll	Haben
Kasse	412	402
Post	603	573
Debitoren	960	940
Delkredere		2
Privat B. Tanner	26	
Privat F. Tanner	1	
Vorräte	60	
Mobilien	30	
Fahrzeuge	761	21
Liegenschaft	570	
Kreditoren	780	798
Vorauszahlung von Kunden[1]		3
Darlehenszinsschuld[1]		7
Bank	910	926
Darlehen	20	220
Hypotheken		400
Kapital B. Tanner		280
Kapital F. Tanner		280
Aufwand für Verbrauchsmaterial (Treibstoff, Pneus usw.)	799	12
Löhne	315	
Miete	61	
Zinsaufwand	4	
Abschreibungen	–	
Debitorenverluste	5	
Erlös aus Fahrten	10	1 440
Übriger Betriebsertrag		5
Liegenschaftserfolg	17	37
Ausserordentlicher Erfolg	2	
	6 346	6 346

[1] Diese Konten werden als ruhende Konten geführt.

Buchungstatsachen

1. Abschreibungen auf den Fahrzeugen 200
   dem Mobiliar 10
   der Liegenschaft 10
2. Aufgelaufener Marchzins auf der Darlehensschuld 5
3. Im abgelaufenen Jahr haben Kunden für Fahrten im neuen Jahr bereits 5 im Voraus bezahlt. (Diese Zahlungen wurden wie Einnahmen für erbrachte Leistungen verbucht.)
4. Die indirekte Abschreibung auf den Debitoren ist aufzulösen.

5   Den Gesellschaftern wird 5% Kapitalzins gutgeschrieben.
6   Vor kurzem wurde ein Lastwagen, dessen Buchwert 12 betrug, für 21 verkauft. Bisher wurde nur der Verkaufserlös verbucht. Nun sind auch die stillen Reserven aufzulösen.
7   Der Reingewinn von 44 wird gemäss OR verteilt.

Aufgaben

A   Wie lauten die Buchungen?

B   Beurteilen Sie die Konten Liegenschaftserfolg und Ausserordentlicher Erfolg in Bezug auf das Verrechnungsverbot und das Prinzip der Klarheit (OR 662a/2 und OR 959).

11.3 Abschluss einer Kommanditgesellschaft

Ausgangslage

Provisorische Saldobilanz der Amrein & Co. vom 31. 12. 20_1 (Kurzzahlen):

Konten	Soll	Haben
Liquide Mittel	120	
Wertschriften	220	
Debitoren	395	
Delkredere		24
Einzahlungskonto C	100	
Rohmaterialbestand	240	
Fertigfabrikatebestand	360	
Mobiliar	87	
Produktionsmaschinen	800	
Wertberichtigung Produktionsmaschinen		350
Fahrzeuge	40	
Immobilien (inkl. Land)	2 000	
Wertberichtigung Immobilien		530
Kreditoren		330
Bankschuld		242
Privat A		370
Privat B		218
Privat C		5
Hypotheken		1 120
Wohlfahrtsfonds		156
Kapital A		300
Kapital B		200
Kommanditsumme C		200
Materialaufwand	780	
Personalaufwand	678	
Abschreibungen	93	
Zinsaufwand	80	
Debitorenverluste	18	
Übriger Betriebsaufwand	657	
Verkaufserlös		2 567
Liegenschaftserfolg		56
	6 668	6 668

Ergänzende Angaben

Erläuterungen zu verschiedenen Positionen:

Wertschriften

– A-Obligationen, Nominalwert 100, Zins 6%, Zinstermin 30. 4.
– B-Obligationen, Nominalwert 120, Zins 6,25%, Zinstermin 31. 5.

Die Obligationen wurden 20_1 zu pari aus Emission gekauft.

Produktionsmaschinen

Sie werden nicht im Schichtbetrieb eingesetzt.

Immobilien

– Fabrikgebäude	1 200
– Wertberichtigung auf Fabrikgebäude	380
– Bürogebäude	800
– Wertberichtigung auf Bürogebäude	150

Bereits erfasste Abschreibungen

– Mobiliar	13
– Produktionsmaschinen	60
– Fahrzeuge	20
– Fabrikgebäude	25
– Bürogebäude	16

Mit Ausnahme der Abschreibungen auf den Maschinen werden die Abschreibungen vom Buchwert vorgenommen.

Kreditoren

In den Kreditoren ist der aufgelaufene Hypothekarzins vom 31. 12. 20_0 von 20 enthalten.

Hypotheken

– 1. Hypothek 800, 5%, Zinstermine 31. 3./30. 9.
– 2. Hypothek 320, 6%, Zinstermine 31. 1./31. 7.

Buchungstatsachen

Bei der Besprechung des provisorischen Jahresabschlusses werden folgende Nachträge und Korrekturen beschlossen:

1. Für die Abschreibungen auf den Anlagen sind die im Merkblatt der Eidg. Steuerverwaltung angegebenen Sätze anzuwenden (siehe Kapitel 7, Abschnitt 73, steuerrechtliche Vorschriften).
2. Bewertung der Vorräte

		31. 12. 20_0	31. 12. 20_1
Rohmaterialien:	Einstandswert	360	336
	Bilanzwert	240	?
Fertigfabrikate:	Herstellungskosten	450	420
	Bilanzwert	360	?

   Die stillen Reserven dürfen prozentual nicht verändert werden.
3. Noch nicht verbuchte, aber bereits fakturierte Leistungen von 10 müssen noch erfasst werden.
4. Den Teilhabern werden zusätzlich 1% Eigenkapitalzins gutgeschrieben.

5 Kundenguthaben von 5 werden definitiv abgeschrieben.
6 Bewertung der Debitoren

	Debitoren	Delkredere
Inland	360	5%
Ausland	40	10%

7 Der Marchzins für die Hypotheken ist noch zu verbuchen.
Der Zinsfuss der 1. Hypothek wurde am 30. 6. 20_1 auf 5½% erhöht.
Im abgelaufenen Jahr erfolgten keine Kapitalamortisationen.

8 Bilanzkurse für die Obligationen: A 94, B 95
Der Nominalwert muss weiterhin aus der Bilanz ersichtlich sein.

9 Der Marchzins für die Obligationen ist transitorisch zu erfassen.

10 Die Steuern des Teilhabers A von 14 wurden bei der Zahlung als Geschäftsaufwand verbucht.

11 Gewinnverteilung gemäss Gesellschaftsvertrag:
– Dem Wohlfahrtsfonds werden zuerst 20% des Gewinnes zugewiesen.
– 50% des verbleibenden Gewinns (Rest 1) werden an A und B im Verhältnis ihrer Kapitaleinlagen verteilt.
– Die übrigen 50% (Rest 2) werden an alle Gesellschafter im Verhältnis ihrer einbezahlten Kapitaleinlagen verteilt.

Aufgaben

A Wie lauten die Buchungen für die Nachträge und Korrekturen?
Falls nötig, sind die Beträge auf ganze Kurzzahlen zu runden.
Zusätzliche Konten dürfen verwendet werden.

B Erstellen Sie eine Abschlusstabelle mit folgenden Spalten:

Konten	Provisorische Saldobilanz	Nachträge	Schlussbilanz I	Erfolgsrechnung

In die Spalte Nachträge sind die Beträge mit der jeweiligen Nummer der Nachtrags- und Korrekturbuchungen einzusetzen.

C Erstellen Sie einen übersichtlichen Gewinnverteilungsplan.

D Wie lauten die Buchungen für die Gewinnverteilung?

12 Aktiengesellschaft

12.1 Gewinnverwendung

Aufgaben

Erstellen Sie für die folgenden Fälle übersichtliche Gewinnverwendungspläne. Der allgemeinen gesetzlichen Reserve wird nur das Minimum gemäss OR 671 zugewiesen.

A
Aktienkapital 1 000 000.–
Allgemeine gesetzliche Reserve 100 000.–
Jahresgewinn 110 000.–
Gewinnvortrag des Vorjahres 3 200.–

Gewinnverwendung:
Dividende: so viele ganze Prozente wie möglich
Rest: Gewinnvortrag

B
Aktienkapital 800 000.–
Jahresgewinn 36 000.–
Verlustvortrag des Vorjahres 9 000.–

Gewinnverwendung:
Verlustvortrag decken
Dividende: so viele ganze Prozente wie möglich
Rest: Gewinnvortrag

C
Aktienkapital 10 000 000.–
Allgemeine gesetzliche Reserve 3 000 000.–
Jahresgewinn 826 000.–
Gewinnvortrag des Vorjahres 5 600.–

Gewinnverwendung:
Grunddividende 5%
Pensionskasse Fr. 100 000.–
Tantieme Fr. 10 000.–
Superdividende: so viele ganze Prozente wie möglich
Rest: Gewinnvortrag

D
Aktienkapital 2 000 000.–
Allgemeine gesetzliche Reserve 470 000.–
Jahresgewinn 356 000.–
Gewinnvortrag des Vorjahres 16 100.–

Gewinnverwendung:
Grunddividende 5%
Zuweisung an Spezialreserve Fr. 150 000.–
Tantieme Fr. 50 000.–
Superdividende: so viele ganze Prozente wie möglich
Rest: Gewinnvortrag

12.2 Zuweisung an die allgemeine gesetzliche Reserve (OR 671)

Aufgaben

A Wie viel beträgt die erste Mindestzuweisung an die allgemeine gesetzliche Reserve bei folgenden Fällen? (Ein Verlustvortrag ist so weit als möglich mit dem Jahresgewinn zu verrechnen.)

Nr.	Jahres-gewinn	Gewinn-vortrag	Aktien- und PS-Kapital❶	Allgemeine gesetzliche Reserve	Verlust-vortrag	1. Mindest-zuweisung
1	400	10	2 000	40	0	
2	400	0	2 000	500	0	
3	200	30	500	80	0	
4	100	0	1 000	0	120	
5	20	0	500	200	80	
6	200	0	500	100	80	
7	200	0	500	50	80	

B Wie viel beträgt die zweite Mindestzuweisung an die allgemeine gesetzliche Reserve bei folgenden Fällen?

Nr.	Aktien- und PS-Kapital❶	Allgemeine gesetzliche Reserve	Dividende	Tantieme	Zuweisung an Personal-vorsorge-einrichtung	Freie Reserven	2. Mindest-zuweisung
1	5 000	500	300	50	0	0	
2	5 000	1 200	300	50	50	50	
3	5 000	2 500	300	50	50	0	
4	5 000	600	225	100	0	50	

Nr.	Aktien- und PS-Kapital❶	Freie Reserven	Jahres-gewinn	Dividendenausschüttung aus freien Reserven	2. Mindest-zuweisung
5	5 000	1 000	0	300❷	

❶ voll einbezahlt
❷ Nur die Superdividende unterliegt der zweiten Zuweisung.

Zusatzaufgaben

C Wie lauten die Buchungen für Fall **B** 5?

D Lösen Sie die Aufgabe **B** unter der Annahme, dass das Nominalkapital nur aus Namenaktien besteht, die zu 75% liberiert sind (Ergebnisse auf 2 Dezimalen).

E Welches Organ beschliesst die Gewinnverteilung und Verlustdeckung?

12.3 Berechnung des offiziell auszuweisenden Gewinns

Ausgangslage

Zusammengefasste Saldobilanz der E. Binggisser AG vor Gewinnverwendung:

Konten(gruppen)	Soll	Haben
Umlaufvermögen	400 000	
Anlagevermögen	800 000	
Fremdkapital		446 000
Aktienkapital		600 000
Allgemeine gesetzliche Reserve		50 000
Gewinnvortrag		4 000
Aufwand	960 000	
Ertrag		1 060 000
	2 160 000	2 160 000

Durch Veränderung der stillen Reserven auf dem Anlagevermögen soll der Jahreserfolg so beeinflusst werden, dass folgende Gewinnverwendung durchgeführt werden kann:
- 10% Dividende
- Fr. 8 000.– Tantieme
- Fr. 5 000.– Gewinnvortrag neu
- Der allgemeinen gesetzlichen Reserve ist das gesetzliche Minimum zuzuweisen.

Aufgaben

A Berechnen Sie mit Hilfe eines Gewinnverwendungsplanes den offiziell auszuweisenden Jahresgewinn (alle Beträge auf Fr. 100.– aufrunden).

B
1. Wie lautet die Buchung für die Veränderung der stillen Reserven?
2. Wie wird diese Art von stillen Reserven genannt?❶

C Erstellen Sie folgende drei Schlussbilanzen:
1. Schlussbilanz vor Gewinnverwendung mit Ausweis des offiziellen Jahresgewinnes
2. Schlussbilanz vor Gewinnverwendung mit Ausweis des offiziellen Bilanzgewinnes
3. Schlussbilanz nach Gewinnverwendung und -verbuchung

12.4 Gewinnverwendung und Berechnung des offiziellen Gewinns

Ausgangslage

Von der Presto AG sind folgende Zahlen bekannt:

Aktienkapital	2 000 000.–	20 000 Aktien zu 100.– nom.
Partizipationskapital	1 000 000.–	50 000 PS zu 20.– nom.
Nennwertlose Genussscheine	–	10 000 Stück
Allgemeine gesetzliche Reserve	410 000.–	
Statutarische Reserve	730 000.–	
Gewinnvortrag	20 000.–	
Vorläufiger Jahresgewinn	550 000.–	

❶ Siehe Kapitel 8, Abschnitt 82, Arten von stillen Reserven.

Gewinnverwendung

Der Gewinnverwendungsplan gemäss OR und Statuten sieht wie folgt aus:

Jahresgewinn
- Erste Reservezuweisung (gesetzliches Minimum)
+ Gewinnvortrag
= Verteilbarer Gewinn
- Ausschüttung an Genussscheininhaber (laut Statuten 10% vom verteilbaren Gewinn)
= Rest 1
- Zuweisung an die statutarischen Reserven (20% vom Rest 1)
= Rest 2 zur Verfügung der Generalversammlung

Der Verwaltungsrat schlägt der Generalversammlung eine Dividende von 12% vor. Der neue Gewinnvortrag soll Fr. 17 000.– betragen.

Der Gewinn wird angepasst, indem die auf den Rückstellungen vorhandenen stillen Reserven verändert werden.

Aufgaben

A Ermitteln Sie den offiziellen Gewinn (alle Beträge auf die nächsten Fr. 1 000.– aufrunden).

B Wie lautet die Buchung für die Veränderung der stillen Reserven auf den Rückstellungen?

C Muss die Veränderung der stillen Reserven im Anhang erwähnt werden (OR 663b, Ziffer 8)?

D Wie viel Dividende wird je
1   Aktie
2   Partizipationsschein
3   Genussschein
ausbezahlt?

12.5 Gewinnverwendung mit Prioritätsaktienkapital

Ausgangslage

Zusammengefasste Probebilanz der Moderato AG vor Gewinnverwendung:

Konten(gruppen)	Soll	Haben
Umlaufvermögen	5 300 000	4 000 000
Anlagevermögen	2 234 000	500 000
Fremdkapital	3 500 000	4 700 000
Stammaktienkapital		900 000
Prioritätsaktienkapital		600 000
Allgemeine gesetzliche Reserve		150 000
Spezialreserve		30 000
Gewinnvortrag		4 000
Aufwand	1 600 000	400 000
Ertrag	500 000	1 850 000
	13 134 000	13 134 000

Gewinnverwendung

Die Gewinnverwendung erfolgt in folgender Reihenfolge:

Allgemeine gesetzliche Reserve:	Minimum gemäss OR
Spezialreserve:	4% des Jahresgewinnes
Dividende:	Auf dem gesamten Aktienkapital so viele ganze Prozente wie möglich, höchstens jedoch 8%. Vom restlichen Gewinn so viele ganze Prozente wie möglich auf dem Prioritätsaktienkapital.
Vortrag auf neue Rechnung:	Rest

Aufgabe Erstellen Sie den Gewinnverwendungsplan.

12.6 Verlustdeckung

Ausgangslage

Schlussbilanz I der Holgar AG (in Fr. 1000.–)

Vermögen		113 550	Fremdkapital	93 000
			Aktienkapital	20 000
			Allgemeine gesetzliche Reserve	1 500
			Reserve für eigene Aktien	480
			Aufwertungsreserve	250
Verlustvortrag	50		Dividendenausgleichsreserve❶	590
Jahresverlust	2 640	2 690	Freie Reserve	420
		116 240		116 240

❶ Zweckgebunden gemäss Statuten

Aufgaben

A Wofür darf die allgemeine gesetzliche Reserve nur verwendet werden (OR 671/3)?

B Wie heisst die Bezeichnung für die Summe aus Verlustvortrag und Jahresverlust?

C Wie lauten die Buchungen für den Jahresverlust und die Verlustdeckung, wenn alle möglichen Reservenpositionen zur Verlustdeckung herangezogen werden?
Verwenden Sie ein Konto Bilanzverlust.

D Erstellen Sie die Schlussbilanz II (Bilanz nach Verbuchung der Verlustdeckung).

12.7 Gewinnverbuchung

Aufgaben

A Verbuchen Sie die Gewinnverwendung der Aufgaben 12.1 A–C.

B Führen Sie jeweils das Konto Gewinnvortrag.

12.8 Verlustverbuchung und Ausschüttung von freien Reserven

Ausgangslage

Schlussbilanz vor Verbuchung des Bilanzverlustes vom 31. 12. (Kurzzahlen)

Umlaufvermögen		Fremdkapital	
Liquide Mittel	50	Lieferantenkreditoren	350
Kundendebitoren	290	Andere Kreditoren	38
Andere Debitoren	80	Dividenden	2
Nicht einbezahltes Aktienkapital	200	**Eigenkapital**	
Warenvorrat	330	Aktienkapital	800
Anlagevermögen		Allgemeine gesetzliche Reserve	90
Mobilien	300	Freie Reserve	120
Darlehen	100	Bilanzverlust	– 50
	1 350		1 350

Beschlüsse der Generalversammlung

1 Der Bilanzverlust ist mit der freien Reserve zu decken.
2 Zulasten der freien Reserve ist eine Dividende von 8% auszuschütten.

Aufgaben

A Was stellt der Betrag von 2 im Konto Dividenden dar?

B Verbuchen Sie die Generalversammlungsbeschlüsse. (Die Verrechnungssteuer ist der Steuerverwaltung gutzuschreiben.)

Zusatzaufgabe

C Kann der ausgebuchte Bilanzverlust von 50 steuerlich mit späteren Gewinnen verrechnet werden?

12.9 Dividendenkonto

Ausgangslage

Das Dividendenkonto der Vivace SA enthält für das ganze Jahr 20_4 folgende Zahlen:

		Dividende		
3		28 000	9 750	AB 1
4		46 800	80 000	2
5		780		
6	SB	14 170		
		89 750	89 750	

Die Gewinnverwendung 20_3 wurde nach der Generalversammlung vom 15. Mai 20_4 verbucht.

Die Buchung für die Eintragung 5 lautete: Dividende / Freie Reserve 780.–

Aufgaben

A Erläutern Sie die Eintragungen 1–6 im Konto Dividende.

B Zu welcher Bilanzposition gemäss OR 663a gehört das Konto Dividende?

C Wie lauten die Buchungen für die Eintragungen 2–4?

12.10 Abschluss einer Aktiengesellschaft

Ausgangslage

Provisorische Probebilanz der Largo AG Ende Dezember (in Fr. 1000.–):

Konten	Soll	Haben
Kasse, Post, Bank	12 631	12 110
Debitoren	9 860	9 444
Delkredere		83
Transitorische Aktiven	33	33
Vorausbezahlte Löhne	10	
Rohmaterialbestand	690	
Bestand Halb- und Fertigfabrikate	860	
Maschinen	3 800	1 200
Mobilien	1 500	300
Immobilien	2 900	100
Kreditoren	3 120	3 373
Anzahlungen von Kunden		–
Transitorische Passiven	22	22
Obligationenzinsschuld ❶		20
Darlehen		400
Obligationenanleihe		2 000
Obligationenagio		14
Hypotheken		1 000
Aktienkapital		4 000
Allgemeine gesetzliche Reserve		900
Gewinnvortrag		17
Rohmaterialaufwand	3 420	210
Personalaufwand	2 200	100
Obligationenzinsaufwand	80	
Übriger Zinsaufwand	20	
Abschreibungen	1 320	
Sonstiger Fabrikationsaufwand	1 870	300
Debitorenverluste	157	7
Verwaltungs- und Vertriebsaufwand	990	30
Bestandesdifferenz Halb- und Fertigfabrikate	–	–
Verkaufserlös	440	9 960
Übriger Betriebsertrag		165
Immobilienertrag		515
Immobilienaufwand	380	
	46 303	46 303

❶ Obligationenzinsschuld = Marchzins bei Eröffnung der Buchhaltung (Ruhendes Konto)

Buchungstatsachen

1 Um die fällige Darlehensschuld zurückzuzahlen, wird bei der Bank ein Grundpfandkredit von 400 aufgenommen. Die Bank überweist diesen Betrag dem Darlehensgläubiger.

2 Die Obligationenanleihe wurde zum Kurs von 101.– emittiert. Das Agio wird linear über die 10-jährige Laufzeit abgeschrieben.

3 Die Wertberichtigung für mutmassliche Debitorenverluste beträgt 90.

4 Folgende Abgrenzungsbuchungen sind vorzunehmen:
 a Die Lohnvorschüsse für den Monat Januar betragen gesamthaft 21.
 b Für Reparaturen an der Liegenschaft und an den Maschinen sind noch Rechnungen ausstehend. Zu berücksichtigen sind 5 für die Liegenschaft und 3 für die Maschinen.
 c Der am Jahresende aufgelaufene Zins für die Obligationenanleihe beträgt 20.
 d Das Guthaben für noch nicht erhaltene Dezembermieten beträgt 3.

5 Die Anzahlungen von Kunden wurden während des Jahres auf das Debitorenkonto verbucht. Sie betragen Ende Jahr 78.

6 Die Vorräte betragen Ende Jahr:
 a Rohmaterial 640
 b Halb- und Fertigfabrikate 930

7 **Gewinnverwendung:**
Zuweisung an die allgemeine gesetzliche Reserve 50
Dividende: so viele ganze Prozente wie möglich
Rest: Gewinnvortrag

Aufgaben

A Wie lauten die Buchungen für die Geschäftsfälle 1–6?

B Erstellen Sie den Gewinnverwendungsplan.

C Wie lauten die Buchungen für die Gewinnverwendung?

D Weisen Sie nach, dass die Zuweisung an die allgemeine gesetzliche Reserve den gesetzlichen Mindestanforderungen genügt.

12.11 Verschiedene Unterbilanzarten

Vorbemerkung

Für die handelsrechtliche Beurteilung ist OR 725 entscheidend. Für die Beurteilung dürfen allfällige Reserven (allgemein gesetzliche, statutarische, freie) und der Gewinnvortrag nicht vorweg mit dem Bilanzverlust verrechnet (ausgebucht) werden, weil deren Verwendung immer einen GV-Beschluss benötigen.

Aufgaben

A Ordnen Sie folgende Unterbilanzen den zutreffenden Spalten zu.
(Annahme: Es bestehen keine stillen Reserven.)

Machen Sie dabei die folgenden zwei Überlegungen:
- Aktiven ≥ Fremdkapital
- Aktiven ≥ Fremdkapital + $\dfrac{\text{AK + ges. Res.}}{2}$

Unterbilanz		
ohne	mit	
gesetzliche(n) Folgen		
	ohne	mit
	Überschuldung	

1 **Bilanz**

Aktiven	860	Fremdkapital	600
Bilanzverlust	360	Aktienkapital	500
		Gesetzliche Reserven	120
	1 220		1 220

	Unterbilanz		
	ohne	mit	
		gesetzliche(n) Folgen	
		ohne	mit
			Überschuldung

2 **Bilanz**

Aktiven	860	Fremdkapital	600
Bilanzverlust	240	Aktienkapital	500
	1 100		1 100

3 **Bilanz**

Aktiven	1 830	Fremdkapital	900
Bilanzverlust	570	Aktienkapital	500
		Partizipationskapital	1 000
	2 400		2 400

4 **Bilanz**

Aktiven	480	Fremdkapital	600
Bilanzverlust	360	Aktienkapital	200
		Gesetzliche Reserven	40
	840		840

5 **Bilanz**

Aktiven	740	Fremdkapital	600
Bilanzverlust	180	Aktienkapital	200
		Gesetzliche Reserven	40
		Statutarische Reserven	80
	920		920

6 **Bilanz**

Aktiven	680	Fremdkapital	600
Bilanzverlust	240	Aktienkapital	200
		Gesetzliche Reserven	40
		Statutarische Reserven	80
	920		920

B Nennen Sie für jede Bilanz die handelsrechtlichen Folgen.

12.12 Analyse von Aussagen zum Anhang

Die Auswahlantworten verlangen die Analyse einer kausalen Verknüpfung. Bei jeder Aussage können folgende fünf Antwortmöglichkeiten unterschieden werden:

A Beide Aussagen sind richtig, und die kausale Verknüpfung durch «weil» ist berechtigt.

B Beide Aussagen sind richtig, aber die kausale Verknüpfung durch «weil» ist falsch.

C Die erste Aussage ist richtig, die zweite falsch.

D Die erste Aussage ist falsch, die zweite richtig.

E Beide Aussagen sind falsch.

Hilfestellung:
Lesen und beurteilen Sie zuerst die beiden Satzteile ganz isoliert voneinander.
Wenn ein Satzteil falsch ist, muss die Verknüpfung mit «weil» nicht mehr beachtet werden.

Nr.	Aussagen	Buchstabe
1	Der Anhang ist eine wichtige Ergänzung zu den Abschlussrechnungen, weil mit den Angaben aus dem Anhang die in Bilanz und Erfolgsrechnung gebildeten Sammelposten teilweise wieder aufgeschlüsselt werden.	
2	Gemäss OR 663b sind im Anhang einer Kollektivgesellschaft die Eventualverpflichtungen aufzuführen, weil gemäss OR 662/2 der Anhang ein Teil der Jahresrechnung ist.	
3	Bei börsenkotierten Gesellschaften müssen bedeutende Aktionäre (mehr als 5% aller Stimmrechte) und deren Beteiligung im Anhang offen gelegt werden, weil diese Bekanntgabepflicht zwingend in den Statuten stehen muss.	
4	Der Gesamtbetrag der verpfändeten Aktiven und der Aktiven unter Eigentumsvorbehalt sind im Anhang aufzuführen, weil diese Angabe eine bessere Beurteilung erlaubt, inwieweit frei verfügbares Vermögen vorhanden ist.	
5	Im Anhang sind die nicht bilanzierten Leasingverpflichtungen anzugeben, weil die Leasingverpflichtungen der Summe aller zukünftigen Leasingraten oder deren Barwert entsprechen.	
6	Die Auflösung aller stillen Reserven ist im Anhang auszuweisen, weil dadurch der ausgewiesene Unternehmungserfolg immer wesentlich günstiger dargestellt wird.	

Nr.	Aussagen	Buchstabe
7	Die Schulden gegenüber der Pensionskasse und anderen Personalvorsorgeeinrichtungen sind im Anhang offen zu legen, weil für diese Verpflichtungen Rückstellungen zu bilden sind.	
8	Der Anhang hilft Fehldeutungen von Abschlusszahlen zu vermeiden, weil sonst bei Änderungen in Darstellung, Inhalt und Bewertung falsche Schlüsse gezogen werden könnten.	
9	Brandversicherungswerte von Sachanlagen sind genauer als deren Verkehrswerte, weil der Brandversicherungswert meistens höher ist als der Buchwert des versicherten Gebäudes.	
10	Im Anhang sind die Beträge, Zinssätze und Fälligkeiten von ausgegebenen Anleihensobligationen auszuweisen, weil diese Informationen für alle Posten des Fremdkapitals bekannt zu geben sind.	
11	Wesentliche Beteiligungen an anderen Unternehmungen sind im Anhang auszuweisen, weil sie für die Beurteilung der Vermögens-, Finanz- und Ertragslage wichtig sind.	
12	Im Anhang sind Einzelheiten (Gegenstand und Betrag) zu den vorgenommenen Aufwertungen auf Liegenschaften und Beteiligungen anzugeben, weil der gesamte Aufwertungsbetrag auch aus der Bilanz ersichtlich ist.	
13	Der Kauf und Verkauf von eigenen Beteiligungspapieren ist im Anhang nicht zu erwähnen, wohl aber der Bestand an eigenen Beteiligungspapieren, weil der Handel mit eigenen Aktien und Partizipationsscheinen auf dem Konto Beteiligungen erfasst wird.	
14	Begründete Abweichungen von der Bilanzierung zu Fortführungswerten, der Stetigkeit und vom Verrechnungsverbot sind im Anhang darzulegen, weil diese Abweichungen den Grundsätzen der ordnungsmässigen Rechnungslegung widersprechen.	
15	Die Aufwertung von Liegenschaften und Beteiligungen über den Anschaffungswert ist keine Missachtung des Imparitätsprinzipes, weil der Aufwertungsbetrag den allgemeinen gesetzlichen Zwangsreserven entspricht.	

Nr.	Aussagen	Buchstabe
16	Der Gesamtbetrag der nicht bilanzierten Leasingverpflichtungen ist im Anhang zu erwähnen, weil sonst der nur aufgrund der Bilanz berechnete Eigenfinanzierungsgrad zu hoch ist.	
17	Der Anhang enthält den Gesamtbetrag der Bürgschaften, Garantieverpflichtungen und Pfandbestellungen zugunsten Dritter, weil nicht alle Eventualverpflichtungen vollumfänglich zu bilanzieren sind.	
18	Der Anhang muss auch die Vorjahreszahlen enthalten, weil die Beträge der genehmigten und bedingten Kapitalerhöhungen im Anhang stehen müssen.	
19	Der Anhang hat eine ergänzende Funktion, weil nicht alle Informationen in der Bilanz und Erfolgsrechnung stehen, die für eine zuverlässige Beurteilung der Vermögens-, Finanz- und Ertragslage erforderlich sind.	

12.13 Ausserbilanzgeschäfte

Aufgabe Entscheiden Sie, ob folgende Tatbestände im Anhang der Jahresrechnung unter dem Titel Ausserbilanzgeschäfte gemäss Obligationenrecht 663b und/oder Swiss GAAP FER 5 aufzuführen sind.

		Obligationenrecht	Swiss GAAP FER
1	Gewährte Bürgschaft		
2	Zukünftige Mietzinszahlung aus langfristigen (> 1 Jahr) Mietverträgen		
3	Garantieverpflichtungen zu Gunsten Dritter		
4	Vereinbarte Abnahmeverpflichtung von Waren für die nächsten sechs Monate		
5	Nicht bilanzierte Leasingverbindlichkeiten (> 1 Jahr)		
6	Bewertungsgrundsätze von Leasingverpflichtungen		
7	Rückstellungen für drohende Verluste aus schwebenden Geschäften		
8	Eventualverpflichtung aus einem hängigen Prozess		
9	Mögliche Verpflichtung aus einem Geschäft mit derivativen Finanzinstrumenten		

13 Gesellschaft mit beschränkter Haftung

13.1 Abschluss einer GmbH

Ausgangslage

Provisorische Probebilanz vom 31. 12. 20_9 der B. Bossart GmbH, Reparaturwerkstätte (in Kurzzahlen):

Konten	Soll	Haben
Kasse, Post, Bank	984	938
Debitoren	380	361
Transitorische Aktiven	20	18
Vorauszahlungen an Lieferanten	1	1
Materialbestand	39	
Maschinen, Mobiliar	113	16
Aktivdarlehen	20	
Kreditoren	321	347
Transitorische Passiven	15	17
Rückstellungen		9
Stammkapital		75
Allgemeine gesetzliche Reserve		10
Statutarische Reserven		30
Materialaufwand	334	14
Personalaufwand	122	7
Mietaufwand	42	
Abschreibungen	6	
Sonstiger Betriebsaufwand	75	10
Debitorenverluste	1	
Reparaturertrag	14	636
Ausserordentlicher Aufwand	2	
	2 489	2 489

Buchungstatsachen

1 Im Konkurs gegen den Darlehensschuldner erhält die GmbH 15 auf das Postkonto überwiesen. Der Rest ist verloren und abzuschreiben.

2 Ein Teil der Werkstatt wurde verlegt. Für die Umzugskosten von schätzungsweise 3 ist die Rechnung noch ausstehend.

3 In den nächsten Jahren ist mit grösseren Reparaturen am Maschinenpark zu rechnen. Dafür wird eine Rückstellung von 2 gebildet.

4 Eine Anzahlung von 2 für eine von der GmbH bestellte Maschine wurde irrtümlicherweise dem Kreditorenkonto belastet.

5 Die Abschreibungen auf Maschinen und Mobiliar betragen 25.

6 Die Inventur am Jahresende ergibt einen Materialbestand von 36.

Gewinnverwendung

Zuweisung an die allgemeine gesetzliche Reserve 5 (damit ist die gesetzliche Mindestzuweisung erfüllt) und an die statutarischen Reserven 8.
Der Rest wird wie folgt verwendet:
– Gutschrift der Nettodividende
– Gutschrift der Verrechnungssteuer

Aufgaben

A Wie lauten die Buchungen?

B Erstellen Sie die Erfolgsrechnung.

C Erstellen Sie den Gewinnverwendungsplan.

D Nennen Sie die Buchungen für die Gewinnverwendung.
Verwenden Sie das Konto Gewinnverteilung.

E Erstellen Sie die Bilanz nach Gewinnverwendung.

13.2 Gewinnverwendung bei der GmbH

Ausgangslage

Aus der Bilanz der T. Petty GmbH sind folgende Zahlen bekannt:

Stammkapital	Fr. 500 000.–
Allgemeine gesetzliche Reserve	Fr. 98 000.–
Gewinnvortrag aus der Vorperiode	Fr. 3 100.–
Jahresgewinn	Fr. 63 000.–

Gewinnverwendung

Der Jahresreingewinn ist gemäss OR zu verteilen.
Die Gesellschafter sollen so viele ganze Prozente Dividende wie möglich erhalten.

Aufgaben

A Erstellen Sie den Gewinnverwendungsplan aufgrund der gesetzlichen Bestimmungen.

Zusatzaufgabe

B Beurteilen Sie die folgende statutarische Bestimmung der T. Petty GmbH.

1. Teil
Vom jährlichen Reingewinn sind 10% der allgemeinen gesetzlichen Reserve zuzuweisen, bis diese die Höhe von Fr. 90 000.– erreicht hat.

2. Teil
Überschreitet die allgemeine gesetzliche Reserve diese Höhe, wird auf eine Zuweisung verzichtet.

13.3 Verlustdeckung und Nachschüsse

Ausgangslage

Die Bilanz der Glorux GmbH zeigt nach einem schlechten Geschäftsjahr folgendes Bild:

Schlussbilanz I vom 31. 12. 20_6

Flüssige Mittel	38 700	Fremdkapital	414 000
Übrige Aktiven	634 300	Stammkapital	300 000
		Allgemeine gesetzl. Reserve	60 000
		Freie Reserven	32 000
		Gewinnvortrag	4 000
		Jahresverlust	– 137 000
	673 000		673 000

Gemäss Statuten sind die Gesellschafter verpflichtet, zur Deckung eines Bilanzverlustes 25% des Stammkapitals als Nachschuss zu leisten.

Die Nachschüsse dürfen jedoch erst eingefordert werden, wenn die Summe von Stammkapital und gesetzlicher Reserve nicht mehr zu 80% gedeckt ist, und zwar höchstens im Umfang der Unterdeckung.

Aufgaben

A Wie gross ist der Bilanzverlust?

B Wie gross ist die Unterdeckung des Stammkapitals und der gesetzlichen Reserve in Franken?

C Wie gross ist die prozentuale Deckung des Stammkapitals und der gesetzlichen Reserve?

D Wie lauten die Buchungen für die Verlustdeckung?
Verwenden Sie das Konto Verlustvortrag als Abrechnungskonto.

Gemäss Statuten wird der Verlust in folgender Reihenfolge verrechnet bzw. gedeckt:
– Gewinnvortrag
– Freie Reserven
– Nachschüsse
– Allgemeine gesetzliche Reserve

Ein allfällig nicht verrechenbarer bzw. gedeckter Verlust wird auf das nächste Jahr vorgetragen.

E Wie lautet die Schlussbilanz II nach Verlustverbuchung?

14 Genossenschaft

14.1 Gewinnverwendung bei einer Landwirtschaftsgenossenschaft

Ausgangslage

Die Landwirtschaftsgenossenschaft Riet verkauft nur an ihre Mitglieder. Im abgelaufenen Jahr hat sich die Mitgliederzahl nicht verändert. Die Probebilanz vom 31.12.20_4 (in Kurzzahlen) zeigt Folgendes:

Konten(gruppen)	Soll	Haben
Umlaufvermögen	2 429	2 219
Anlagevermögen	126	25
Kreditoren	711	748
Rückvergütungen	51	53
Anteilscheinzinsschuld	6	7
Anteilscheinkapital		200
Gesetzliche Reserven		12
Warenaufwand	775	46
Übriger Aufwand	252	40
Warenertrag	73	1073
	4 423	4 423

Gewinnverwendung

Zuwendung an die gesetzlichen Reserven	12
Verzinsung der Anteilscheine	3%
Rückvergütung auf den Warenverkäufen	4%

Der Rest ist den gesetzlichen Reserven gutzuschreiben.

Aufgaben

A Erstellen Sie den Gewinnverwendungsplan.

B Nennen Sie die Buchungen für die Gewinnverwendung.
Verwenden Sie das Konto Gewinnverteilung als Abrechnungskonto.

C Erstellen Sie die Schlussbilanz nach Gewinnverwendung.

D Berechnen Sie das Eigenkapital nach Gewinnverwendung.

E Wie lautet die Buchung für die Gutschrift der Verrechnungssteuer?

14.2 Abschluss einer Lebensmittelgenossenschaft

Ausgangslage

Probebilanz der Genossenschaft Glov vom 31. 12. 20_3:

Konten	Soll	Haben
Liquide Mittel	258 280	250 000
Debitoren	89 000	83 000
Warenbestand	44 400	
Mobilien	14 500	
Kreditoren	178 000	193 700
Anteilscheindividende (netto 20_1/20_2)❶	670	780
Rückvergütungen	15 900	16 450
Anteilscheinkapital		22 500
Gesetzliche Reserven		13 470
Wareneinkauf	209 400	3 900
Übriger Betriebsaufwand	19 230	180
Warenverkauf	2 700	248 100
	832 080	832 080

❶ Der Saldo zeigt die Schuld nach Abzug von 35% Verrechnungssteuer.

Buchungstatsachen

1 Auf Ende Jahr werden neue Mitglieder aufgenommen. Von den übernommenen Anteilscheinen von Fr. 500.– werden Fr. 400.– sofort einbezahlt, Fr. 100.– sind dem Debitorenkonto zu belasten.

2 Rückvergütungen von Fr. 285.– werden ausbezahlt. Für weitere Fr. 230.– Rückvergütungen werden Waren bezogen.

3 Der Genossenschafter Paschi begleicht die bereits gebuchte Rechnung von Fr. 486.– für Warenbezüge wie folgt:
   a Verrechnung mit seiner noch nicht bezogenen Anteilscheindividende von Fr. 110.– des abgelaufenen Geschäftsjahres
   b Zahlung von Fr. 376.–

4 Der Warenbestand beträgt Fr. 46 200.–.

5 Die betrieblich notwendigen Abschreibungen auf den Mobilien betragen Fr. 1500.–.

Gewinnverwendung

Zuweisung an die gesetzlichen Reserven 5%
Dividende auf dem Anteilscheinkapital 4% (ohne Anteilscheine der neu aufgenommenen Mitglieder)
Von der Dividende sind 35% Verrechnungssteuer der Eidg. Steuerverwaltung gutzuschreiben.
Rückvergütung an die Genossenschafter 5,5% vom Nettoumsatz.
Rest an die gesetzlichen Reserven

Aufgaben A Wie lauten die Buchungen?
 B Erstellen Sie die Erfolgsrechnung.
 C Erstellen Sie den Gewinnverwendungsplan.
 D Wie lauten die Buchungen für die Gewinnverwendung?
 E Erstellen Sie die Schlussbilanz nach Gewinnverwendung.

14.3 Abschluss der Auto-Teilet-Genossenschaft (ATG)

Ausgangslage

Die ATG will in gemeinsamer Selbsthilfe ihren Genossenschaftern eine kostengünstige, individuelle und umweltschonende motorisierte Fortbewegung ermöglichen. Die Genossenschaft unterhält an 80 Orten über 100 Fahrzeuge, die von 1400 Genossenschaftern genutzt werden. Für die Verbindlichkeiten haftet ausschliesslich das Genossenschaftsvermögen. Die Anteilscheine werden nicht verzinst.

Saldobilanz vom 31.12. 20_4:

Konten	Soll	Haben
Flüssige Mittel	282 000	
Debitoren	14 000	
Kontokorrent Genossenschafter	55 000	
Transitorische Aktiven	7 000	
Fahrzeuge	837 000	
Mobilien	16 000	
Verlustvortrag	6 000	
Kreditoren		35 000
Transitorische Passiven		10 000
Darlehen Genossenschafter		117 000
Rückstellungen		1 000
Elektromobilfonds ❶		30 000
Anteilscheinkapital		800 000
Gesetzliche Reserven		24 000
Verwaltungsaufwand	174 000	
Unterhalt Fahrzeuge	80 000	
Versicherungen/Verkehrsabgaben	52 000	
Mietaufwand	17 000	
Zinsaufwand	–	
Abschreibungen	2 000	
Ertrag aus Fahrten		482 000
Eintrittsgebühren		29 000
Entnahme Elektromobilfonds		–
Zinsertrag		13 000
Gewinn aus Fahrzeugverkauf		1 000
	1 542 000	1 542 000

❶ Einmalige kantonale Zuschüsse

Verpflichtung der Genossenschafter bei Eintritt

	Erwerb Anteilschein	Eintritts-gebühr	Total
Erstmitglied	1 000.–	200.–	1 200.–
Folgemitglied❶	100.–	200.–	300.–
Ehepaare	1 100.–	400.–	1 500.–

❶ = Weiteres Familienmitglied

Kosten der Autobenützung

je km	Fr. –.50
je Std.	Fr. 2.–
je Tag	Fr. 32.–

Der Benzinverbrauch bezahlt der Benützer selber.

Buchungstatsachen

1. Auf Ende Jahr werden zwei Einzelmitglieder und ein Ehepaar neu aufgenommen. Sie liberieren ihre Anteilscheine und begleichen die Eintrittsgebühr von insgesamt Fr. 3 900.–.
2. Die ATG stellt dem Genossenschafter R. Sulzer die Rechnung für die Autobenützung zu (gefahrene Distanz: 410 km; Zeit: 2 Tage).
3. Für die Vermietung eines Kleintransporters an ein Nichtmitglied wird die Rechnung ausgestellt (gefahrene Distanz: 320 km; Zeit: 10 Stunden; Zuschlag für Nichtmitglied und Kleintransporter: 30%).
4. Die von den Genossenschaftern gewährten Darlehen sind zu 4% zu verzinsen und auf den Kontokorrenten gutzuschreiben.
5. Die Fahrzeuge sind um 25% vom Buchwert gemäss Saldobilanz abzuschreiben.
6. Eine Autoreparaturrechnung von Fr. 4 200.– ist noch nicht eingetroffen.
7. Um das Jahresergebnis zu verbessern, ist dem Elektromobilfonds Fr. 5 000.– zu entnehmen.
8. Verkauf eines Autos für Fr. 12 000.–; Buchwert Fr. 8 500.–.
9. Bereits bezahlte Januarmieten von Fr. 1 600.– sind abzugrenzen.
10. Ein Mitglied überweist für einen durch ihn verursachten Schaden einen provisorischen Betrag von Fr. 400.– auf das Bankkonto. Die Reparatur wird erst im neuen Jahr ausgeführt.

Aufgaben

A Wie lauten die Buchungen?

B Erstellen Sie die Erfolgsrechnung und die Schlussbilanz vor Gewinnverwendung.

14.4 Abschluss einer Konsumgenossenschaft

Ausgangslage

Saldobilanz der Konsi-Genossenschaft vom 31. 3. 20_4:

Konten	Soll	Haben
Liquide Mittel	10 530	
Debitoren	45 100	
Warenbestand	39 200	
Mobilien	26 500	
Kreditoren		25 800
Anteilscheinzins		230
Rückvergütungen		1 800
Anteilscheinkapital		26 500
Gesetzliche Reserven		4 620
Statutarische Reserven		14 880
Gewinnvortrag		3 000
Wareneinkauf	660 730	
Personalaufwand	95 100	
Abschreibungen	–	
Sonstiger Betriebsaufwand	54 600	
Warenverkauf		854 930
	931 760	931 760

Buchungstatsachen

1 Debitor Meili, der noch Fr. 785.– schuldet, verrechnet Fr. 242.– noch nicht bezogene Rückvergütung und überweist den Rest.

2 Bisherige Mitglieder treten auf den 31. März aus der Genossenschaft aus. Wir vergüten ihnen
  a die Anteilscheine von zusammen Fr. 1500.–
  b 4% Gewinnanteil auf den Anteilscheinen für 1 Jahr   Fr. 60.–
     – 35% Verrechnungssteuer   Fr. 21.–
     Nettoauszahlung   Fr. 39.–
     Hier nur die Nettoauszahlung erfassen. Die Zins- und Verrechnungssteuergutschrift wird bei der Gewinnverwendung verbucht.

3 Ein nicht bezogener, verjährter Anteilscheinzins von Fr. 65.– wird den gesetzlichen Reserven gutgeschrieben.

4 Die Abschreibungen auf den Mobilien betragen Fr. 2400.–.

5 Das Inventar ergibt einen Warenbestand von Fr. 37 500.–.

Gewinnverwendung

Zuweisung an die Reserven   5%
Zins auf Anteilscheinkapital   4%
Die Verrechnungssteuer wird der Steuerverwaltung gutgeschrieben.
Rückvergütung an die Genossenschafter: so viele ganze Prozente wie möglich auf dem rückvergütungsberechtigten Umsatz von Fr. 725 200.–
Rest: neuer Gewinnvortrag

Aufgaben

A Wie lauten die Buchungen?

B Erstellen Sie die Erfolgsrechnung.

C Erstellen Sie den Gewinnverwendungsplan.

D Wie lauten die Buchungen für die Gewinnverwendung?
Verwenden Sie das Konto Gewinnverteilung als Abrechnungskonto.

E Erstellen Sie die Schlussbilanz nach Gewinnverwendung.

Zusatzaufgabe

F 1 Beurteilen Sie den Fall 2a, wenn die Statuten keine Rückzahlung der Anteilscheine vorsehen (OR 864, 865).

2 Wie lautet die Buchung?

14.5 Gewinnverwendung bei einer Einkaufsgenossenschaft

Ausgangslage

Zusammengefasste Saldenbilanz der Büli-Genossenschaft vom 31.12.20_5:

Konten(gruppen)	Soll	Haben
Umlaufvermögen	363 000	
Anlagevermögen	500 000	
Fremdkapital		690 000
Gesetzliche Reserven		80 000
Gewinnvortrag		1 000
Warenaufwand	1 500 000	
Sonstiger Betriebsaufwand	208 000	
Warenertrag		1 800 000
	2 571 000	2 571 000

Die Gewinnverwendung in den Statuten sieht vor, dass vom Gewinn so viele ganze Prozente vom Warenertrag als möglich als Rückvergütung auszuschütten sind.

Aufgaben

Die drei Aufgaben sind unabhängig voneinander zu lösen.
Beachten Sie OR 860/1 sowie OR 859/2 und 3.

Erstellen Sie den Gewinnverwendungsplan für das

A 18. Geschäftsjahr.

B 22. Geschäftsjahr.

C 18. Geschäftsjahr unter folgenden Bedingungen:
– Genossenschaftskapital: Fr. 120 000.– (Das Fremdkapital ist um diesen Betrag kleiner.)
– Zinssatz: 6%
– Rückvergütung: so viele ganze Prozente als möglich vom Warenertrag.

Zusatzaufgabe

D Wie lautet die Buchung für die Gewinnverwendung, wenn die Statuten darüber keine Auskunft geben?

14.6 Verlustdeckung bei einer Genossenschaft

Ausgangslage

Die Schlussbilanz I vom 30.6.2006 der Genossenschaft Steinen zeigt Folgendes:

Flüssige Mittel	17 000	Fremdkapital	1 040 000
Übrige Aktiven	1 110 000	Anteilscheinkapital	190 000
		Gesetzliche Reserve	80 000
Jahresverlust	195 000	Gewinnvortrag	12 000
	1 322 000		1 322 000

Auszug aus den Statuten:

Jeder Genossenschafter

– hat eine Nachschusspflicht von 20% des Anteilscheinkapitals zur Deckung des Bilanzverlustes (OR 871).
– haftet zusätzlich persönlich bis Fr. 3 000.– für die Verbindlichkeiten der Genossenschaft (OR 870).
– muss und kann nur einen Genossenschaftsanteil zum Nennwert von Fr. 2 000.– erwerben.

Buchungstatsachen

1 Umbuchung des Jahresverlustes auf das Konto Verlustvortrag

Die Generalversammlung beschliesst, den Verlustvortrag so weit als möglich durch folgende Massnahmen zu beseitigen:

2 Verrechnung mit dem Gewinnvortrag
3 Verrechnung mit der gesetzlichen Reserve
4 Alle Genossenschafter kommen ihrer Nachschusspflicht nach.

Aufgaben

A Berechnen Sie den Bilanzverlust.
B Nennen Sie die Buchungen.
C Erstellen Sie die Schlussbilanz II.

Zusatzaufgaben

D Musste aufgrund der Schlussbilanz I die Verwaltung
  1 die Generalversammlung einberufen (OR 903/3)?
  2 den Richter benachrichtigen (OR 903/2 und 4)?

E Annahme:
Der Jahresverlust beträgt Fr. 424 500.–. Die übrigen Eigenkapitalpositionen bleiben gleich, und die Bilanzsumme verändert sich nicht.
Wie viel verliert ein Genossenschafter im Konkurs der Genossenschaft höchstens, falls die Aktiven zu Buchwerten liquidiert werden?

15 Mehrwertsteuer (MWST)

15.1 Nettomethode/Vereinbartes Entgelt

Ausgangslage

Die Wyco AG handelt mit Sportartikeln. Sie bezieht die Waren von verschiedenen Lieferanten und verkauft ausschliesslich an Endverbraucher. Der MWST-Satz beträgt 7,6%.

Summarisch dargestellter Geschäftsverkehr:

		Überwälzung		
		offen		verdeckt
Nr.	Geschäftsfälle	Preise ohne MWST	MWST	Verkaufspreise mit MWST
1	Krediteinkäufe	130 000.–	9 880.–	–
2	Kreditverkäufe	390 000.–	29 640.–	–
3	Barverkäufe	–	–	107 600.–

Aufgaben

A Nennen Sie die Buchungen, und führen Sie die Konten Vorsteuer, Umsatzsteuer, Wareneinkauf und Warenverkauf (Nettomethode nach vereinbartem Entgelt).

B 1 Berechnen Sie die Umsatzsteuer vom Saldo Konto Warenverkauf.
   2 Mit welcher Zahl muss dieses Ergebnis übereinstimmen?

C Berechnen Sie die geschuldete MWST.

15.2 Vergleich von Netto- und Bruttomethode/Vereinbartes Entgelt

Ausgangslage

Geschäftsfälle einer Handelsunternehmung. Der MWST-Satz beträgt 7,6%.
Auf die Unterteilung des Kontos Vorsteuer wird verzichtet.

Buchungstatsachen

1 Geschäftsverkehr mit Lieferant K. Keller:
   a Warenbezug gegen Rechnung Fr. 15 000.– plus MWST
   b Bezugsspesen zu unseren Lasten bar bezahlt Fr. 215.20 (inkl. MWST)
   c Gutschrift von K. Keller für von uns zurückgesandte Waren Fr. 2 000.– plus MWST
   d Zahlung der Rechnung durch die Bank:

Rechnungsbetrag	Fr. 16 140.–
Gutschrift	Fr. 2 152.–
	Fr. 13 988.–
2% Skonto	Fr. 279.75
Banküberweisung	Fr. 13 708.25

2 a Warenlieferungen an verschiedene Kunden auf Kredit für Fr. 25 824.– (inkl. MWST)
  b Bahnfracht zu unseren Lasten von Fr. 400.– plus MWST bar bezahlt
3 Gutschrift an einen Kunden für mangelhafte Ware von Fr. 322.80 (inkl. MWST)
4 Zahlung eines Kunden durch die Post:

Rechnungsbetrag	Fr. 5 380.–	(inkl. MWST)
2% Skonto	Fr. 107.60	
Postüberweisung	Fr. 5 272.40	

5 Barverkauf von Waren von Fr. 538.– (inkl. MWST)
6 Kreditkauf von Einrichtungsgegenständen Fr. 2 152.– (inkl. MWST)
7 Quartalsabschluss und Postüberweisung der MWST

Aufgaben **A** Nettomethode/vereinbartes Entgelt

1 Nennen Sie die Buchungen.
2 Führen Sie die Konten Vorsteuer, Umsatzsteuer, Wareneinkauf, Warenverkauf, Ausgangsfracht und Mobilien.

B Bruttomethode/vereinbartes Entgelt

1 Nennen Sie die Buchungen.
2 Führen Sie die Konten Vorsteuer, Umsatzsteuer, Wareneinkauf 7,6%, Warenverkauf 7,6%, Ausgangsfracht 7,6% und Mobilien 7,6%.

15.3 Vergleich der Abrechnungsmethoden

Ausgangslage

Die Carletto SA, Detailhandel, die nach der Nettomethode bucht, weist im 3. Quartal folgenden zusammengefassten Waren- und Zahlungsverkehr aus.
Der MWST-Satz beträgt 7,6%.

Umsätze ohne Steuer	Einkauf	Verkauf
Bargeschäfte	90 000.–	1 500 000.–
Kreditgeschäfte – Warenlieferungen – Zahlungen	 840 000.– 870 000.–	 150 000.– 120 000.–

Aufgaben **A** Nennen Sie die Buchungen für

– den Waren- und Zahlungsverkehr
– die Quartalsabrechnung der MWST
– die Banküberweisung der MWST

für folgende Abrechnungsmethoden:

1 vereinbartes Entgelt
2 vereinnahmtes Entgelt (Die Debitoren und Kreditoren werden nach der Offenposten-Buchhaltungs-Methode geführt.)

B Führen Sie für beide Abrechnungsmethoden die Konten Vorsteuer und Umsatzsteuer.

15.4 Bruttomethode/Vereinnahmtes Entgelt

Ausgangslage

Die Einzelunternehmung A. Tizi, eine Handelsunternehmung, rechnet nach vereinnahmtem Entgelt ab und bucht nach der Bruttomethode. Die Debitoren und Kreditoren werden mit der Offenposten-Buchhaltung geführt. Die Angabe der Steuersätze erfolgt bei der Eintragung in den Grundbüchern.

Die Kontonummern stimmen zum grossen Teil mit den Kontonummern des Kontenrahmens KMU überein.

Eintragungen im Konto Kasse (Kontonummer 1000)

Datum	Text	Gegenkonto	Satz %	Soll	Haben	Saldo
01.01.	Eröffnung	9100	–	12 000.–		12 000.–
03.01.	PC-Kauf	1521	7,6		5 380.–	6 620.–
03.01.	Barverkäufe	3200	7,6	19 368.–		25 988.–
03.01.	Barverkäufe	3201	2,4	1 228.80		27 216.80
03.01.	Privatbezug	2850	–		400.–	26 816.80
03.01.	Bankeinzahlung	1020	–		15 000.–	11 816.80
03.01.	Reinigung Ladenlokal	6043	7,6		282.90	11 533.90
03.01.	Briefmarken (ohne MWST)	6513	0		100.–	11 433.90

Eintragungen im Konto Bank (Kontonummer 1020)

Datum	Text	Gegenkonto	Satz %	Soll	Haben	Saldo
01.01.	Eröffnung	9100	–	4 000.–		4 000.–
03.01.	Zahlung von Kunde K. Keller	3200	7,6	645.60		4 645.60
03.01.	Zahlung an Lieferant L. Lutz	4200	7,6		7 532.–	– 2 886.40
03.01.	Büro- und Ladenmiete 1. Quartal❶	6000	0		12 000.–	– 14 886.40
03.01.	Bareinzahlung	1000		15 000.–		113.60
03.01.	Versicherungsprämie für Laden und Lager	6300	0		620.–	– 506.40
03.01.	Fachzeitschriften-abonnement	6503	2,4		204.80	– 711.20
03.01.	Coiffeurrechnung von Frau G. Tizi	2850	–		95.–	– 806.20
03.01.	Stromrechnung	6031	7,6		472.85	– 1 279.05

❶ Der Vermieter hat sich nicht freiwillig der Steuerpflicht unterstellt.

Aufgaben **A** Ermitteln Sie die
- Vorsteuer (Kontonummer 1170) auf Warenaufwand (Klasse 4)
- Vorsteuer (Kontonummer 1171) auf Investitionen und übrigem Betriebsaufwand (Klasse 1 und 6)
- Umsatzsteuer (Kontonummer 2200).

B Nennen Sie die Buchungen (mit Kontonummern) für die Geschäftsfälle, welche die Vorsteuer und Umsatzsteuer betreffen, wenn die Einzelunternehmung nach der Nettomethode bucht.

15.5 Quartalsabrechnung; Bruttomethode/Vereinbartes Entgelt

Ausgangslage

Eine Handelsunternehmung, die den Kontenrahmen KMU anwendet, hat die Umsätze (z. B. aus den Journalen oder Konten) für die MWST-Abrechnung für das 3. Quartal zusammengestellt. Die Beträge sind inklusive MWST.

Verkäufe (Klasse 3)	7,6%	2,4%	0%	Export
Rechnungsbeträge	4 300 000.–	102 300.–	–	1 000 000.–
Nachträgliche Rabatte	322 500.–	8 593.20	–	50 000.–
Rücknahmen	43 000.	5 319.60	–	10 000.–
Debitorenverluste	16 125.–	409.20	–	12 000.–
Skonti	32 250.–	1 023.–	–	15 000.–
Nettoverkäufe	3 886 125.–	86 955.–	–	913 000.–

Einkäufe (Klasse 4)	7,6%	2,4%	0%	Import 7,6%
Rechnungsbeträge	1 612 500.–	40 920.–	–	195 650.–
Nachträgliche Rabatte	129 000.–	2 046.–	–	–
Rücksendungen	16 125.–	1 023.–	–	–
Skonti	26 875.–	1 023.–	–	–
Nettoeinkäufe	1 440 500.–	36 828.–	–	195 650.–

Übriger Betriebs-aufwand (Klasse 6)	7,6%	2,4%	0%
Energieverbrauch	21 500.–	–	–
Mietaufwand	–	–	25 000.–
Revisions- und Beratungs-aufwand	16 125.–	–	–
Sonst. Aufwand	1 075 000.–	51 150.–	10 000.–
Total	1 112 625.–	51 150.–	35 000.–

Investitionen (Klasse 1)	7,6%	2,4%	0%
Fahrzeuge	107 500.–	–	–
Maschinen	64 500.–	–	–
Total	172 000.–	–	–

Aufgaben

A Berechnen Sie die
- Vorsteuer auf Material-, Waren- und Dienstleistungsaufwand
- Vorsteuer auf Investitionen und übrigem Betriebsaufwand
- Umsatzsteuer
- MWST.

B Nennen Sie die Buchungen für die MWST-Abrechnung sowie für die Postüberweisung der MWST.
Verwenden Sie die Konten Vorsteuer (Mat-/Wa- u. DL-A), Vorsteuer (Inv. u. üb. BA), Umsatzsteuer und Kreditor MWST.

15.6 Nettomethode/Vereinbartes Entgelt

Ausgangslage

Die Einzelunternehmung G. Giulio, Produktion von Surfbrettern und Snowboards und Handel mit Sportartikeln, rechnet nach vereinbartem Entgelt ab und bucht nach der Nettomethode.

Buchungstatsachen

1 Verkauf eines Lieferwagens gegen Rechnung von Fr. 21 520.– (inkl. MWST). Der Anschaffungswert betrug Fr. 80 000.– (ohne MWST), die kumulierten Abschreibungen betragen Fr. 65 000.–. (Es wird indirekt abgeschrieben. Die ordentliche Abschreibung für das laufende Jahr ist bereits erfolgt.)
Zu erfassen sind:
a Umbuchung Wertberichtigung
b Verkaufserlös
c Mehrwertsteuer
d Veräusserungsgewinn bzw. Restwertausbuchung

2   G. Giulio bezieht Waren zum Einstandspreis von Fr. 600.– (ohne MWST) für seine Familie.

3   Ein Mitarbeiter bezieht Waren:
    Bruttopreis   Fr. 1 500.– (ohne MWST)
    Ausverkaufsrabatt 20%   Fr.   300.–

    Nettopreis   Fr. 1 200.–

    Der Nettopreis inkl. MWST wird vorläufig als Guthaben erfasst und bei der nächsten Lohnabrechnung verrechnet.

4   Kreditkauf eines neuen Lieferwagens
    Bruttopreis   Fr. 25 000.–
    – Flottenrabatt   Fr. 3 000.–

    Nettopreis ohne MWST   Fr. 22 000.–
    7,6% MWST   Fr. 1 672.–

    Nettopreis mit MWST   Fr. 23 672.–

5   Gesamtabrechnung eines Importgeschäfts (Trainingsanzüge) mit Chi Lung aus Taiwan: Die Zahlung wurde mit einem unwiderruflich bestätigten Dokumentarakkreditiv abgewickelt.

    a   Einkaufsabrechnung
        Fakturawert   USD 99 000.– franko Zollfreilager Zürich-Kloten (ohne MWST)
        + Bankkommission   USD   639.– (Ausnahmeliste)

        = Bankbelastung   USD 99 639.– zum Kurs von 1.45 = Fr. 144 476.55

    b   Zollabrechnung
        Zollkosten (ohne MWST)   Fr. 21 500.–
        + 7,6% MWST (am Zoll erhoben)   Fr. 12 543.80

        = Rechnungsbetrag   Fr. 34 043.80

    c   Transportabrechnung
        Rechnungsbetrag (inklusiv 7,6% MWST) ab Kloten   Fr.   430.40

        = Einstandswert   Fr. 178 950.75

6   Bei der genaueren Prüfung der Trainingsanzüge stellt G. Giulio verschiedene Mängel fest, die auf dem Transport entstanden sind. Die Versicherungssumme beträgt Fr. 154 000.–. Die Versicherungsgesellschaft überweist durch die Bank Fr. 3 500.– als Schadenersatz (nicht MWST-pflichtig).

7   Rechnung der Garage für den Regelservice am Lieferwagen:
    Service   Fr. 240.–
    7,6% MWST   Fr. 18.25

    Fakturawert   Fr. 258.25

8   Postüberweisung (siehe Nr. 4) mit einem Skontoabzug von 2%

9   Private Benützung des Geschäftstelefons Fr. 215.20 (inkl. MWST)

Aufgabe   Nennen Sie die Buchungen.

15.7 Saldo-Steuersatz 2,3%

Ausgangslage

Die Sprint AG, Sportartikelgeschäft, hat einen Jahresumsatz von weniger als Fr. 3 000 000.–. Die jährliche Steuerzahlung ist kleiner als Fr. 60 000.–. Der reduzierte, branchenabhängige Saldo-Steuersatz beträgt 2,3%. Der MWST-Satz beträgt 7,6%.

Summarisch dargestellter Geschäftsverkehr des 1. Semesters:

		Überwälzung		
		offen		verdeckt
Nr.	Geschäftsfälle	Preise ohne MWST	MWST	Verkaufspreise mit MWST
1	Krediteinkäufe	200 000.–	15 200.–	–
2	Kreditverkäufe	250 000.–	19 000.–	–
3	Barverkäufe	–	–	53 800.–

Aufgaben

A Nennen Sie die Buchungen, wenn die Saldo-Steuersatz-Methode angewandt wird.

B Berechnen Sie die geschuldete MWST für das 1. Semester, wenn mit der
1 effektiven (= ordentlichen) Methode (Umsatzsteuer – Vorsteuer)
2 Saldo-Steuersatz-Methode
abgerechnet wird.

C Nennen Sie die Buchungen Ende Semester bei der Saldo-Steuersatz-Methode. Verwenden Sie das Konto MWST.
1 Gutschrift der geschuldeten MWST
2 Überweisung der MWST durch Post

15.8 Saldo-Steuersatz 3,5%

Ausgangslage

Die Lunette GmbH, Optikergeschäft, erwartet im 1. Semester folgende Umsätze (inkl. 7,6% MWST):

Warenverkauf   Fr. 236 720.–   Waren- und Materialeinkauf Fr. 139 880.–
Erlös aus Reparaturen Fr. 64 560.–   Übriger Aufwand   Fr. 19 368.–

Der Geschäftsführer überlegt sich, ob er mit dem Saldo-Steuersatz von 3,5% abrechnen soll.

Aufgaben

A Berechnen Sie die abzuliefernde Mehrwertsteuer für das 1. Semester, wenn mit der
1 effektiven Methode (Umsatzsteuer – Vorsteuer)
2 Saldo-Steuersatz-Methode
abgerechnet wird.

B Welche Methode empfehlen Sie ihm? Begründen Sie Ihren Vorschlag.

C Wie lauten die Buchungen Ende Semester, wenn die abzuliefernde Mehrwertsteuer (berechnet nach der Saldo-Steuersatz-Methode) vorläufig geschuldet bleibt?

15.9 Materialkonten mit laufender Inventur

Ausgangslage

Die Dolce SA produziert Süsswaren. Sie führt die Materialkonten mit laufender Inventur, d.h. das eingekaufte Material wird aktiviert und erst beim Verbrauch als Aufwand erfasst. Zu diesem Zweck führt sie eine Materialbuchhaltung, die unter anderem die Einstandspreise aller Materialpositionen enthält.
Die Mehrwertsteuer betägt 7,6 %. Sie wird nach vereinbartem Entgelt abgerechnet und mit der Nettomethode verbucht.

Ausgewählte Geschäftsfälle (EP = Einstandspreis ohne MWST)

1. Rechnung der Gerber AG von Fr. 2 636.20 inkl. MWST für geliefertes Material
2. Der Materialverbrauch für die Produktion gemäss Materialbezugsscheinen beträgt Fr. 4 820.– (EP).
3. Für Ausstellungszwecke wird Material von Fr. 970.– (EP) aus dem Lager genommen. Dieses Material wird nach der Ausstellung entsorgt, da es nicht mehr zu gebrauchen ist.
4. Nachträgliche Rabattgutschrift der Gerber AG von Fr. 397.10 inkl. MWST. Das Material ist noch am Lager. Der Einstandspreis wird in der Materialbuchhaltung entsprechend herabgesetzt.
5. Durch einen Wasserschaden wird Material im Lager im Betrag von Fr. 9 500.– (EP) zerstört. Da die Dolce SA unterversichert ist, kann sie nur mit einer Versicherungsentschädigung von Fr. 7 000.– rechnen.
6. Beim Jahresabschluss beträgt der Materialvorrat gemäss
   – Konto Materialvorrat   Fr. 128 500.–
   – Inventar   Fr. 126 900.–

Aufgabe   Wie lauten die Buchungen bei der Dolce SA?

15.10 Anzahlungen

Ausgangslage

Mitte April bestellt die Versand SA bei der Schlegel AG drei Verpackungsmaschinen für insgesamt Fr. 900 000.–. Beide Unternehmen verwenden den Kontenrahmen KMU, rechnen die Mehrwertsteuer nach vereinbartem Entgelt ab und verbuchen nach der Nettomethode. Der MWST-Satz beträgt 7,6%.
Der Zahlungsverkehr wickelt sich durch die Bank ab.

Im Kaufvertrag wurde Folgendes vereinbart:
– Anzahlung von ⅓ des Kaufpreises bei Bestellung
– Lieferung der Maschinen am 31.08. und Zahlung von einem weiteren Drittel des Kaufpreises
– Restzahlung zwei Monate nach Lieferung

Buchungstatsachen

15.04. Die Schlegel AG sendet die Rechnung über die vereinbarte Anzahlung von Fr. 300 000.– plus MWST, welche die Versand SA sofort begleicht.
31.08. Die Schlegel AG liefert die Maschinen:
– Die Rechnung lautet auf Fr. 600 000.– (Kaufpreis – Anzahlung) plus MWST.
– Die geleistete Anzahlung wird umgebucht.
– Der zweite Drittel wird bezahlt.
31.10. Der Restbetrag wird überwiesen.

Aufgabe

Nennen Sie die Buchungen bei der
1 Versand SA
2 Schlegel AG.

15.11 Warenkonten mit laufender Inventur und weitere Geschäftsfälle

Ausgangslage

Die Elektro SA, Handelsunternehmung für Designer-Lampen, führt die Warenkonten nach der Dreikontenmethode mit laufender Inventur und wendet den Kontenrahmen KMU an. Die Mehrwertsteuer wird nach der Nettomethode verbucht und nach vereinbartem Entgelt abgerechnet. Der Mehrwertsteuersatz beträgt 7,6%.
Die Elektro SA führt ein Konto Umsatzsteuer sowie zwei Vorsteuerkonten, nämlich Vorsteuer auf Aufwand für Material, Waren und Dienstleistungen sowie Vorsteuer auf Investitionen und übrigem Betriebsaufwand.
Die Einstandswerte, die bei den Verkäufen stehen, sind ohne MWST.
Der Zahlungsverkehr wickelt sich durch die Bank ab.

Buchungstatsachen   Ausgewählte Geschäftsfälle

1 a Krediteinkäufe von Lampen bei der Lux GmbH für Fr. 16 140.– (inkl. MWST)
   b Rücksendung von mangelhafter Ware an die Lux GmbH Fr. 1 291.20 (inkl. MWST)
   c Zahlung der Rechnung unter Abzug von 2% Skonto

2 a Lampenverkäufe gegen Rechnung an das Möbelhaus Plüsch AG für Fr. 37 660.– (inkl. MWST). Der Einstandswert beträgt Fr. 25 104.–.
   b Irrtümlicherweise wurden drei Lampen zu viel geliefert und auch in Buchungstatsache 2 a fakturiert. Die Elektro SA nimmt diese drei Stück zurück und schreibt dem Möbelhaus Plüsch AG Fr. 2 152.– (inkl. MWST) gut. Der Einstandswert beträgt Fr. 1 435.–.
   c Nachträglich gewährt die Elektro SA dem Möbelhaus Plüsch AG auf dieser Rechnung einen Mengenrabatt von Fr. 3 228.– (inkl. MWST).
   d Das Möbelhaus Plüsch AG überweist den Restbetrag abzüglich 2% Skonto.

3   Vor vier Monaten wurden der Privatperson D. Trouble Lampen für Fr. 4 500.– (exkl. MWST) gegen Rechnung geliefert und korrekt verbucht.
   a Nach mehreren Mahnungen leitet die Elektro SA gegen D. Trouble die Betreibung ein. Für den Kostenvorschuss sendet das Betreibungsamt eine Rechnung über Fr. 120.–. Auf dem Kostenvorschuss ist keine MWST geschuldet.
      Die Elektro SA überweist den Betrag sofort und belastet das Konto des Kunden.
   b Die Betreibung war teilweise erfolgreich. Die Elektro SA erhält vom Betreibungsamt folgende Abrechnung (= Verlustschein aus Pfändung):

	Ihre Forderung	Fr. 4 842.–
+	Ihr Vorschuss	Fr. 120.–
+	Verzugszins	Fr. 138.–
=	Total	Fr. 5 100.–
–	Teilzahlung Schuldner	Fr. 3 900.–
=	Ihr Verlust	Fr. 1 200.–

Auf dem noch nicht erfassten Verzugszins ist ebenfalls keine MWST geschuldet.
Das Betreibungsamt leitet die Teilzahlung sofort weiter.
Mit der Teilzahlung sind der Vorschuss und Verzugszins voll bezahlt (abgedeckt).
Die Kosten des Betreibungsamtes bleiben unberücksichtigt.

4 Die Elektro SA richtet die Büros neu ein.
  a Die vollständig abgeschriebenen alten Einrichtungen werden für Fr. 1614.– (inkl. MWST) bar verkauft.
  b Kreditkauf von neuen Einrichtungen für Fr. 66712.– (inkl. MWST)
  c Als Ersatz für die veralteten Lampen werden neue aus dem Lagerbestand genommen. Der Einstandswert beträgt Fr. 1200.– (ohne MWST).

5 Die Loser GmbH (Kunde mit schlechter Bonität) bestellt Lampen für Fr. 15000.– (exkl. MWST).
  a Die Elektro SA vereinbart mit der Loser GmbH eine Anzahlung (= Vorauszahlung) von Fr. 5380.– (inkl. MWST) und sendet ihr die Rechnung über den vereinbarten Betrag. Die Loser GmbH überweist den Betrag inkl. MWST.
  b Die Elektro SA liefert die bestellten Lampen auf Kredit (alle Beträge exkl. MWST):

Kaufpreis	Fr. 15 000.–
– Anzahlung	Fr. 5 000.–
Faktura	Fr. 10 000.–

  Der Einstandswert beträgt Fr. 9500.–

6 Die Elektro SA erhält Rechnungen vom Spediteur Merz & Co. für
  a Eingangsfrachten Fr. 9146.– (inkl. MWST)
  b Ausgangsfrachten Fr. 5918.– (inkl. MWST).
  Die Bezugs- und Versandspesen gehen zulasten der Elektro SA.

7 Beim Jahresabschluss beträgt der Warenvorrat gemäss
  – Konto Warenvorrat   Fr. 222 800.–
  – Inventar   Fr. 214 300.–.

8 Die Elektro SA erwirbt einen neuen Kleinlieferwagen für Fr. 55000.– (exkl. MWST) und gibt das alte Fahrzeug für Fr. 8500.– an Zahlung.
  Der Anschaffungswert des alten Lieferwagens betrug Fr. 40000.– (exkl. MWST).
  Bis heute wurden 80% vom Anschaffungswert indirekt abgeschrieben.
  a Die Wertberichtigung des alten Lieferwagens ist auszubuchen.

  Verwenden Sie für die Buchungstatsachen 8 b – 8 d das Abrechnungskonto Kreditor Garage.
  Rechnung der Autogarage Zaugg AG für den neuen Kleinlieferwagen:

  b Preis neuer Lieferwagen   Fr. 55 000.–
    + 7,6% MWST   Fr. 4 180.–
                               Fr. 59 180.–
  c – Eintausch altes Fahrzeug Fr. 8 500.– ❶❷
    Rechnungsbetrag   Fr. 50 680.–

  d Zahlung der Rechnung unter Abzug von 2% Skonto

❶ Damit der von der MWST-Verwaltung gewünschte Bruttoerlös in der Erfolgsrechnung gezeigt werden kann, wird zuerst der Buchwert des alten Fahrzeuges (Fr. 8000.–) vollständig abgeschrieben. Die Belastung erfolgt auf dem Konto Restwertabschreibung bei Verkauf von Anlagevermögen.

❷ Der Eintauschwert des alten Fahrzeuges (Fr. 8500.–) stellt aus der Sicht der Steuerverwaltung einen Erlös aus Veräusserung von Anlagevermögen dar und versteht sich inklusive MWST.

Aufgabe Nennen Sie die Buchungen der Elektro SA.

16 Fremde Währungen

16.1 Abschluss Vierspalten-Fremdwährungskonto

Aufgaben Schliessen Sie folgende Fremdwährungskonten ab, und eröffnen Sie sie wieder. Die Guthaben und Schulden werden zum Devisentageskurs am Bilanzstichtag bilanziert.

A Kunde Lindenberg, Hamburg
Tageskurse am Bilanzstichtag 1.58/1.61

	EUR		CHF	
Umsatz	50 000	40 000	80 000	64 300

B Lieferant Kamagochi, Osaka
Tageskurse am Bilanzstichtag 1.18/1.21

	JPY		CHF	
Umsatz	3 700 000	6 600 000	45 500	79 200

C Kunde Brown, New York
Tageskurse am Bilanzstichtag 1.45/1.48

	USD		CHF	
Umsatz	38 000	29 000	57 000	44 180

D Lieferant van Chefelen, Amsterdam
Tageskurse am Bilanzstichtag 1.57/1.59

	EUR		CHF	
Umsatz	54 000	68 000	85 860	108 800

16.2 Vierspalten-Fremdwährungskonto, Ordentliche Erfassung und Offenposten-Buchhaltung (Kundenguthaben)

Ausgangslage
Beim Geschäftsverkehr mit dem Kunden S. Denvar, Kopenhagen, ist die Kursdifferenz nach jeder Zahlung sowie beim Abschluss zu verbuchen. Das Guthaben wird zum Devisentageskurs am Bilanzstichtag bilanziert.

Tageskurse am Bilanzstichtag bei – Eröffnung   23.–/23.70
                                 – Abschluss   21.–/21.75

Buchkurs 22.50

Buchungstatsachen
1. Eröffnung: Anfangsbestand DKK 4 000.–
2. Banküberweisung von Denvar, Bankgutschrift für DKK 4 000.– (= CHF 910.–)
3. Warenverkauf auf Kredit DKK 7 000.–
4. Rabattgutschrift DKK 500.–
5. Überweisung von Denvar   DKK 6 500.–
   a – 2% Skonto   DKK   130.–
   b Bankgutschrift   DKK 6 370.– (= CHF 1 420.51)
6. Warenlieferung auf Kredit DKK 5 000.–
7. Abschluss
8. Wiedereröffnung

Aufgaben

A Vierspalten-Fremdwährungskonto
1. Wie lauten die Buchungen?
2. Führen Sie das Vierspalten-Fremdwährungskonto.

B Ordentliche Erfassung
1. Wie lauten die Buchungen?
2. Führen Sie das Konto Kunden DKK in CHF.

C Offenposten-Buchhaltung
1. Wie lauten die Buchungen?
2. Führen Sie das Konto Kunden DKK in CHF.

16.3 Vierspalten-Fremdwährungskonto, Ordentliche Erfassung und Offenposten-Buchhaltung (Lieferantenschuld)

Ausgangslage

Beim Geschäftsverkehr mit dem Rohstofflieferanten S. Sacher, Wien, ist die Kursdifferenz gesamthaft beim Abschluss zu buchen. Die Schuld wird zum Euro-Devisentageskurs am Bilanzstichtag bilanziert.

Tageskurse am Bilanzstichtag bei – Eröffnung   1.56/1.58
                                 – Abschluss   1.61/1.63

Buchkurs 1.60

Buchungstatsachen

1   Anfangsbestand EUR 3 000.–
2   Banküberweisung an Sacher EUR 3 000.–, Bankbelastung CHF 4 830.–
3   Rohmaterialeinkauf auf Kredit EUR 8 000.–
4   Mängelrabatt 15%
5   Banküberweisung an Sacher   EUR 6 800.–
   a – 2% Skonto   EUR   136.–
   b Bankbelastung   EUR 6 664.– (= CHF 10 795.68)
6   Rohmaterialeinkauf auf Kredit EUR 4 000.–
7   Abschluss
8   Wiedereröffnung

Aufgaben

A Vierspalten-Fremdwährungskonto
1   Wie lauten die Buchungen?
2   Führen Sie das Vierspalten-Fremdwährungskonto.

B Ordentliche Erfassung
1   Wie lauten die Buchungen?
2   Führen Sie das Konto Lieferanten EUR in CHF.

C Offenposten-Buchhaltung
1   Wie lauten die Buchungen?
2   Führen Sie das Konto Lieferanten EUR in CHF.

16.4 Vierspalten-Fremdwährungskonto (Anzahlungen an Lieferanten)

Ausgangslage

Die Baumaschinen AG importiert Maschinen aus Amerika und verkauft sie in der Schweiz. Die für den Verkehr mit den amerikanischen Lieferanten geführten Vierspalten-Fremdwährungskonten weisen Ende November folgende Umsätze aus:

	USD		CHF	
Lieferanten USD	72 000	108 000	111 400	167 200
Anzahlung an Lieferanten USD	36 000	24 000	55 440	36 840

Buchkurs für den Monat Dezember   1.55
Bilanzkurs beim Abschluss   1.57

Die Kursdifferenzen werden jeweils am Monatsende für den ganzen laufenden Monat gesamthaft verbucht.

Buchungstatsachen Monat Dezember

1 Die Baumaschinen AG bestellt bei der Caterpillar Ltd., Portland, Maschinen und leistet eine Anzahlung durch Banküberweisung von USD 10 000.– (= CHF 15 450.–).

2 a Der Lieferant Crane Ltd., Seattle, liefert die vor vier Monaten bestellten Maschinen für USD 18 000.–.
  b Die bei der Bestellung geleistete Anzahlung von USD 6 000.– ist zu verrechnen.

3 a Der Lieferant Crane Ltd. gewährt einen Rabatt von USD 1 000.–.
  b Überweisung an Crane Ltd.   USD 11 000.–
      – 2% Skonto   USD   220.–
      Bankbelastung   USD 10 780.– (= CHF 16 806.–)

4 Abschluss der Konten
  Die Kursdifferenzen sind zu erfassen. Die Abschlussbuchungen sind nicht verlangt.

Aufgaben
A Wie lauten die Buchungen in CHF für den Dezember?

B Führen Sie die Konten Lieferanten USD und Anzahlung an Lieferanten USD als Vierspalten-Fremdwährungskonten.

16.5 Vierspalten-Fremdwährungskonto (Anzahlungen von Kunden)

Ausgangslage

Bei der Fabrikationsunternehmung Graf GmbH, Gümligen, weisen die Konten für die Kunden im Euroland Ende Februar folgende Umsätze auf:

	EUR		CHF	
Forderungen aus L+L[1] EUR	220 000	180 000	352 000	288 000
Anzahlung von Kunden EUR	60 000	78 000	96 000	124 800

Buchkurs für das erste Quartal 1.60
Bilanzkurs für den Quartalsabschluss 1.58

Die Kursdifferenzen werden laufend nach jeder Zahlung sowie beim Quartalsabschluss verbucht.

Buchungstatsachen   Monat März

1. Banküberweisung der Schubart GmbH, Graz, von EUR 25 000.– Die Bank schreibt die EUR zum Tageskurs von 1.56 gut.

2. Rechnung an Blümel & Co., Berlin, für die vereinbarte Vorauszahlung von EUR 7 000.– auf den von Blümel & Co. bestellten Produkten.

3. a Rechnung an H. Krebs, Köln, für eine Produktelieferung von EUR 45 000.–.
   b Die im Januar geleistete Anzahlung von EUR 15 000.– ist zum Kurs von 1.60 zu verrechnen.

4. Die Blümel & Co. überweist die Anzahlung von EUR 7 000.–. Die Bankgutschrift beträgt CHF 11 340.–

5. a H. Krebs erhält einen Rabatt von EUR 2 500.– und
   b überweist EUR 27 500.–. Die Bank schreibt die EUR zum Tageskurs von 1.61 gut.

6. Quartalsabschluss
   Die Kursdifferenzen sind zu verbuchen und die Konten abzuschliessen. Die Abschlussbuchungen sind nicht verlangt.

Aufgaben A Wie lauten die Buchungen für den Monat März?
Die Kursdifferenzen werden im Konto Währungskursdifferenzen und die Verkaufserlöse im Konto Produktionsertrag erfasst.

B Führen Sie die Konten Forderungen aus L+L EUR und Anzahlungen von Kunden EUR als Vierspalten-Fremdwährungskonten.

 L+L = Lieferungen und Leistungen

16.6 Vierspalten-Fremdwährungskonto (Fremdwährungsbankkonto EUR)

Ausgangslage

Die Handels-GmbH hat bei ihrer Hausbank für den Verkehr mit dem Euroland ein EUR-Fremdwährungsbankkonto. Die Geschäftsfälle werden summarisch erfasst. Die Eurokonten werden als Vierspalten-Fremdwährungskonten geführt. Sie weisen folgende Anfangsbestände auf:

	EUR	CHF
Kunden EUR	4 500.–	6 300.–
Lieferanten EUR	3 100.–	4 340.–
Bank EUR (Guthaben)	2 350.–	3 290.–

Die Kursdifferenzen werden beim Abschluss gesamthaft auf dem Konto Kursdifferenzen erfasst.

Bilanzkurs bei Eröffnung 1.40
Buchkurs 1.40
Bilanzkurs beim Abschluss 1.30
(Der Bilanzkurs entspricht dem Devisenmittelkurs am Abschlusstag.)

Buchungstatsachen

1. Lieferantenrechnungen: EUR 36 800.–
2. Kundenrechnungen: EUR 48 150.–
3. Zahlungen an Lieferanten zulasten des EUR-Bankkontos: EUR 35 200.–
4. Überweisungen von Kunden auf das EUR-Bankkonto: EUR 49 300.–
5. Überweisung vom EUR-Bankkonto auf das CHF-Bankkonto: EUR 10 000.–; Tageskurs = 1.44
6. Kursdifferenzen und Abschluss der Konten
   (Die Abschlussbuchungen sind nicht verlangt.)

Aufgaben

A Wie lauten die Buchungen in CHF?

B Führen Sie die Konten Kunden EUR, Lieferanten EUR, Bank EUR als Vierspalten-Fremdwährungskonten.

C Nennen Sie zwei Vorteile eines Fremdwährungsbankkontos.

Zusatzaufgabe

D Wie lauten die Buchungen in CHF für die Kursdifferenzen, wenn die realisierten Kursdifferenzen sofort und die nicht realisierten Kursdifferenzen beim Abschluss gesamthaft gebucht werden?

16.7 Vierspalten-Fremdwährungskonto (Fremdwährungsbankkonto GBP)

Ausgangslage

Die Handelsunternehmung R. Moham & Co. hat bei ihrer Bank für den Verkehr mit England ein Fremdwährungsbankkonto in Englischen Pfund (= GBP). Die Geschäftsfälle sind summarisch erfasst. Die GBP-Konten werden als Vierspalten-Fremdwährungskonten geführt. Sie weisen folgende Anfangsbestände auf:

	GBP	CHF
Kunden GBP	4 900.–	11 270.–
Lieferanten GBP	21 800.–	50 140.–
Bank GBP (Schuld)	1 100.–	2 530.–

Die Kursdifferenzen werden beim Abschluss gesamthaft auf dem Konto (Fremdwährungs-)Kursdifferenzen erfasst.

Bilanzkurs bei Eröffnung	2.30
Buchkurs	2.30
Bilanzkurs beim Abschluss	2.34

(Der Bilanzkurs entspricht dem Devisenmittelkurs am Abschlusstag.)

Buchungstatsachen

1. Lieferantenrechnungen: GBP 42 800.–
2. Kundenrechnungen: GBP 25 600.–
3. Überweisung vom CHF-Bankkonto auf das GBP-Bankkonto: GBP 10 000.–, Kurs 2.26
4. Überweisungen an englische Lieferanten zulasten des GBP-Bankkontos: GBP 32 700.–
5. Überweisungen von englischen Kunden auf das GBP-Bankkonto: GBP 24 200.–
6. Zinsbelastungen netto auf dem GBP-Bankkonto: GBP 100.–
7. Kursdifferenzen und Abschluss der Konten
   (Die Abschlussbuchungen sind nicht verlangt.)

Aufgaben

A Wie lauten die Buchungen in CHF?

B Führen Sie die Konten Kunden GBP, Lieferanten GBP, Bank GBP als Vierspalten-Fremdwährungskonten.

16.8 Offenposten-Buchhaltung

Ausgangslage

Die Handelsunternehmung Flavy AG erfasst die Lieferanten- und Kundenrechnungen nach der Offenposten-Methode. Der Tageskurs ist in Klammern angegeben. Die folgenden Geschäftsfälle sind nur ein Auszug aus der Geschäftstätigkeit.

Buchungstatsachen

1. Rechnung an Kunde Gambler, Las Vegas, USD 3500.– (1.51)
2. Rechnung von Lieferant Bregi, Bern, CHF 4300.–
3. Rechnungen an Kunde Lindström, Göteborg, EUR 10000.– (1.62)
4. a Rechnungen von Lieferant Netzer, Nürnberg, EUR 5000.– (1.63)
   b Rabattgutschrift von Netzer, EUR 500.– (1.625)
5. Postüberweisung an Bregi:
   Rechnung   CHF 4 300.–
   – 2% Skonto   CHF   86.–
   Überweisung   CHF 4 214.–
6. Banküberweisung an Netzer, EUR 4500.–, Bankbelastung CHF 7 290.–
7. Banküberweisung von Lindström, EUR 9800.– nach Abzug von 2% Skonto. Bankgutschrift CHF 15827.–
8. Lindström bemängelt nachträglich zu Recht einen Teil der Ware. Banküberweisung für den Mängelrabatt EUR 400.– (1.6175)
9. Gegen den Kunden Gambler, Las Vegas, wurde das Konkursverfahren mangels Aktiven eingestellt. Die Forderung von USD 3 500.– ist endgültig verloren (1.42).
10. Abschluss der Konten Debitoren Schweiz, Debitoren Ausland, Kreditoren Schweiz und Kreditoren Ausland (Ruhende Konten)

	Währung	Bestand		Bilanzkurse	
		01. 01.	31. 12.	01. 01.	31. 12.
Guthaben bei Schweizer Kunden	CHF	164 000.–	179 000.–		
Schulden bei Schweizer Lieferanten	CHF	117 000.–	112 000.–		
Kundenguthaben bei Hansen, Kopenhagen	DKK	19 000.–	0.–	21.40	–
Lieferantenschuld bei Kushi, Kyoto	JPY	0.–	216 000.–	–	1.325
Lieferantenschuld bei Clapton, London	GBP	12 600.–	6 750.–	2.14	2.10

Aufgaben

A Wie lauten die Buchungen?

B Annahme: Unter den Kreditoren Schweiz sind beim Jahresabschluss noch offene Rechnungen von Fr. 109000.– aus Warenkäufen und Fr. 3000.– aus einem Mobilienkauf. Wie lauten die Berichtigungsbuchungen?

16.9 Abschluss einer Fabrikationsunternehmung

Ausgangslage

Die S. Fuchs & Co., Velofabrikation, führt die Kreditoren EUR und die Debitoren USD in Vierspalten-Fremdwährungskonten. Die Fremdwährungskonten betreffen ausschliesslich den Einkauf von Material und den Verkauf von Fabrikaten.

Probebilanz vom 31. 12. 20_4:

Konten	Fremde Währungen Soll	Fremde Währungen Haben	Schweizer Franken Soll	Schweizer Franken Haben
Liquide Mittel			3 166 390	3 105 225
Debitoren CHF			2 183 000	2 006 000
Debitoren USD	16 000	10 000	25 600	16 625
Delkredere				2 500
Transitorische Aktiven			6 000	6 000
Materialbestand			110 000	
Halb- und Fertigfabrikate-bestand			190 000	
Maschinen, Mobilien, Fahrzeuge			444 000	43 000
Immobilien			800 000	
Kreditoren CHF			705 800	768 700
Kreditoren EUR	3 200	4 800	5 060	7 800
Transitorische Passiven			7 000	7 000
Hypotheken				580 000
Kapital Fuchs				500 000
Kapital Herger				450 000
Privat Fuchs			70 000	76 000
Privat Herger			65 000	59 000
Materialeinkauf			726 000	20 000
Personalaufwand			506 000	6 000
Mietaufwand			60 000	
Abschreibungen			–	
Übriger Betriebsaufwand			465 000	5 000
Verwaltungs- und Vertriebsaufwand			120 000	10 000
Bestandesänderung Halb- und Fertigfabrikate			–	–
Verkaufserlös			60 000	2 016 000
Immobilienaufwand			80 000	
Immobilienertrag				110 000
			9 794 850	9 794 850

Buchungstatsachen

1. Eine bereits verbuchte Rechnung von Fr. 12 000.– für Werbeprospekte ist dem nächsten Jahr zu belasten.
2. Aufgelaufener Hypothekarzins Fr. 20 000.–
3. Für das vierte Quartal sind noch Fr. 18 000.– Miete für die durch den Betrieb in der eigenen Liegenschaft benützten Räume zu erfassen.

4   Abschreibungen auf Maschinen, Mobilien und Fahrzeugen Fr. 100 000.–
    Abschreibungen auf der Liegenschaft Fr. 10 000.–

5   Abschluss der Fremdwährungskonten:
    Die Fuchs & Co. bilanziert die Fremdwährungsguthaben und -schulden zum Tageskurs am Bilanzstichtag. Folgende Kurse stehen am 31.12. zur Verfügung:

	USD	EUR
Geld	1.5375	1.5625
Brief	1.5725	1.5875

Es sind nur die Kursdifferenzen zu erfassen (keine Abschlussbuchungen).

6   Vorräte laut Inventar vom 31.12.
    Materialbestand   Fr. 102 000.–
    Halb- und Fertigfabrikatebestand   Fr. 230 000.–

7   Der zu verteilende Gewinn darf vereinbarungsgemäss Fr. 20 000.– je Gesellschafter nicht übersteigen. Ein allfälliger grösserer Ertragsüberschuss ist für zusätzliche Abschreibungen auf den Maschinen, Mobilien und Fahrzeugen zu verwenden.

8   Der Gewinn ist den Gesellschaftern zu gleichen Teilen gutzuschreiben.

Aufgabe   Wie lauten die Buchungen?

17 Wertschriften und Beteiligungen

17.1 Wertpapiere, Wertschriften und Effekten

Aufgabe Ordnen Sie die folgenden Urkunden durch Ankreuzen allen zutreffenden Begriffen zu.

Begriffe Urkunden	Wertpapier (OR 965)	Wert-schriften	Effekten	Kein Wertpapier
Check				
Inhaberaktie				
Wechsel				
Namenaktie				
Anleihensobligation				
Kassaobligation				
Wandelobligation				
Seefrachtbrief				
Banknote				
Partizipationsschein				
Optionsobligation				

17.2 Kontenwahl

Aufgabe Ordnen Sie den folgenden Urkunden durch Ankreuzen das zutreffende Konto zu. Geben Sie bei Bedarf in der Spalte «Anderes Konto» die Kontobezeichnung an.

Konto Urkunden	Wert-schriften	Kurzfristige Finanz-anlagen	Beteili-gung	Übrige Finanz-anlagen	Anderes Konto (Bezeichnung)
Anleihensobligation					
Aktien					
Wechselguthaben					
Partizipationsschein					
Festgeldanlage					
Aktienpaket ❶					
Schuldbrief					
Check					
Aktien einer Tochtergesellschaft					
Wechselschuld					
Kassaobligation					
Partizipationsscheinpaket					
Banknoten					
Treuhandanlage					

❶ mit massgeblichem Einfluss

17.3 Handelsrechtliche Bewertung

Ausgangslage

Die Tabelle gibt eine Übersicht über verschiedene Wertschriften, die beim Abschluss am 31. Dezember bewertet werden müssen. Der Marchzins bleibt unberücksichtigt. Bei den Aktien handelt es sich um Einheitsaktien, d.h. die Gesellschaft hat nur eine Aktientitelkategorie.

Titel	mit Kurswert		Kurse			Frankenwerte	
	ja	nein	Kauf	Durchschnittskurs Dezember	31. Dezember	Aktiengesellschaft	Einzelunternehmung, Personengesellschaft
1 Obligation 10 000.– nom.	ja		96.–	97.–	95.–		
		nein	94.–	–	96.– ❶		
Vier Aktien	ja		110.–	125.–	115.–		
		nein	120.–	–	121.– ❶		
Aktienpaket von 5%	ja		400.–	390.–	380.–		
		nein	350.–	–	360.– ❶		
Aktienpaket von 35%	ja		700.–	720.–	710.–		
		nein	340.–	–	320.– ❶		

❶ Geschätzte Werte

Aufgaben

A Welche OR-Bewertungsvorschriften müssen angewandt werden?

B Bestimmen Sie für jeden Titel den handelsrechtlich höchstmöglichen Frankenwert je Stück zu dem eine
1 Aktiengesellschaft
2 Einzelunternehmung oder Personengesellschaft
bilanzieren darf.

C Bei welchen Ergebnissen bei der Aktiengesellschaft wird das Realisationsprinzip durchbrochen?

17.4 Wertschriftenkauf nach verschiedenen Buchungsmethoden

Ausgangslage

Die Bank hat am 30. 7. für einen Kunden folgenden Obligationenkauf getätigt:
Nennwert Fr. 30000.–, Zinstermin 30. 3., Kurs 102, Marchzins Fr. 500.–. Spesen Fr. 150.–

Aufgaben A Erstellen Sie die Kaufabrechnung der Bank.

B Nennen Sie die Buchungen beim Kunden, wenn der Wertschriftenbestand zu folgenden Werten geführt wird:

1 Endbetrag der Bankabrechnung
2 Kurswert und Spesen
3 Kurswert

Verfügbare Konten: Bank, Wertschriftenbestand, Wertschriftenaufwand, Wertschriftenertrag

17.5 Wertschriftenverkauf nach verschiedenen Buchungsmethoden

Ausgangslage

Die Bank hat am 30. 9. für einen Kunden folgenden Obligationenverkauf getätigt:
Nennwert Fr. 50000.–, Kurs 98, Marchzins Fr. 500.–, Spesen Fr. 200.–, Zinssatz 6%

Aufgaben A Erstellen Sie die Verkaufsabrechnung der Bank.

B Nennen Sie die Buchungen beim Kunden, wenn der Wertschriftenbestand zu folgenden Werten geführt wird:

1 Endbetrag der Bankabrechnung
2 Kurswert und Spesen
3 Kurswert

Verfügbare Konten: Bank, Wertschriftenbestand, Wertschriftenaufwand, Wertschriftenertrag

17.6 Abschluss der Konten

Ausgangslage

Probebilanz vom 31.12.:

	Soll	Haben
Wertschriftenbestand	65 400.–	53 200.–
Wertschriftenaufwand	150.–	–
Wertschriftenertrag	–	2 800.–

Im Bankdepot sind:
- 5 Aktien, Kurs Fr. 840.–
- 5% Obligationen, Fr. 10 000.– nom., Kurs 101.–, Zinstermin 31. 3.

Aufgaben

A Führen Sie die drei Wertschriftenkonten, und schliessen Sie sie ab. Berücksichtigen Sie den Marchzins beim Wertschriftenbestand.

B Führen Sie die drei Wertschriftenkonten und das Konto Transitorische Aktiven, und schliessen Sie sie ab. Berücksichtigen Sie den Marchzins transitorisch.

17.7 Wertschriftenbestand zum Kaufpreis bzw. Börsenwert

Buchungstatsachen

15.01.	Kauf von 5 Aktien der Handels AG zum Kurs von Fr. 960.–	Fr. 4 800.–
	+ Spesen	Fr. 80.–
	Bankbelastung	Fr. 4 880.–
25.03.	Inkasso der Dividende	
	Bruttoertrag	Fr. 250.–
	– Verrechnungssteuer	Fr. 87.50
	Bankgutschrift	Fr. 162.50
30.10.	Kauf von Fr. 10 000.– nom., 4%-Obligationen Stadt Bern, Zinstermin 15. 9., Kurs 101.50	Fr. 10 150.–
	+ Marchzins	Fr. 50.–
	Schlusswert	Fr. 10 200.–
	+ Spesen	Fr. 120.–
	Bankbelastung	Fr. 10 320.–
12.11.	Verkauf von 3 Aktien der Handels AG zum Kurs von Fr. 1020.–	Fr. 3 060.–
	– Spesen	Fr. 60.–
	Bankgutschrift	Fr. 3 000.–
15.12.	Depotgebühren	Fr. 100.–
31.12.	Abschluss 2 Aktien Handels AG zum Kurs von Fr. 900.– Fr. 10 000.– nom., 4%-Obligationen Stadt Bern zum Kurs von 101.–	

Aufgaben **A** Nennen Sie die Buchungen für die drei Buchungsmethoden.
Der Kurserfolg wird gesamthaft einmal beim Abschluss erfasst.
Führen Sie für jede Methode die aufgeführten Wertschriftenkonten.

		Buchungsmethoden		
		Endbetrag der Bankabrechnung	Kurswert und Spesen	Kurswert
Erfassung	Kaufpreis bzw. Kurswert	Wertschriftenbestand		
	Marchzins beim Abschluss	Wertschriftenbestand	Transitorische Aktiven	
	Kurserfolg	Wertschriftenerfolg	Wertschriftenaufwand oder -ertrag	
	Spesen	Wertschriftenbestand		Wertschriftenaufwand

B Wie lauten die Buchungen bei der Buchungsmethode **Kurswert** für den
1 Verkauf vom 12.11.,
2 Abschluss,
wenn die Kurserfolge sofort (laufend) erfasst werden?

17.8 Wertschriftenverkehr bei einer Aktiengesellschaft

Buchungstatsachen

01.01. Eröffnung

	Nominal	Zinssatz	Zinstermin	Kaufkurswert	Bilanzkurs
Obligation A	Fr. 10 000.–	5%	30.09.	99.–	100.–
Obligation B	Fr. 20 000.–	6%	30.04.	100.–	104.–
Marchzins					

30.04. Zinsinkasso Obligation B
30.06. Kauf
Obligation C, Fr. 40 000.– nom., Zinssatz 5,5%, Zinstermin 30.03., Kurs 102.–, Spesen Fr. 300.–
30.09. Zinsinkasso Obligation A
30.11. Depotgebühr Fr. 150.–
31.12. Abschluss

	Bilanzkurs
Obligation A	101.–
Obligation B	105.–
Obligation C	102.50
Marchzins	

Aufgaben **A** Nennen Sie die Buchungen.
Der Wertschriftenverkehr ist nach verschiedenen Methoden zu buchen. Der Marchzins ist transitorisch zu berücksichtigen. Das Konto Transitorische Aktiven wird ruhend geführt. Käufe und Verkäufe sind auf dem Konto Wertschriftenbestand wie folgt zu erfassen:
1 Das Konto Wertschriftenbestand wird zum Kurswert geführt.
2 Das Konto Wertschriftenbestand zeigt den Kaufkurswert der vorhandenen Wertschriften.
Die Differenz zwischen dem Kaufkurswert und dem Bilanzwert wird auf dem Konto Wertberichtigung Wertschriften erfasst.

B Führen Sie die Konten Wertschriftenbestand, Wertschriftenaufwand, Wertschriftenertrag (zusätzlich, für **A** 1: Transitorische Aktiven, für **A** 2: Wertberichtigung Wertschriften.)

17.9 Berechnung und Verbuchung des Bezugsrechts

Ausgangslage

Das Eigenkapital der Delfi SA setzt sich vor der Aktienkapitalerhöhung wie folgt zusammen:

Aktienkapital   Fr. 1 000 000.–   (10 000 Aktien zu Fr. 100.– nom.)
Reserven   Fr.   300 000.–

Das Aktienkapital wird um Fr. 500 000.– (5 000 Aktien zu Fr. 100.– nom.) erhöht.
Der Emissionspreis einer neuen Aktie beträgt Fr. 115.–.
Aktionär Monti besitzt zwei, Aktionär Berger drei Aktien, Aktionär Palmer eine Aktie.

Sie überlegen sich, ob sie
– die Bezugsrechte ausüben (Aktienerwerb)
– die Bezugsrechte verkaufen oder
– weitere Bezugsrechte erwerben sollen.

Aufgaben **A** Vervollständigen Sie folgende Aufstellung.

	Vor AK-Erhöhung	AK-Erhöhung	Nach AK-Erhöhung
Aktienkapital			
Reserven			
Eigenkapital			
Anzahl Aktien			
Wert einer Aktie			

B Wie viele alte Aktien bzw. Bezugsrechte braucht man, um eine neue Aktie zu beziehen (= Bezugsverhältnis)?

C Wie hoch ist der Aufpreis (das Agio[1]) je neue Aktie?

[1] Agio = Differenz zwischen Emissionspreis und Nennwert. Beim Agio handelt es sich um eine Reserveneinzahlung.

D Um wie viel Franken sinkt der Wert einer Aktie durch die Aktienkapitalerhöhung (= Wert des Bezugsrechts)?

E Nennen Sie die Buchungen für Monti, Berger und Palmer unter folgenden Bedingungen:

1. Monti erwirbt eine neue Aktie.
2. Berger verkauft ein Bezugsrecht und erwirbt eine neue Aktie.
3. Palmer kauft ein Bezugsrecht und erwirbt eine neue Aktie.

17.10 Analyse des Kurserfolgs (Aktien und Obligationen)

Aufgabe Analysieren Sie den Erfolg von Aufgabe 17.7 nach folgendem Schema:

Titel	Realisierter Kurserfolg		Nicht realisierter Kurserfolg	
	Verlust	Gewinn	Verlust	Gewinn
Aktien Handels AG				
Obligationen Stadt Bern				
Total I				
Total II	....		....	
Kursdifferenz total		....		....
Dividenden				
Marchzinsen				
Kauf- und Verkaufspesen				
Depotgebühr				
Total Wertschriftenerfolg				

17.11 Analyse des Kurserfolgs (Obligationen)

Aufgabe   Analysieren Sie den Erfolg von Aufgabe 17.8 nach folgendem Schema:

Titel	Realisierter Kurserfolg		Nicht realisierter Kurserfolg	
	Verlust	Gewinn	Verlust	Gewinn
Obligation A				
Obligation B				
Obligation C				
Total I				
Total II	....		....	....
Kursdifferenz total	....		....	
Jahreszinsen				
Marchzinsen				
Kauf- und Verkaufspesen				
Depotgebühr				
Total Wertschriftenerfolg				

17.12 Ausweis der realisierten und nicht realisierten Kurserfolge in der Buchhaltung

Ausgangslage

Folgende Konten stehen zur Verfügung:

Wertschriften-bestand	Wertschriften werden beim Kauf zum Kurswert (ohne Spesen und Marchzinsen) gebucht. Der Saldo zeigt immer den Kaufkurswert der noch vorhandenen Wertschriften.
Wertberichtigung Wertschriften	Das Konto enthält die Differenz zwischen dem Kaufkurswert und dem Bilanzwert und wird ruhend geführt.
Transitorische Aktiven	Der Marchzins wird beim Abschluss transitorisch gebucht. Das transitorische Konto wird ruhend geführt.

Weitere Konten   Realisierte Kursdifferenzen
Nicht realisierte Kursdifferenzen
Übriger Wertschriftenaufwand
Übriger Wertschriftenertrag

Buchungstatsachen

01.01. Eröffnung

Titel	Zins-satz	Zins-termin	Nominal/Stück	Kauf-kurs	Kauf-kurswert	Bilanz-kurs	Bilanz-wert	Wert-berichti-gung	Transi-torische Aktiven
Obligation C	6	30.04.	50 000.–	102.–		106.–			
Obligation G	5	30.06.	100 000.–	99.–		103.–			
Aktien R	–	–	50 zu 100.–	200.–		180.–			

15.03. Verkauf 20 Aktien R zum Kurs von 170.–
Spesen 100.–

30.04. Zinsinkasso

30.05. 20% Dividende

30.06. Zinsinkasso

30.07. Kauf 20 000.– nom., Wandelobligationen F, Zinstermin 30.03., Zinssatz 3%, zum Kurs 98.–, Marchzins 200.–, Spesen 160.–

31.12. Abschluss

Titel	Zins-satz	Zins-termin	Nominal/Stück	Kauf-kurs	Kauf-kurswert	Bilanz-kurs	Bilanz-wert	Wert-berichti-gung	Transi-torische Aktiven
Obligation C	6					105.–			
Obligation G	5					102.–			
Obligation F	3					99.–			
Aktien R	–	–				220.–			

Aufgaben

A Führen Sie die sieben Konten, und schliessen Sie sie ab.
Die Buchungen sind nicht verlangt.
Ergänzen Sie zuerst die beiden Tabellen.

B Analysieren Sie den Erfolg.

17.13 Erwerb eigener Wertschriften

Ausgangslage

Die San Lucio SA und ihre Tochtergesellschaft, die Maestrini SA, haben im Januar dieses Jahres 100 San-Lucio-Aktien zu einem Preis von Fr. 200.– erworben. 10 davon sind im Bestand der San Lucio SA, der Rest ist im Eigentum der Tochtergesellschaft. Der Wertschriftenbestand wird zu Kurswerten geführt.

Bilanz vom 30. April der San Lucio SA

Umlaufvermögen		Fremdkapital	
Liquide Mittel	30 000	Kreditoren	110 000
Wertschriften	15 000	Darlehen	320 000
Debitoren	70 000	Obligationenanleihe ❶	150 000
Waren	85 000		
		Eigenkapital	
Anlagevermögen		Aktienkapital ❷	400 000
Maschinen, Mobilien	800 000	Allg. gesetzliche Reserve	50 000
Eigene Aktien	2 000	Reserve für eigene Aktien	20 000
Beteiligungen	128 000	Freie Reserve	80 000
	1 130 000		1 130 000

❶ Stückelung 5 000.– nom., Zinssatz 6%
❷ 4000 Aktien zu 100.– nom.

Aufgaben

A Nennen Sie die bis 30. April vorgenommenen Buchungen bei der
1. San Lucio SA beim Erwerb
   a der 10 eigenen Aktien
   b der 90 San-Lucio-Aktien durch die Tochtergesellschaft.
2. Maestrini SA beim Erwerb der 90 San-Lucio-Aktien.

Buchungstatsachen

1. Die San Lucio SA kauft von der Tochtergesellschaft 50 San-Lucio-Aktien zum Preis von Fr. 200.–.
2. Die San Lucio SA setzt das Aktienkapital um Fr. 6 000.– nom. herab und vernichtet 60 eigene Aktien.
   Der Teil des Kaufpreises, der den Nennwert übersteigt, ist verrechnungssteuerpflichtig (Nettomethode).
3. Die San Lucio SA erwirbt weitere 50 eigene Aktien zum Kurs von Fr. 210.–.
4. Die San Lucio SA erwirbt auf den Zinstermin (nach Auszahlung des Zinses) Fr. 20 000.– nom. eigene Anleihensobligationen zu 95%.
5. Die Tochtergesellschaft verkauft der Muttergesellschaft die restlichen San-Lucio-Aktien zum Preis von Fr. 200.–.
6. Die verbleibenden eigenen Aktien werden innert Jahresfrist an eine Drittperson zum Kurs von 220.– verkauft.
7. Eigene zurückgekaufte Anleihensobligationen im Wert von Fr. 5 000.– nom. werden ein halbes Jahr nach Zinstermin zu 97% verkauft.
8. Die restlichen eigenen Obligationen werden ein Quartal vor Zinstermin vernichtet.

B Nennen Sie die Buchungen bei der San Lucio SA.

17.14 Beteiligung an einer ausländischen Unternehmung

Ausgangslage

Die Pyrotech AG, Fürigen, übernimmt im Rahmen einer Kapitalerhöhung die Aktienmehrheit an der Old-Firehand Inc. in Denver. Vom Aktienkapital der Old-Firehand Inc. von USD 1 000 000.– sind bereits 30% im Eigentum der Pyrotech AG. Alle Transaktionen mit der Old-Firehand Inc. werden am 31. März zum Kurs von 1.50 (= Tageskurs) abgerechnet.

Auszug aus dem Kontenplan der Pyrotech AG

Bank, Wertschriftenbestand, USD-Kundenguthaben (Vierspalten-Fremdwährungskonto), Wertberichtigung auf USD-Kundenguthaben, Marchzinsguthaben, Abrechnung mit Old-Firehand, Beteiligungen, Aktivdarlehen, Lizenzen, Passivdarlehen, Debitorenverluste, Fremdwährungsverluste aus Fabrikateverkäufen, Fremdwährungsgewinne aus Fabrikateverkäufen, Zinsertrag, Kursdifferenzen auf Wertschriften, Abschreibungen auf Finanzanlagen, Gewinne aus Veräusserung von Anlagevermögen, Übriger ausserordentlicher Aufwand.

Buchungstatsachen

1. Das Aktienkapital der Old-Firehand Inc. wird um USD 1 000 000.– erhöht. Die Pyrotech AG übernimmt davon 80% zum Emissionspreis von 150%.
Die Aktien werden bei der Pyrotech AG zu 60% des Emissionspreises bewertet.
2. Die Pyrotech AG liberiert die Aktien wie folgt:
Sie überlässt der Old-Firehand
   a ihre USA-Guthaben, die folgende Buchwerte aufweisen:
      – USD-Kundenguthaben USD 300 000.–, CHF 455 000.–
      – Wertberichtigung auf USD-Kundenguthaben CHF 8 000.–
      Bei der Übergabe soll die Wertberichtigung 2% betragen.
   b ihre USA-Wertschriften von USD 140 000.–, bewertet zum Kurs von 1.60
   c die in den USA erworbenen Lizenzen; Buchwert CHF 400 000.–,
      Übergabewert CHF 500 000.–
   d ein Darlehen an einen Kunden in Chicago von USD 100 000.– plus Marchzins, Zinssatz 8%, Zinstermin 31. August. Das Konto Marchzinsguthaben wurde bei der Eröffnung nicht aufgelöst. Das Darlehen ist zum Kurs von 1.40 und das Marchzinsguthaben zum Kurs von 1.45 bewertet.
   e Der Fehlbetrag wird durch die Bank überwiesen.

Aufgaben

A Wie lauten die Buchungen bei der Pyrotech AG?

B Führen Sie das Konto Abrechnung mit Old-Firehand.
(Alle Beträge auf Franken runden.)

17.15 Rendite von Aktien

Nr.	Titel	Stück-zahl	Nenn-wert	Kaufkurs	Verkaufs-kurs	Ausge-schüttete Dividenden je Aktie	Besitz-dauer
1	Bank AG	10	500.–	1 400.–	1 330.–	40.– 40.– 35.–	2 Jahre 6 Monate
2	Treuhand AG	20	125.–	700.–	720.–	10% 20%	1 Jahr 4 Monate
3	Industrie AG	25	100.–	650.–	1 010.–	12.– 13.– 14.–	3 Jahre 100 Tage
4	Chemie AG	30	50.–	550.–	660.–	20%	270 Tage

Aufgaben A Berechnen Sie die Aktienrendite der vier Anlagen auf 2 Dezimalen.
(Die Spesen bleiben unberücksichtigt.)

B Berechnen Sie die Aktienrendite von Nr. 3 und Nr. 4 auf 2 Dezimalen, wenn die Spesen für jede Anlage beim Kauf Fr. 200.– und beim Verkauf Fr. 300.– betragen.

17.16 Rendite von Obligationen

Nr.	Titel	Nennwert total	Kaufkurs in %	Verkaufs-kurs in %	Zinssatz	Besitz-dauer
1	Kraftwerk AG	40 000.–	94,25	96,75	$4\frac{1}{2}\%$	2 Jahre
2	Kanton Waadt	200 000.–	105,00	102,50	$5\frac{3}{4}\%$	3 Jahre 8 Monate
3	Emissionszentrale Regionalbanken	50 000.–	107,00	103,00	$6\frac{1}{2}\%$	3 Jahre 120 Tage
4	Kantonalbank	50 000.–	92,50	99,00	$4\frac{1}{4}\%$	6 Jahre 6 Monate

Aufgaben A Berechnen Sie die Obligationenrendite der vier Anlagen auf 2 Dezimalen.
(Die Spesen bleiben unberücksichtigt.)

B Berechnen Sie die Obligationenrendite von Nr. 3 und Nr. 4 auf 2 Dezimalen, wenn die Spesen für jede Anlage beim Kauf und Verkauf je Fr. 385.– betragen.

17.17 Obligationenrendite auf Verfall

Ausgangslage

Kauf bei der Emission Fr. 70 000.–, 4½% Kanton Zürich, 2003–2013, Zinstermin: 30. 9., zum Kurs 98%

Aufgabe A Berechnen Sie die Rendite auf Verfall, wenn die Anleihe am Ende der Laufzeit zu pari zurückbezahlt wird.

Zusatzaufgabe

B Berechnen Sie die Rendite, wenn die Anleihe drei Jahre vor Ende der Laufzeit zum Kurs von 101½% zurückbezahlt würde.

17.18 Rendite auf Verfall von Obligationen in fremder Währung

Ausgangslage

Kauf am Zinstermin 2002 EUR 70 000.–, 6⅛% Commerzbank, 2000–2012, ex Coupons 2002, zum Kurs 98%. EUR-Kurs beim Kauf 1.50. Die Rückzahlung erfolgt zu pari. Der durchschnittliche EUR-Kurs für die Zinszahlungen beträgt 1.53.

Aufgabe A Berechnen Sie die Rendite auf Verfall, wenn der erwartete EUR-Kurs dann 1.55 sein wird.

Zusatzaufgaben

B Berechnen Sie die Rendite, wenn die Anleihe zwei Jahre vor Ende der Laufzeit zum Kurs 101% zurückbezahlt und der EUR-Kurs 1.54 betragen würde.

C Berechnen Sie die tatsächliche Rendite am Ende der Laufzeit. Die Rückzahlung erfolgt zum EUR-Kurs 1.52. Die Kaufspesen beliefen sich auf Fr. 1260.–. Beim Verfall gibt es keine Spesen.

17.19 Durchschnittsrendite für verschiedene Wertschriftenarten

Ausgangslage

Folgende Wertschriften werden nach genau 2 Jahren Besitzdauer verkauft:

Titel	Stückzahl	Nennwert total	Kaufkurs	Verkaufskurs	Zinssatz	Ausgeschüttete Dividenden je Aktie
Eidgenossenschaft	–	40 000.–	104%	101%	6%	–
CGR-Holding AG	5	–	5 400.–	9 000.–		80.–/ 80.–

Aufgaben

A Wie rentieren die Obligationen?
B Wie rentieren die Aktien?
C Berechnen Sie die Durchschnittsrendite für beide Wertschriften zusammen.

17.20 Durchschnittsrendite für verschiedene Aktientitel

Ausgangslage

Folgendes ist über den Wertschriftenhandel der Amax (Global Investment Club) bekannt:

Titel	Stückzahl	Kaufkurs	Verkaufskurs	Ausgeschüttete Dividenden je Aktie
Finanz AG	10	3 400.–	3 500.–	80.–/ 90.–/ 100.–
Versicherungs AG	5	5 000.–	6 500.–	110.–/ 120.–
Industrie SA	20	300.–	270.–	20.–/ 10.–/ 0.–

Die Amax hat all diese Aktientitel am gleichen Tag gekauft und nach 2 Jahren und 6 Monaten Besitzdauer verkauft.

Aufgaben

A Wie rentiert jeder Aktientitel?
B Berechnen Sie die Durchschnittsrendite für alle Aktientitel zusammen.

18 Immobilien

18.1 Handänderung

Ausgangslage

Die Corti SA ist Eigentümerin einer Liegenschaft, die sie am 30.11. an die Keller AG verkauft. Vor dem Verkauf weisen die Konten in der Finanzbuchhaltung der Corti SA folgende Zahlen auf:

Immobilien	Fr. 1 500 000.–	
Wertberichtigung Immobilien	Fr. 100 000.–	
1. Hypothek	Fr. 1 000 000.–	(Zinssatz 5½%, Zinstermine 30. 03. und 30. 09.)
2. Hypothek	Fr. 150 000.–	(Zinssatz 6%, Zinstermine 30. 01. und 30. 07.)

Weitere Konten:
Immobilienaufwand, Immobilienertrag, Gewinn aus Verkauf von Immobilien, Nebenkostenabrechnung

Buchungstatsachen

1. Der Verkaufspreis beträgt Fr. 2 000 000.–.
2. Das Wertberichtigungskonto ist aufzulösen.
3. Das Konto Immobilien ist auszugleichen.
4. Die Handänderungskosten und übrigen Gebühren von Fr. 30 000.– werden durch den Käufer übernommen, mit Bankcheck bezahlt und aktiviert.
5. Der Käufer übernimmt die 1. Hypothek. Seine Bank überweist die Summe der Bank des Verkäufers gegen Aushändigung des Schuldbriefes.
6. Die 2. Hypothek wird zulasten des Bankkontokorrents zurückbezahlt.
7. Die Bank belastet dem Verkäufer den Marchzins der
   a 1. Hypothek.
   b 2. Hypothek.
8. Die vom Verkäufer für das ganze Jahr (01. 01.– 31. 12.) bezahlten Versicherungsprämien und Gebühren von Fr. 3 600.– werden anteilmässig dem Käufer belastet.
9. Die von einem Mieter bereits für den Dezember bezahlte Miete von Fr. 1 000.– wird dem Käufer gutgeschrieben.
10. Das Konto Nebenkostenabrechnung, das die Keller AG übernimmt und weiterführt, weist folgende Umsätze auf:
    a Soll (= Aufgelaufene Nebenkosten) Fr. 17 800.–
    b Haben (= Akontozahlungen der Mieter) Fr. 15 800.–
11. Für die Restschuld übergibt der Käufer einen Bankcheck.

Aufgaben

A Wie gross ist am 30.11. (vor dem Verkauf) das investierte Eigenkapital gemäss Finanzbuchhaltung?

B Nennen Sie die Buchungen beim
1 Käufer
2 Verkäufer.
Verwenden Sie ein Abrechnungskonto.

C Wie gross ist das effektiv in der Liegenschaft investierte (vorhandene) Eigenkapital beim Verkäufer vor der Handänderung?

D Begründen Sie, ob die Corti SA die Liegenschaft vor dem Verkauf mit Fr. 1 800 000.– in der Finanzbuchhaltung hätte bilanzieren dürfen.

18.2 Bau einer Liegenschaft

Ausgangslage

Die Produktions AG erstellt ein Lagerhaus.
Die Bank setzt eine Baukreditlimite von Fr. 1 600 000.– fest.

Auszug aus dem Kontenplan

Bankkontokorrent, Baukonto, Baukredit, Hypothek, Immobilien

Buchungstatsachen

1 Der Boden im Wert von Fr. 300 000.– wird zulasten des Bankkontokorrents bezahlt.
2 Zulasten des Bankkontokorrents werden Fr. 90 000.– auf das Baukreditkonto übertragen.
3 Die Bank zahlt Handwerkerrechnungen und Gebühren von Fr. 1 550 000.–.
4 Die Bank überweist für Umgebungsarbeiten Fr. 70 000.–.
5 Die Bank belastet die Baukreditzinsen von Fr. 80 000.–.
6 Die Bank erhöht die ursprünglich festgelegte Kreditlimite um Fr. 100 000.– und vergütet das Architektenhonorar von Fr. 120 000.–. Die Limite darf nicht überschritten werden.
7 Der Baukredit wird nach Vollendung des Baus konsolidiert.
8 Übertrag des Baukontos:
  a 90% wird aktiviert,
  b 10% wird den Baureserven belastet.

Aufgaben

A Nennen Sie die Buchungen.

B Führen Sie die fünf Konten aus dem Kontenplan.

C Nennen Sie eine steuerlich bessere Buchungsvariante für Nr. 8.

18.3 Sozialer Wohnungsbau

Ausgangslage

Die Prewo Genossenschaft besitzt unter anderem ein Hochhaus mit preisgünstigen Wohnungen. Zu den Genossenschaftern gehören ein Angestelltenverband, verschiedene Arbeitgeber und die Gemeinde. Die Gemeinde stellt den Boden im Baurecht zur Verfügung. Der Kanton gewährt Mietzinszuschüsse für Familien mit bescheidenem Einkommen. Die Prewo Genossenschaft muss dem Kanton, der die Abrechnung für die Zuschüsse vornimmt, jährlich die Lohnausweise der berechtigten Familien einsenden.

Angaben aus der Anlagekartei:

	Anschaffungswert	Amtlicher Wert	Versicherungswert
Land	–	500 000.–	–
Gebäude	6 000 000.–	5 000 000.–	6 500 000.–

Hypotheken		Zinssatz	Kapital
R	1	5	3 630 000.–
a	2	5½	450 000.–
n	3	5¾	600 000.–
g	4	6	200 000.–
Total		–	4 880 000.–

Auszug aus der provisorischen Saldobilanz:

Konten für das Hochhaus	Soll	Haben
Liegenschaftszinsen	250 000.–	
Öffentliche Abgaben und Versicherungsprämien	31 000.–	
Unterhalt und Reparaturen	76 000.–	
Abschreibungen	–	
Baurechtszins	28 000.–	
Verschiedener Immobilienaufwand	5 000.–	
Mietertrag		331 000.–
Heizabrechnung		22 200.–

Buchungstatsachen

1 Rechnungen für verschiedene Ausbesserungsarbeiten Fr. 10 600.–
2 Die Mieter überweisen Mietzinsen von Fr. 47 000.– und Heizkostenanteile von Fr. 4 600.–.
3 Überweisung der Liegenschaftssteuer 0,9‰ vom amtlichen Gebäudewert
4 Vergütung der Brandversicherungsprämie 0,59‰

5 Stromrechnungen für Treppenhaus Fr. 400.– und Lift Fr. 300.–, Kaminfegerrechnung Fr. 600.–

6 Verzinsung des investierten Eigenkapitals zu 5%

7 Die Genossenschaft hatte Fr. 120 000.– Mietzinszuschüsse gefordert.
Der Kanton überweist nur Fr. 112 000.–, da zwei Mieter ein zu hohes Einkommen erzielten. Die entsprechenden Mietverträge werden sofort geändert. Den Mietern wird die Differenz belastet.

8 Abschreibungen 0,6% vom Anschaffungswert

9 Von den Mieterträgen (einschliesslich Zuschüsse) gehen 5% an die allgemeine Verwaltung der Genossenschaft.

Aufgaben

A Nennen Sie die Buchungen, und führen Sie die Konten für das Hochhaus.

B Übertragen Sie die Salden dieser Konten auf das Konto Immobilienerfolg, und ermitteln Sie den Erfolg des Hochhauses.

C Der Kanton wird im nächsten Jahr die Subventionen nicht erhöhen.
Wie hoch muss die gesamte Mietzinserhöhung
1 in Franken
2 in Prozenten
sein, damit die Rechnung ausgeglichen wird?

18.4 Typische Geschäftsfälle

Ausgangslage

Die Kollektivgesellschaft F. Fischer & Co., Produktion von Snowboards und Handel mit Sportartikeln, besitzt eine Liegenschaft. Die Räumlichkeiten werden hauptsächlich vom Betrieb und vom Gesellschafter F. Fischer mit Familie genutzt.
Folgende Immobilienkonten stehen zur Verfügung:
Immobilien, Wertberichtigung Immobilien, Immobilienaufwand, Immobilienertrag, Heizölvorrat (ruhendes Konto)

Buchungstatsachen

1 Die Bank belastet den Hypothekarzins von Fr. 20 000.–.

2 Die im Dezember für das 1. Quartal des folgenden Jahres erhaltenen Mietzinsen von Fr. 2 000.– sind abzugrenzen.

3 Die Ende Jahr noch ausstehende Rechnung für an der Liegenschaft ausgeführte Arbeiten von etwa Fr. 2 500.– ist zu berücksichtigen.

4 Verrechnung
 a der Wohnungsmiete von F. Fischer Fr. 24 000.–
 b der Miete für die geschäftlich genutzten Räume von Fr. 55 000.–

5 Banküberweisung der Stromrechnungen für
 a den Betrieb von Fr. 800.–
 b die Treppenhaus- und Umgebungsbeleuchtung von Fr. 50.–
 c die Privatwohnung von F. Fischer Fr. 200.–

6 Der Hypothekarmarchzins von Fr. 5000.– ist zeitlich abzugrenzen.

7 Die Kollektivgesellschaft stellt einem Verein ein Lokal mit einem jährlichen Mietwert von Fr. 4600.– gratis zur Verfügung.

8 Abrechnung mit dem Abwart, der auch Mieter ist (Abrechnungskonto verwenden).
   a Wohnungsmiete   Fr. 1600.–
      Bruttolohn   Fr. 900.–
   b Sozialleistungen   Fr.   58.95
   c Nettolohn   Fr. 841.05
   d Banküberweisung   Fr. 758.95

9 Heizölvorrat: Anfangsbestand Fr. 4000.–, Endbestand Fr. 6000.–

10 Die Liegenschaft ist um Fr. 11000.– abzuschreiben.

Aufgabe Nennen Sie die Buchungen.

18.5 Nebenkostenabrechnung

Ausgangslage

Die Pralunghi SA, ein Buch- und Zeitschriftenverlag, ist Eigentümerin der Liegenschaft «Ca di Maestrin». Die Räumlichkeiten im Erdgeschoss werden durch die Pralunghi SA genutzt, im obersten Stock wohnt der Hauptaktionär, die anderen drei Etagen sind an Dritte vermietet.
Die Nebenkostenabrechnungsperiode dauert vom 01.07.–30.06. Die Nebenkosten werden gleichmässig auf die fünf Stockwerke verteilt.

Der Nebenkostenanteil des Betriebes und der des Hauptaktionärs werden Ende Juni belastet. Die Mieter überweisen jeweils Ende September und Ende März eine Akontozahlung von je Fr. 1000.–. Reichen diese nicht aus, um deren Nebenkostenanteile zu decken, so wird der fehlende Betrag Mitte Juli den Mietern in Rechnung gestellt. Ein Überschuss wird Mitte Juli durch die Post zurückerstattet.

Eintragungen im Konto Nebenkostenabrechnung vom 01.07.–31.12.20_3:

Datum	Buchungstatsachen	Nebenkostenabrechnung	
01.07.	Saldovortrag	300 ❶	
01.07.	Rückbuchung Heizölvorrat	1 000	
15.07.	Rechnung an Fremdmieter für Fehlbetrag		300
02.09.	Heizöleinkauf	5 800	
30.09.	Akontozahlung der Fremdmieter		3 000
31.12.	Heizölvorrat		4 000
31.12.	Schlussbestand	200 ❷	
		7 300	7 300

❶ Guthaben des Vermieters
❷ Schuld des Vermieters

Buchungstatsachen 20_4

- 01.01. Eröffnung des Kontos Nebenkostenabrechnung
- 01.01. Rückbuchung Heizölvorrat
- 30.03. Zwei Mieter überweisen die 2. Rate der Nebenkosten durch die Post.
- 03.04. Bankzahlung für Kaminfeger und Kontrolle der Ölheizung Fr. 790.–
- 28.05. Der säumige Mieter überweist die 2. Rate der Nebenkosten durch die Post.
- 06.06. Bankzahlung für weitere Nebenkosten (Liftservice, Hauswart, Versicherung usw.) Fr. 2 510.–
- 30.06. Abschluss der Nebenkostenabrechnung
  - Heizölvorrat Fr. 400.–
  - Verrechnung des Nebenkostenanteils
    - der Pralunghi SA
    - des Hauptaktionärs
  - Kontoabschluss
- 01.07. Wiedereröffnung
- 01.07. Rückbuchung Heizölvorrat
- 15.07. Überweisung Überschuss an die Drittmieter
- 05.09. Heizöleinkauf auf Kredit Fr. 5 700.–
- 30.09. Die Drittmieter leisten die Akontozahlungen durch die Post.
- 31.12. Jahresabschluss
  - Heizölvorrat Fr. 3 600.–
  - Konto Nebenkostenabrechnung

Aufgaben

A Nennen Sie die Buchungen für das Kalenderjahr 20_4 (inkl. Eröffnungs- und Abschlussbuchungen).

B Führen Sie das Konto Nebenkostenabrechnung für das Kalenderjahr 20_4.

Zusatzaufgabe

C Nennen Sie die Buchung für die Rechnung an die Fremdmieter vom 15.07.20_3.

18.6 Brutto- und Nettorendite

Ausgangslage

Der Kaufpreis einer Liegenschaft beträgt Fr. 1 200 000.–. Sie ist mit einer Hypothek von Fr. 800 000.– belastet. Der Hypothekarzinssatz beträgt 4%. Es ist mit einem jährlichen übrigen Liegenschaftenaufwand von Fr. 26 000.– zu rechnen. Als Miete werden verrechnet: Fr. 40 000.– für Geschäftsräume, Fr. 20 000.– für die Wohnung des Geschäftsinhabers. Für Fr. 18 000.– jährlich sind die Räume an Dritte vermietet.

Aufgaben

A Berechnen Sie für das Gesamtkapital die
1 Bruttorendite
2 Nettorendite.

B Berechnen Sie die Nettorendite des Eigenkapitals.

C Wie gross ist der Ertragswert der Liegenschaft, wenn die Mieterträge einem Kapitalisierungszinssatz von 7% entsprechen?

18.7 Mietertrag und Nettorendite

Der Kaufpreis einer Liegenschaft beträgt Fr. 2 200 000.–. Sie ist mit einer Hypothek von Fr. 1 500 000.– belastet. Der Hypothekarzinssatz beträgt 5%. Der jährliche übrige Immobilienaufwand beträgt 1% vom Anschaffungswert. Die angestrebte Bruttorendite des Gesamtkapitals beträgt 5,75%.

Aufgaben

Berechnen Sie

A den angestrebten jährlichen Mietertrag.

B die angestrebte Nettorendite des
1 Eigenkapitals
2 Gesamtkapitals.

18.8 Finanzierung einer Liegenschaft

Ausgangslage

Der jährliche Mietertrag eines Mehrfamilienhauses beträgt Fr. 216 300.–.
Weitere Angaben über die Liegenschaft:

Bruttorendite des Gesamtkapitals   7%
Nettorendite des Eigenkapitals   6½%
Hypothekarzinssatz   5%
Übriger Aufwand   1,5% des Ertragswertes
Der Ertragswert entspricht der Anlagesumme.
Der Kapitalisierungszinsfuss entspricht der Bruttorendite des Gesamtkapitals.

Aufgabe   Wie ist das Mehrfamilienhaus finanziert?

19 Personalaufwand

19.1 Lohnabrechnung

Ausgangslage

Bei der Vinini SA sind drei Mitarbeiter beschäftigt.

	B. Brion	L. Lafite	M. Margaux
Monatsbruttogehalt (fix)	Fr. 6 000.–	Fr. 8 000.–	Fr. 11 000.–
Kinderzulage	–	Fr. 200.–	Fr. 400.–

	Arbeitnehmerbeiträge	Arbeitgeberbeiträge
AHV/IV/EO	5,05%	5,05%
FAK	–	1,2%
VK	–	3%
ALV	1%	1%
PK	8%	10%
NBU/BU	1%	1,5%

Weitere Angaben:

- Anrechenbares Gehalt für ALV, NBU und BU: bis Fr. 10 500.–
- Versicherter PK-Lohn gemäss PK-Reglement:
  Bruttolohn minus Koordinationsabzug von Fr. 1995.–
- Die Arbeitnehmerbeiträge werden monatlich, die Arbeitgeberbeiträge quartalsweise gebucht.
- Die UV-Prämie wurde Anfang Jahr für das ganze Jahr im Voraus bezahlt.

Aufgaben

A Erstellen Sie die Lohnabrechnung der drei Mitarbeiter für den Monat März.

B Berechnen Sie die Arbeitgeberbeiträge für das 1. Quartal.

C Nennen Sie die Buchungen für A und B.

D Berechnen Sie für das 1. Quartal
  1 den Personalaufwand.
  2 die Arbeitnehmerbeiträge.

19.2 Typische Geschäftsfälle

Buchungstatsachen

1. Der Unfallversicherungsgesellschaft wird die provisorische Jahresprämie für BU und NBU von Fr. 190 000.– im Voraus durch die Bank überwiesen.

2. Monatliche Bruttolohnsumme   Fr. 1 200 000.–

   Arbeitnehmerbeiträge
AHV/IV/EO	5,05%	
ALV	1%	(Maximal anrechenbarer Lohn nicht berücksichtigen)
PK	Fr. 60 000.–	
NBU	Fr. 12 000.–	

   Bankzahlung
Nettolöhne	Fr. 1 055 400.–
Kinderzulagen	Fr. 6 800.–

   Arbeitgeberbeiträge
AHV/IV/EO	5,05%	
FAK	1,2%	
VK	1,5%	
ALV	1%	(Maximal anrechenbarer Lohn nicht berücksichtigen)
PK	Fr. 72 000.–	
BU	Fr. 3 000.–	

3. An die AHV-Ausgleichskasse werden durch die Post Fr. 396 000.– überwiesen.

4. Einem austretenden Mitarbeiter, der eine Einzelunternehmung gegründet hat, wird sein Anteil von Fr. 9 400.– an der beruflichen Vorsorgeeinrichtung durch die Bank des bisherigen Arbeitgebers überwiesen.

5. Ein neuer Mitarbeiter kauft sich mit Fr. 13 000.– in die Pensionskasse ein und überweist die Summe auf das Bankkonto des neuen Arbeitgebers.

6. Die Unfallversicherungsgesellschaft überweist die zu viel bezahlten Prämien von Fr. 2 300.– auf das Postkonto.

7. Für einen Mitarbeiter trifft die Bankgutschrift von Fr. 2 999.– für die Entschädigung der EO ein.

8. Der Arbeitgeber hat im Hinblick auf ein Mitarbeiterbeteiligungsprogramm eigene Aktien zum Kurs von Fr. 1 950.– an der Börse erworben. Diese Aktien sind zum Kaufkurswert im Konto Eigene Aktien erfasst. In der Höhe des Anschaffungswertes wurde die Reserve für eigene Aktien gebildet.
   a. Ein Kadermitglied erwirbt im Rahmen dieses Programms 10 Aktien zum Vorzugspreis von Fr. 1 500.– je Stück. Er überweist die Kaufsumme auf das Bankkonto. Der Arbeitgeber liefert die Aktien, die keine Sperrfrist haben, aus dem eigenen Bestand.
   b. Der aktuelle Börsenkurs einer Aktie beträgt Fr. 2 000.–. Die Differenz zwischen dem Vorzugspreis und dem aktuellen Börsenkurs ist AHV-pflichtiger Bruttolohn. (Er stellt für den Mitarbeiter steuerbares Einkommen dar.)
   c. Der Mitarbeiter überweist auf das Bankkonto den AHV/ALV-Arbeitnehmerbeitrag, welcher der AHV-Ausgleichskasse gutgeschrieben wird.
   d. Der AHV/ALV-Arbeitgeberbeitrag wird ebenfalls der AHV-Ausgleichskasse gutgeschrieben.
   e. Der Arbeitgeber erfasst die Kursdifferenz und bucht die Reserven um.

Aufgabe [A] Nennen Sie die Buchungen.

Zusatzaufgaben

[B] Wie würden die Buchungen für die Buchungstatsache 8 lauten, wenn der AHV/ALV-Arbeitnehmerbeitrag zulasten des Arbeitgebers geht?

[C] Auf der Grundlage der provisorisch festgelegten Jahreslohnsumme ist der AHV-Ausgleichskasse jeden Monat eine Akontozahlung von Fr. 160 000.– zu leisten.
Wegen des 13. Monatslohnes beträgt die Zahlung im Dezember Fr. 320 000.–.
Die Überweisung erfolgt jeweils Anfang Monat durch die Bank.

Die Lohnabrechnung Ende Juni ergibt tatsächliche AHV-Arbeitnehmerbeiträge von Fr. 72 000.– (inkl. ALV) und AHV-Arbeitgeberbeiträge von Fr. 88 818.– (inkl. ALV/FAK und VK).

Im Monat Dezember beträgt die effektive Bruttolohnsumme 2,5 Mio. Franken (inkl. 13. Monatslohn).
Die AHV/ALV-Arbeitnehmer- und -Arbeitgeberbeiträge betragen 6,05%.
Die Beiträge für FAK und VK belaufen sich auf Fr. 34 537.50.

Ende Jahr zeigt das Konto Kreditor Ausgleichskasse einen Habenüberschuss von Fr. 14 444.–. Die Ausgleichzahlung erfolgt im nächsten Monat.

Nennen Sie die Buchungen im
– Juni und Dezember für die Akontozahlungen sowie für die Arbeitnehmer- und Arbeitgeberbeiträge.
– Januar für die Nachzahlung.

19.3 Lohnabrechnung 1. Quartal und Sonderfälle

Ausgangslage

Bei der U. Keller, Landwirtschaftsmaschinenbau, sind die Löhne für die Monate Januar und Februar bereits verbucht. Die Konten zeigen folgende Umsätze:

	Soll	Haben
Lohnaufwand	196 000	–
Sozialaufwand		
Kreditor Ausgleichskasse	2 400 ❶	11 858
Kreditor PK		9 296
Debitor UV	36 000 ❷	–

❶ Ausbezahlte Kinderzulagen
❷ Vorausbezahlte Jahresprämie

Die Arbeitnehmerbeiträge an die Ausgleichskasse und PK werden jeweils Ende Monat verbucht.
Die Arbeitgeberbeiträge an die Ausgleichskasse (mit FAK und VK), PK und UV werden nur quartalsweise erfasst.
Der Arbeitgeber übernimmt die BU- und NBU-Prämien.

Es gelten folgende Prämiensätze von der Bruttolohnsumme:

	Arbeitnehmerbeiträge	Arbeitgeberbeiträge
AHV/IV/EO	5,05%	5,05%
ALV ❸	1%	1%
VK	–	0,1515% ❹
FAK	–	2%
UV ❸	–	3%

❸ Kein Mitarbeiter verdient mehr als Fr. 10 500.– im Monat.
❹ Dies entspricht 1,5% der gesamten AHV/IV/EO-Prämien.

Für die Pensionskassenbeiträge gelten folgende Prämiensätze vom versicherten Lohn:

	Arbeitnehmerbeiträge	Arbeitgeberbeiträge
PK	8%	10%

Sämtliche 20 Mitarbeiter sind bei der PK voll versichert.
Der monatliche Koordinationsabzug beträgt Fr. 1995.– je Mitarbeiter.
Der versicherte PK-Lohn wird gemäss PK-Reglement wie folgt berechnet:
Bruttolohn minus Koordinationsabzug
Der Personalbestand ist im 1. Quartal konstant.
Der Zahlungsverkehr wickelt sich durch die Bank ab.

Buchungstatsachen Ende März

1 Bruttolöhne Fr. 100 000.–
Auszahlung der Nettolöhne sowie der Kinderzulagen von Fr. 1600.–
Koordinationsabzug für die PK Fr. 39 900.–
2 Sozialleistungen des Arbeitgebers für das 1. Quartal
3 Überweisung an die Ausgleichskasse und PK

Aufgaben

A Wie lauten die Buchungen?

B Führen Sie die Konten Lohnaufwand, Sozialaufwand, Kreditor Ausgleichskasse, Kreditor PK und Debitor UV, und schliessen Sie sie ab.

Buchungstatsachen Sonderfälle

4 Gutschrift der Ausgleichskasse (EO) von Fr. 1000.– für den geleisteten Frauendienst von Mitarbeiterin H. Meier. Gemäss Arbeitsvertrag wird der Wehrpflichtigen der volle Lohn von Fr. 4000.– abzüglich Arbeitnehmerbeiträge ausbezahlt. AHV-pflichtig ist der ganze Bruttolohn.
5 Mitarbeiter H. Caspescha hat einen Bruttolohn von Fr. 3200.–. Zusätzlich wird er im Haushalt des Unternehmers kostenlos verpflegt. Dem Einzelunternehmer werden für die Verpflegung Fr. 400.– gutgeschrieben. Die AHV- und PK-Beiträge werden gutgeschrieben und der Nettolohn ausbezahlt.
6 Nettoauszahlung der erfolgsabhängigen Gratifikationen von insgesamt Fr. 56 370.–. (Auf dem Bruttobetrag wird keine PK-Prämie erhoben.)
7 Lohnzahlungen an die 19-jährige Lehrtochter Carla (Bruttolohn Fr. 800.–) und den 16-jährigen Lehrling Frankie (Lehrlingslohn Fr. 600.–).
8 Die Verkaufsprovisionen an die Vertreter betragen total Fr. 2000.–. (Es handelt sich um Angestellte, deren Grundlohn bereits in der Bruttolohnsumme enthalten ist.) Die Nettoüberweisung sowie die Gutschrift an die Ausgleichskasse und PK sind zu erfassen.
9 Das Hochzeitsgeschenk für die Sekretärin Irma la Douce wird mit Bankcheck Fr. 400.– beglichen.
10 Frau B. Villiger, die Teilzeit arbeitet, erhält den Nettolohn ausbezahlt (Bruttolohn Fr. 1300.–).
11 U. Keller erhält im April 20_9 von der Ausgleichskasse die definitive AHV-Abrechnung für das Jahr 20_7 mit einer Nachzahlungs-Pflicht von Fr. 3820.–.❶ Für diese Nachzahlung hat er Ende 20_7 eine Rückstellung von Fr. 4000.– gebildet. Er überweist den geschuldeten Betrag über das Bankkonto des Geschäftes und verwendet bzw. löst die Rückstellung auf.

Aufgabe

C Wie lauten die Buchungen? (Die Arbeitgeberbeiträge sind nicht zu berücksichtigen.)

Zusatzaufgabe

D Annahme: Die Ehefrau von U. Keller arbeitet als Teilzeitbeschäftigte im Betrieb mit und erhält einen Monatslohn von Fr. 3000.– brutto.
Berechnen Sie den FAK-Beitrag für das erste Quartal, falls in den Bruttolöhnen auch der Lohn der Ehefrau enthalten ist.

❶ Siehe Kapitel 19, Abschnitt 192, Beispiel 5.

20 Überleitung eines Jahresabschlusses gemäss Aktienrecht auf Swiss GAAP FER

20.1 Überleitung vom Aktienrecht zu Swiss GAAP FER (Jahresrechnung 20_2) ❶

Ausgangslage

Die Tri AG erstellt den Jahresabschluss auf der Grundlage des Aktienrechts. Die Jahresrechnung 20_2 zeigt folgendes Bild (Bilanz mit Vorjahreszahlen):

Bilanzen gemäss Aktienrecht

	31.12.20_1	31.12.20_2		31.12.20_1	31.12.20_2
Umlaufvermögen			**Fremdkapital**		
Flüssige Mittel	100	108	Verbindlichk. aus L+L	160	180
Eigene Aktien	20	20	Kurzfr. Finanzverbindlichk.	270	300
Forderungen aus L+L	200	210	Langfr. Finanzverbindlichk.	40	40
Warenvorrat	300	330	Rückstellungen	60	70
Anlagevermögen			**Eigenkapital**		
Sachanlagen	420	600	Aktienkapital	400	500
Finanzanlagen	100	150	Allg. gesetzl. Reserve	76	130
			Res. für eigene Aktien	20	20
			Freie Reserven	34	86
			Jahresgewinn	80	92
	1 140	1 418		1 140	1 418

Erfolgsrechnung 20_2 gemäss Aktienrecht

Warenertrag	3 300
Warenaufwand	1 600
Bruttogewinn	1 700
Personalaufwand	700
Übriger Betriebsaufwand	800
EBITDA	200
Abschreibungen	40
EBIT	160
Finanzaufwand	60
Finanzertrag	15
EBT	115
Direkte Steuern	23
Jahresgewinn	92

Ergänzende Angaben zum Jahresabschluss 20_2

– Im Warenvorrat sind stille Reserven enthalten; Ende 20_1: 150 und Ende 20_2: 165.
– Der tatsächliche Wert der Sachanlagen beträgt Ende 20_1: 590 und Ende 20_2: 780.
– Die Rückstellungen enthalten stille Reserven; Ende 20_1: 30 und Ende 20_2: 25.
– Alle stille Reserven sind steuerlich anerkannt.
– Der massgebende Ertragssteuersatz beträgt 20%.
– Die allgemeine gesetzliche Reserve beinhaltet Agioeinzahlungen von 90.

Aufgabe Erstellen Sie einen Swiss GAAP FER-konformen Jahresabschluss. Verwenden Sie das vorgegebene Arbeitsblatt.

❶ Diese Aufgabe ist eine Weiterführung des Theoriebeispieles, Seite 204.

Bilanz vom 31.12. 20_2	Aktienrecht	Differenzen	Swiss GAAP FER
Flüssige Mittel	108		
Eigene Aktien	20		
Forderungen aus L+L	210		
Warenvorrat	330		
Sachanlagen	600		
Finanzanlagen	150		
	1 418		
Verbindlichk. aus L+L	180		
Kurzfr. Finanzverbindlichk.	300		
Langfr. Finanzverbindlichk.	40		
Rückstellungen	70		
Latente Steuerrückst.	–		
Aktienkapital	500		
Allg. gesetzl. Reserve	130		
Reserve f. eigene Aktien	20		
Freie Reserven	86		
Kapitalreserven	–		
Eigene Aktien	–		
Gewinnreserven	–		
Jahresgewinn	92		
	1 418		

Erfolgsrechnung 20_2	Aktienrecht	Differenzen	Swiss GAAP FER
Warenertrag	3 300		
Warenaufwand	– 1 600		
Bruttogewinn	1 700		
Personalaufwand	– 700		
Übriger Betriebsaufwand	– 800		
EBITDA	200		
Abschreibungen	– 40		
EBIT	160		
Finanzaufwand	– 60		
Finanzertrag	+ 15		
EBT	115		
Direkte Steuern	– 23		
Latente Ertragssteuern	–		
Jahresgewinn	92		

20.2 Überleitung vom Aktienrecht zu Swiss GAAP FER (Jahresrechnung 20_3)

Ausgangslage

Die Tri AG erstellt den Jahresabschluss auf der Grundlage des Aktienrechts. Die Jahresrechnung 20_3 zeigt folgendes Bild (Bilanz mit Vorjahreszahlen):

Bilanzen gemäss Aktienrecht

	31.12.20_2	31.12.20_3		31.12.20_2	31.12.20_3
Umlaufvermögen			**Fremdkapital**		
Flüssige Mittel	108	83	Verbindlichk. aus L+L	180	150
Eigene Aktien	20	20	Kurzfr. Finanzverbindlichk.	300	130
Forderungen aus L+L	210	170	Langfr. Finanzverbindlichk.	40	30
Warenvorrat	330	250	Rückstellungen	70	40
Anlagevermögen			**Eigenkapital**		
Sachanlagen	600	490	Aktienkapital	500	500
Finanzanlagen	150	150	Allg. gesetzl. Reserve	130	133
			Res. für eigene Aktien	20	20
			Freie Reserven	86	120
			Jahresgewinn	92	40
	1 418	1 163		1 418	1 163

Erfolgsrechnung 20_3 gemäss Aktienrecht

Warenertrag	2 900
Warenaufwand	1 300
Bruttogewinn	1 600
Personalaufwand	700
Übriger Betriebsaufwand	750
EBITDA	150
Abschreibungen	55
EBIT	95
Finanzaufwand	53
Finanzertrag	8
EBT	50
Direkte Steuern	10
Jahresgewinn	40

Ergänzende Angaben zum Jahresabschluss 20_3

– Im Warenvorrat sind stille Reserven enthalten; Ende 20_2: 165 und Ende 20_3: 125.
– Der tatsächliche Wert der Sachanlagen beträgt Ende 20_2: 780 und Ende 20_3: 600.
– Die Rückstellungen enthalten stille Reserven; Ende 20_2: 25 und Ende 20_3: 25.
– Alle stille Reserven sind steuerlich anerkannt.
– Der massgebende Ertragssteuersatz beträgt 20%.
– Die allgemeine gesetzliche Reserve beinhaltet Agioeinzahlungen von 90.
– Der Anhang der Jahresrechnung enthält folgende Information: «Es wurden netto 110 stille Reserven aufgelöst.»

Aufgabe Erstellen Sie einen Swiss GAAP FER-konformen Jahresabschluss. Verwenden Sie das vorgegebene Arbeitsblatt.

Bilanz vom 31.12.20_3	Aktienrecht	Differenzen	Swiss GAAP FER
Flüssige Mittel	83		
Eigene Aktien	20		
Forderungen aus L+L	170		
Warenvorrat	250		
Sachanlagen	490		
Finanzanlagen	150		
	1 163		
Verbindlichk. aus L+L	150		
Kurzfr. Finanzverbindlichk.	130		
Langfr. Finanzverbindlichk.	30		
Rückstellungen	40		
Latente Steuerrückst.	–		
Aktienkapital	500		
Allg. gesetzl. Reserve	133		
Reserve f. eigene Aktien	20		
Freie Reserven	120		
Kapitalreserven	–		
Eigene Aktien	–		
Gewinnreserven	–		
Jahresgewinn	40		
	1 163		

Erfolgsrechnung 20_3	Aktienrecht	Differenzen	Swiss GAAP FER
Warenertrag	2 900		
Warenaufwand	– 1 300		
Bruttogewinn	1 600		
Personalaufwand	– 700		
Übriger Betriebsaufwand	– 750		
EBITDA	150		
Abschreibungen	– 55		
EBIT	95		
Finanzaufwand	– 53		
Finanzertrag	+ 8		
EBT	50		
Direkte Steuern	– 10		
Latente Ertragssteuern	–		
Jahresgewinn	40		

352

Übersicht über den Kontenrahmen für Gewerbe-, Industrie, Handels- und Dienstleistungsbetriebe (Käfer)

(Käfer) (An die heutigen Erfordernisse angepasst.)

Klasse 3: Material- und Warenaufwand

30	Handelswareneinkauf
31	Aufwand für Dienstleistungen
32	Rohmaterialeinkauf
33	Einkauf von andern Werkstoffen, Bestandteilen usw.
34	Hilfsmaterialeinkauf (auch in 46 möglich)
36	Direkte Einkaufsspesen (soweit nicht in 30–34)
37	Einkaufspreisminderungen (soweit nicht in 30–34)
38	Fremdarbeiten an Material und Waren

Klasse 4: Übriger Betriebsaufwand

40	Personalaufwand
41	Miet- und Leasingaufwand
42	Betrieblicher Kapitalaufwand (Finanzaufwand)
43	Unterhalt, Reparatur und Ersatz
44	Abschreibungen auf betrieblichem Anlagevermögen
45	Versicherungsprämien, Gebühren, Abgaben
46	Energie, Wasser, Betriebs- und Hilfsmaterial (auch in 34 möglich)
47	Büro- und Verwaltungsaufwand
48	Werbeaufwand
49	Sonstiger Betriebsaufwand

Klasse 5: Frei

oder kontenmässige Erfassung der internen Betriebsbuchhaltung

Klasse 6: Betriebsertrag

60	Handelswarenverkauf
61	Erlös aus Verkauf von Dienstleistungen
62	Erlös aus Verkauf von Erzeugnissen
63	Bestandesänderung Halb- und Fertigfabrikate
64	Betriebliche Nebenerlöse
66	Erlösminderungen (soweit nicht in 60–64)
67	Betrieblicher Kapitalertrag (Finanzertrag)
68	Bezüge von Waren und anderen Leistungen für private Zwecke (Eigenverbrauch)
69	Eigenherstellung von und -arbeiten an Betriebseinrichtungen, Liegenschaften usw. (Eigenleistungen)

Klasse 7: Betriebsfremder und ausserordentlicher Erfolg, Steuern

70	Liegenschaftenertrag und -aufwand (Liegenschaftsrechnung)
71	Betriebsfremder Kapitalertrag (Finanzertrag)
72	Betriebsfremder Kapitalaufwand (Finanzaufwand)
73	Betriebsfremder Arbeitsertrag
74	Ausserordentlicher Ertrag
75	Ausserordentlicher Aufwand
76	Vermögens- und Einkommenssteuern (Direkte Steuern)
78	Abzusondernde Nebenbetriebe

Klasse 8: Abschluss

80	Erfolgsrechnung
81	Bilanz
82	Gewinnverwendung

Klasse 9 und 0: Frei

z.B. Debitoreneinzelkonten, Kreditoreneinzelkonten

Übersicht über den Kontenrahmen für Gewerbe-, Industrie, Handels- und Dienstleistungsbetrieb

(Bilanz bis auf Stufe Kontenuntergruppen bzw. Konto falls dreistellig, Erfolgsrechnung und Abschluss bis auf Stufe Ko

Klasse 1: Aktiven

10 Umlaufvermögen
Flüssige Mittel und Wertschriften
100 Kasse
101 Post
102 Bankguthaben (Kontokorrente)
103 Besitzwechsel und Checks
104 Wertschriften (leicht realisierbar) und andere kurzfristige Geldanlagen
Forderungen
105 Kundendebitoren/-guthaben
106 Übrige kurzfristige Forderungen
107 Transitorische Aktiven (Aktive Rechnungsabgrenzung)
Vorräte
108 Material- und Warenvorräte
109 Angefangene und fertige Arbeiten (Halb- und Fertigfabrikate)

11 Anlagevermögen
Sachanlagen
110 Liegenschaften
111 Betriebseinrichtungen (Maschinen, Mobilien)
114 Fahrzeuge
Finanzanlagen
115 Beteiligungen
116 Langfristige Darlehensforderungen
117 Übrige Finanzanlagen
Immaterielle Anlagen
118 Immaterielle Anlagen
119 Geschäftsmehrwert (Goodwill)

15 Aktive Berichtigungsposten❶ und Aktivierter Aufwand
150 Nicht einbezahltes Aktienkapital
154 Obligationendisagio
155 Gründungs- und Kapitalerhöhungskosten
156 Organisationskosten
157 Übriger aktivierter Aufwand
159 Jahresverlust, Verlustvortrag, Bilanzverlust

❶ Aktive Berichtigungsposten sind auch als Abzugsposten beim entsprechenden Passivkonto möglich.

Klasse 2: Passiven

20 Fremdkapital
Kurzfristiges Fremdkapital
200 Lieferantenkreditoren/-schulden
201 Übrige Kreditoren/Übrige kurzfristige Schulden
202 Bankschulden (Kontokorrente)
203 Schuldwechsel
204 Dividenden, Tantièmen
205 Transitorische Passiven (Passive Rechnungsabgrenzung) und kurzfristige Rückstellungen
Langfristiges Fremdkapital
206 Langfristige Darlehensschulden
207 Hypothekarschulden
208 Obligationenanleihen
209 Langfristige Rückstellungen

21 Eigenkapital
210 Kapital
211 Privat
212 Reserven
219 Jahresgewinn, Gewinnvortrag, Bilanzgewinn

25 Passive Berichtigungsposten❶

❶ Wertberichtigungsposten zu Aktivkonten. Besser als Abzugsposten beim entsprechenden Aktivkonto aufführen.

Übersicht über den Kontenrahmen für kleine und mittlere Unternehmungen (KMU)

Klasse 3: Betriebsertrag aus Lieferungen und Leistungen

30	Produktionsertrag
32	Handelsertrag
34	Dienstleistungsertrag
36	Übriger Ertrag
37	Eigenleistungen und Eigenverbrauch
38	Bestandesänderungen angefangene und fertig gestellte Arbeiten (auch in 30, 34 möglich)
39	Ertragsminderungen (auch in 30, 32, 34, 36 möglich)

Klasse 4: Aufwand für Material, Waren und Drittleistungen

40	Materialaufwand
42	Handelswarenaufwand
44	Aufwand für Drittleistungen (Dienstleistungen)
45	Energieaufwand zur Leistungserstellung (auch in 64 möglich)
46	Übriger Aufwand für Material und Waren
47	Direkte Einkaufsspesen (auch in 40, 42, 44 möglich)
48	Bestandesänderungen, Material- und Warenverluste (auch in 40, 42 möglich)
49	Aufwandminderungen (auch in 40, 42, 44 möglich)

Klasse 5: Personalaufwand

50	Personalaufwand Produktion
52	Personalaufwand Handel
54	Personalaufwand Dienstleistungen
56	Personalaufwand Verwaltung
57	Sozialversicherungsaufwand (auch in 50, 52, 54, 56 möglich)
58	Übriger Personalaufwand (auch in 50, 52, 54, 56 möglich)
59	Arbeitsleistung Dritter (auch in 50, 52, 54, 56 möglich)

Klasse 6: Sonstiger Betriebsaufwand

60	Raumaufwand
61	Unterhalt, Reparaturen, Ersatz (URE), Leasingaufwand mobile Sachanlagen
62	Fahrzeug- und Transportaufwand
63	Sachversicherungen, Abgaben, Gebühren, Bewilligungen
64	Energie- und Entsorgungsaufwand
65	Verwaltungs- und Informatikaufwand
66	Werbeaufwand
67	Übriger Betriebsaufwand
68	Finanzerfolg (Betrieblicher Finanzaufwand und Finanzertrag)
69	Abschreibungen

Klasse 7: Betriebliche Nebenerfolge

70	Erfolg aus Nebenbetrieben (z. B. Filialen) und betrieblichen Nebentätigkeiten
74	Erfolg aus Finanzanlagen (nicht betriebsnotwendig)
75	Erfolg aus betrieblichen Liegenschaften [1]
79	Gewinne aus Veräusserungen von betrieblichem Anlagevermögen

[1] Auch für gemischt (= betrieblich und betriebsfremd) genutzte Liegenschaften möglich.

Klasse 8: Ausserordentlicher und betriebsfremder Erfolg, Steuern

80	Ausserordentlicher Erfolg (ausserordentlich, periodenfremd)
82	Betriebsfremder Erfolg (z. B. betriebsfremde Finanzanlagen, Liegenschaften)
89	Direkte Steuern

Klasse 9: Abschluss

90	Erfolgsrechnung
91	Bilanz
92	Gewinnverwendung

Übersicht über den Kontenrahmen für kleine und mittlere Unternehmungen (KMU)
(Bilanz bis auf Stufe Kontengruppen, Erfolgsrechnung und Abschluss bis auf Stufe Kontenhauptgruppen)

Klasse 1: Aktiven

- 10 Umlaufvermögen
- 100 Flüssige Mittel, Wertschriften und andere kurzfristige Geldanlagen
- 110 Forderungen
- 120 Vorräte und angefangene Arbeiten
- 130 Aktive Rechnungsabgrenzung (Transitorische Aktiven)

- 14 Anlagevermögen
- 140 Finanzanlagen
- 150 Mobile Sachanlagen
- 160 Immobile Sachanlagen
- 170 Immaterielle Anlagen

- 18 Aktivierter Aufwand und Aktive Berichtigungsposten❶
- 180 Aktivierter Aufwand und Aktive Berichtigungsposten
- 19 Betriebsfremdes Vermögen
- 190 Betriebsfremdes Vermögen

❶ Aktive Berichtigungsposten sind auch als Abzugsposten beim entsprechenden Passivkonto möglich.

Klasse 2: Passiven

- 20 Kurzfristiges Fremdkapital
- 200 Verbindlichkeiten aus Lieferungen und Leistungen
- 210 Finanzverbindlichkeiten
- 220 Andere Verbindlichkeiten
- 230 Passive Rechnungsabgrenzung (Transitorische Passiven), Kurzfristige Rückstellungen

- 24 Langfristiges Fremdkapital
- 240 Finanzverbindlichkeiten
- 250 Andere Verbindlichkeiten
- 260 Langfristige Rückstellungen

- 27 Betriebsfremdes Fremdkapital
- 270 Betriebsfremde Verbindlichkeiten

- 28 Eigenkapital
- 280 Kapital, Privat
- 290 Reserven, Bilanzgewinn/-verlust

Literatur

Böckli, Peter	Das neue Aktienrecht, Zürich: Schulthess Verlag
Boemle, Max	Der Jahresabschluss, Zürich: Verlag SKV
Boemle, Max; Carsten Stolz	Unternehmungsfinanzierung, Zürich: Verlag SKV
Cagianut, Francis; Höhn, Ernst	Unternehmungssteuerrecht Bern: Verlag Paul Haupt
Carlen, Franz; Gianini, Franz; Riniker, Anton	Finanzbuchhaltung 2 Sonderfälle der Finanzbuchhaltung Zürich: Verlag SKV
Carlen, Franz; Gianini, Franz; Riniker, Anton	Finanzbuchhaltung 3, Höhere Finanzbuchhaltung Zürich: Verlag SKV
Eidg. Steuerverwaltung	Wegleitung zur Mehrwertsteuer, Bern
Gianini, Franz; Riniker, Anton	Finanzbuchhaltung 4 Ergänzende Bereiche der Finanzbuchhaltung Zürich: Verlag SKV
Homburger, Eric	Leitfaden zum neuen Aktienrecht Zürich: Schulthess Verlag
Schweizer Börse	Kotierungsreglement, Zürich
Sterchi, Walter	Kontenrahmen KMU Schweizerischer Gewerbeverband, Bern
Treuhand-Kammer	Schweizer Handbuch der Wirtschaftsprüfung, Zürich
Treuhand-Kammer	Fachmitteilung Nr. 2, Fremdwährung im Einzelabschluss, Zürich
Treuhand-Kammer	Swiss GAAP FER (Fachempfehlung zur Rechnungslegung), Zürich

Stichwortverzeichnis

- Diesen Begriff finden Sie im jeweiligen Band.

A		Band 1	Band 2	Band 3	Band 4
A	Abfindungsaktien			•	
	Abfindungsbilanz			•	
	Abgrenzung, zeitliche	49 ff.			
	Absatzerfolgsrechnung	47			
	Abschreibung	70 ff.			
	Absicherungsgeschäft		•		
	Absichtsreserven	95			
	Absorption			•	
	Abspaltung von Unternehmungsteilen			•	
	Acquisition				•
	Agio				
	– Aktien			•	
	– Obligationen			•	
	AHV-Abrechnung	202			
	AHV-Akontozahlungen	198			
	Aktien, eigene	115, 117, 174		•	
	Aktienbewertung			•	
	Aktiengesellschaft	113 ff.		•	
	– Gründung			•	
	Aktienkapital	116			
	– nicht einbezahltes	116		•	
	Aktienkapitalerhöhung			•	
	– bedingte			•	
	– genehmigte			•	
	– ordentliche			•	
	Aktivitätskennzahlen				•
	Analyse Jahresabschluss				•
	Angefangene Arbeiten	71, 73			
	Anhang	113, 115			
	– in der Konzernrechnung			•	
	Anlagedeckungsgrad				•
	Anlagespiegel	83 f.			
	Annuität		•		
	Anschaffungswert	85			
	Anteilscheinkapital (Genossenschaft)	133			
	Anzahlungen	66 f.			
	Arbeitgeberbeiträge	193 ff.			
	Arbeitnehmerbeiträge	193 ff.			
	Arbeitsintensität				•
	Aufwandsnachtrag/-vortrag	50 ff.			
	Aufwertung von Grundstücken und Beteiligungen			•	
	Auseinandersetzungsbilanz			•	
	Ausgliederung			•	
	Ausserbilanzgeschäfte	126 f.			

	Band 1	Band 2	Band 3	Band 4
Austrittsleistung (PVE)		•		
Ausübungspreis		•	•	
B Baukonto	186			
Baukredit	186			
Beitragsprimat (Pensionskasse)		•		
Berufliche Vorsorge		•		
Bestandesänderung Halb- und Fertigfabrikate	71, 73			
Beteiligungen	161			
Beteiligungsfinanzierung			•	
Betriebserfolg (-gewinn/-verlust)	32 ff.			
Betriebsgewinnsatz				•
Bewertungsmassstäbe	85			
Bewertungsgrundsätze und -vorschriften	86 ff.			
Bezugsrecht	168		•	
Bilanz	33, 39, 43, 45			
Bilanzgewinn	43, 115			
Bilanzkurs (Fremdwährung)	152			
Bilanzverlust	43, 114			
Bilanzwert			•	
Börsenkapitalisierung			•	
Bruttoerfolg bzw. -ergebnis (Gewinn/Verlust)	35, 40			
Bruttogewinnquote				•
Bruttogewinnsatz				•
Bruttolohn	192 ff.			
Bruttoprinzip	19	•		
Buchführungsgrundsätze	17 ff.			
Buchführungsvorschriften	16			
Buchkurs (Fremdwährung)	152			
Buchwert			•	
Budgetierung				•
C Call-Option		•		
Cash-Burn-Rate				•
Cashflow	85			•
Cashflow-Marge				•
D Debitoren	61 ff.			
– dubiose	65			
Debitorenfrist				•
Debitorenverluste	63 ff.			
– endgültige	63			
– mutmassliche	63			
Deckungsbeitragsmarge				•
Deckungskapital		•		
Delkredere	63 ff.			

	Band 1	Band 2	Band 3	Band 4
Derivative Finanzinstrumente		•		
Devisenswap		•		
Devisentermingeschäft		•		
Disagio			•	
Dividende	117			
E EBIT	41			•
EBITDA	41			•
EBT	41			•
Effekten	159			
Eigenfinanzierungsgrad				•
Eigenkapitalkonten	106			
Eigenkapitalnachweis				•
Eigenkapitalquote				•
Eigenleistung	36, 42, 47			
Eigenlohn	108			
Eigenzins	108			
Einbringungskonto	110		•	
Eigene Aktien	115, 117, 174		•	
Eigene Obligationen	177		•	
Eiserner Bestand				•
Einzahlungskonto	110		•	
Einzelunternehmung	104, 107 ff.		•	
– Gründung			•	
Emissionsabgabe			•	
Emissionsformen			•	
Emissionspreis			•	
Ereignisse nach dem Bilanzstichtag	28, 128			
Erfolgsrechnung	34, 44, 47, 114			
– dreistufige	35			
– mehrstufige	40 ff.			
– zweistufige	36			
Erfolgsverwendung	106			
Errungenschaftsbeteiligung			•	
Ertragsnachtrag/-vortrag	50 ff.			
Ertragswert	85, 182		•	
F Fachempfehlung zur Rechnungslegung (Swiss GAAP FER)	23 ff.			•
Factoring		•		
Fertigfabrikate	71, 73			
Filialbuchhaltung		•		
Finanzanlagen	45, 160			
Finanzbuchhaltung, Aufgaben der	13			
Finanzierungsverhältnis				•

	Band 1	Band 2	Band 3	Band 4
First-in-, first-out-Methode (Fifo)	89 f.			
Fortführung	19			
Fortführungswert	85			
Forward		•		
Free Cashflow-Quote				•
Freizügigkeit bei Pensionskassen		•		
Fremde Währung	151 ff.			•
Fremdfinanzierungsgrad				•
Fusion			•	•
Futures			•	
G Gearing				•
Gehaltsnebenleistungen (Fringe Benefits)	199			
Geldflussrechnung	14			•
Gemeinkostensatz				•
Generally Accepted Accounting Principles	20 f.			•
Genossenschaft	104, 133 ff.		•	
Genussschein			•	
Gesamtkostenverfahren (Erfolgsrechnung)	47			
Geschäftsbereich, Investitionsbereich Finanzierungsbereich				•
Geschäftsbericht	113			•
Geschäftsmehrwert (Goodwill)			•	
Gesetzliche Reserven	118, 120			
Gewinn-Cashflow-Verhältnis				•
Gewinnverwendung bei der AG	120 ff.			
– bei der Genossenschaft	134 ff.			
– bei der GmbH	132			
Gewinnvortrag	116			
Gewogene Durchschnittsmethode	89 f.			
GmbH	104, 131 f.		•	
Goldene Bilanzregel				•
Goodwill			•	•
Gratisaktien			•	
Grundsätze ordnungsmässiger Rechnungslegung (GoR)	17 ff.			
Gründung			•	
– Aktiengesellschaft			•	
– Einzelunternehmung			•	
– Kollektivgesellschaft			•	
Güterstand			•	
H Halbfabrikate	71, 73			
Handelsmarge				•
Herstellkostenintensität				•

	Band 1	Band 2	Band 3	Band 4
Herstellwert	85			
Höhere Finanzbuchhaltung			•	
Hypothek	184			
I Illiquidität			•	
Immobilien	181 ff.			
– Nebenkostenabrechnung	184, 188			
Immobilienrendite	189 f.			
Immobilisierungsgrad				•
Impairment	83			•
Imparitätsprinzip	86			
Innenfinanzierung				•
Innerer Wert			•	
Intensität der Kapitalnutzung				•
Intensität des Anlagevermögens				•
Intensität des Umlaufvermögens				•
International Financial Reporting Standards (IFRS) vormals International Accounting Standards (IAS)	20 f.			•
Investitionsverhältnis				•
J Jahresbericht	113			•
Jahresrechnung	113			•
– Klarheit	18, 19			
– Richtigkeit	18, 19			
– Vollständigkeit	18, 19			
– Wesentlichkeit	18, 19			
K Kapitalaufrechnungsdifferenz				•
Kapitalintensität				•
Kapitalkonsolidierung				•
Kapitalkonto	106 ff.			
Kapitalrentabilität				•
Kapitalumschlag				•
Kassageschäft		•		
Kennzahlen				•
Kennzahlensysteme				•
Kollektivgesellschaft	104, 110 ff.		•	
– Gründung			•	
Kombination			•	
Kommanditgesellschaft	104, 110 ff.		•	
Kommissionsgeschäft		•		
Kommissionsvertrag		•		
Konsolidierung				•
Konsortialgeschäft		•		

	Band 1	Band 2	Band 3	Band 4
Kontengliederung	29 ff.			
Kontenplan	29			
Kontenrahmen	29 ff.			
– für Gewerbe-, Industrie- und Handelsbetriebe (Käfer)	31 ff.			
– KMU	37 ff.			
Konzernrechnung	113			•
Kotierungsreglement				•
Kreditoren	61 f.			
Kreditorenfrist				•
Kursdifferenzen (Fremdwährung)	153			
Kurserfolg (Wertschriften)	169			
L Lagerdauer				•
Latente Steuern	204 ff.			•
Leverage-Effekt				•
Leasing		•		
Leistungsprimat (Pensionskassen)		•		
Liquidation			•	
Liquidationswert	85			
Liquidität				•
Liquiditätsanalyse				
– statische				•
– dynamische				•
Liquiditätsfonds				•
– Flüssige Mittel				•
– Nettoumlaufvermögen				•
Liquiditätsgrad				•
Liquiditätsnachweis				•
Liquiditätswirksame und liquiditätsunwirksame Geschäftsfälle				•
M Managementinformationssysteme (MIS)				•
Materialintensität				•
Materialkonten	72			
Mehrwertsteuer	137 ff.			
Merger				•
Minderheitsanteile				•
Mitarbeiteraktien	200 f.			
N Naturallohn	199			
Nettolohn	192 ff.			
Neutraler Erfolg	32, 38			

	Band 1	Band 2	Band 3	Band 4
Nicht einbezahltes Aktienkapital	114, 116		•	
Niederstwertprinzip	86			
O Obligationenanleihe			•	
Offenposten-Buchhaltung	61 f.			
Operationsindex				•
Optionen		•		
Optionsanleihe			•	
Over the counter (OTC)		•		
P Partiarisches Darlehen			•	
Partizipationsgeschäft		•		
Partizipationskapital	116			
Partizipationsschein			•	
Pensionskassen		•		
Personalaufwand	192 ff.			
Personalvorsorgeeinrichtung (PVE)		•		
Personengesellschaft	104, 110 f.		•	
Plangeldflussrechnung				•
Planung				•
Planungskonzept				•
Planungsrechnung				•
– Planerfolgsrechnung, Planbilanz, Finanzplan				•
Planungssystem				•
Price earnings to growth (PEG)				•
Privatkonto	107 f., 110 f.			
Produktionserfolgsrechnung	47			
Put-Option		•		
R Rahmenkonzept (FER)	25			
Realisationsprinzip	86			
Rechnungslegungsgrundsätze	17 ff.			
Rechnungslegungsnormen	20 ff.			•
Rechnungswesen	13		•	
– Aufgaben	13		•	
– Teilbereiche	14		•	
Rechtsformen	104		•	
Regieaufwand		•		
Reinvestment Factor				•
Rentabilität			•	
Rentabilität des Eigenkapitals				•
Rentabilität des Gesamtkapitals				•

	Band 1	Band 2	Band 3	Band 4
Reserven	59, 116 ff.			
– frei verfügbare	118			
– freiwillige, gesetzliche	118			
– offene	119			
– stille	93 ff., 119			
– zweckgebundene	118			
Reservenzuweisung	120, 134			
Restwert	85			
Return on assets				•
Return on equity				•
Return on investment				•
Revision, Revisoren	129 f.			
Rückstellungen	56 ff.			
Ruhendes Konto	54, 69			

S

	Band 1	Band 2	Band 3	Band 4
Sanierung			•	
Selbstfinanzierungsgrad				•
SMI-Futures		•		
Sozialaufwand	192			
Sozialversicherungsbeiträge	193			
Spaltung von Unternehmungen			•	
Staatliche Vorsorge		•		
Stammkapital, Stammanteil	131			
Status			•	
Steuerrechtliche Bewertungsvorschriften	87, 91 ff.			
Stichtagsmethode				•
Stiftungskapital (PVE)		•		
Stille Reserven	93 ff., 119			•
– Auflösung, Bestand, Bildung	93			
Stiller Gesellschafter			•	
Stillhalter		•		
Substanzwert			•	
Swap		•		
Swiss GAAP FER	23 ff., 45 ff., 204 ff.			•

T

	Band 1	Band 2	Band 3	Band 4
Tageskurs (Fremdwährung)	152			
Tageswert	85			
Tantieme	117			
Technische Buchhaltung (Pensionskasse)		•		
Termingeschäfte		•		
Transitkonto	53			
Transitorische Konten	50 ff.			
True and fair view-Prinzip	20, 86, 95			•

	Band 1	Band 2	Band 3	Band 4
U Übergabebilanz			•	
Überleitung Aktienrecht in Swiss GAAP FER	204 ff.			
Übernahme auf Beteiligungsbasis			•	
Überschuldung	125		•	
Umrechnungsdifferenzen				•
Umrechnungskurse (Fremdwährung)	152			
Umsatzkostenverfahren (Erfolgsrechnung)	47			
Umsatzrentabilität				•
Umsatzsteuer	137, 140			
Umschlagshäufigkeit/(-dauer)				
– Debitoren				•
– Kreditoren				•
– Warenlager				•
Umtauschverhältnis, Festlegung bei Fusion			•	
Umwandlung der Rechtsform			•	
Umwandlungsbilanz			•	
Unterbilanz	125			
Unternehmensbewertung			•	
Unternehmereinkommen	108 f.			
Unternehmungserfolg	32, 38			
Unternehmungsformen	104 ff.		•	
Unternehmungs(gesamt)wert			•	
Unternehmungsgründung			•	
Unternehmungsteilung			•	
Unternehmungszusammenschlüsse			•	
US GAAP	20 f.			•
V Veräusserungswert	85			
Verein	106			
Verkaufskommission		•		
Verkehrswert	85, 182			
Verlustdeckung bei der Aktiengesellschaft	123 f.			
– bei der Genossenschaft	136			
– bei der GmbH	132			
Verlustverbuchung bei der Aktiengesellschaft	124			
Verlustvortrag	116, 131			
Verrechnungsverbot	19			
Verschuldungsfaktor				•
Verschuldungsgrad				•
Versicherungsleistungen (PVE)		•		
Versicherungswert Immobilien	183			
Vertriebsintensität				•
Verwaltungsreserven (Stille Reserven)	95			

	Band 1	Band 2	Band 3	Band 4
Vierspalten-Fremdwährungskonto	154 ff.			
Vorauszahlungen	66 f.			
Vorsichtsprinzip	18, 86			
Vorsichtsreserven (Stille Reserven)	95			
Vorsorgekapital (PVE)		•		
Vorsorgekonzept		•		
Vorsteuer	137, 140			
W Wandelanleihe			•	
Warrant			•	
Wertberichtigung	58			
Wertpapiere	159			
Wertschriften	159 ff.			
Wertschriftenrendite	178 ff.			
Wiederbeschaffungsreserven	81, 95			
Wiederbeschaffungswert	74, 81, 85	•		
Willkürreserven (Stille Reserven)	95			
Z Zedent		•		
Zeitliche Abgrenzung	49 ff.			
Zessionar		•		
Zinsdeckungsfaktor				•
Zinsdeckungskoeffizient				•
Zwangsreserven (Stille Reserven)	95			

Finanzbuchhaltung 1–4

Die vier Lehrmittel, die eine Einheit bilden, sind von erfahrenen Dozenten, zusammen mit Praktikern, verfasst worden. Bei der Entwicklung wurden vor allem folgende Ziele verfolgt:
- Leicht verständliche und kurz gefasste Theorie
- Einprägsame Einführungs-/Zahlenbeispiele und Übungen
- Übersichtliche Grafiken und Zusammenfassungen

Alle vier Bände richten sich an Praktiker und Studierende, die
- sich einen vertieften Einblick in wichtige Teilgebiete der Finanzbuchhaltung verschaffen wollen
- im Rechnungswesen ein unentbehrliches Führungsinstrument sehen.

Die vier Bände sind in einen Theorie- und Aufgabenteil gegliedert.
Zu jedem Band ist ein Lösungsbuch erhältlich.

Finanzbuchhaltung 1   Praxis der Finanzbuchhaltung
Franz Carlen, Franz Gianini, Anton Riniker

Buchführung von Geschäftsfällen, die während des Geschäftsjahres (= Alltagsgeschäft) und und beim Abschluss auftreten.

Theorie und Aufgaben	11. Auflage 2009, 374 Seiten, ISBN 978-3-286-31381-1
Lösungen	11. Auflage 2009, 156 Seiten, ISBN 978-3-286-31391-0

Finanzbuchhaltung 2   Sonderfälle der Finanzbuchhaltung
Franz Carlen, Franz Gianini, Anton Riniker

Buchführung von Geschäftsfällen, die in den meisten Unternehmungen selten oder nicht vorkommen, bei manchen aber zum Alltagsgeschäft gehören.

Theorie und Aufgaben	6. Auflage 2009, 258 Seiten, ISBN 978-3-286-32176-2
Lösungen	6. Auflage 2009, 110 Seiten, ISBN 978-3-286-32186-1

Finanzbuchhaltung 3   Höhere Finanzbuchhaltung
Franz Carlen, Franz Gianini, Anton Riniker

Buchführung finanzwirtschaftlicher Vorgänge, die selten vorkommen und langfristige Auswirkungen haben.

Theorie und Aufgaben	10. Auflage 2007, 254 Seiten, ISBN 978-3-286-31300-2
Lösungen	10. Auflage 2007, 130 Seiten, ISBN 978-3-286-31310-1

Finanzbuchhaltung 4   Ergänzende Bereiche der Finanzbuchhaltung
Franz Gianini, Anton Riniker

Geldflussrechnung, Planungsrechnung, Konzernrechnung und Analyse des Jahresabschlusses

Theorie und Aufgaben	6. Auflage 2009, 264 Seiten, ISBN 978-3-286-32346-9
Lösungen	6. Auflage 2009, 106 Seiten, ISBN 978-3-286-32356-8